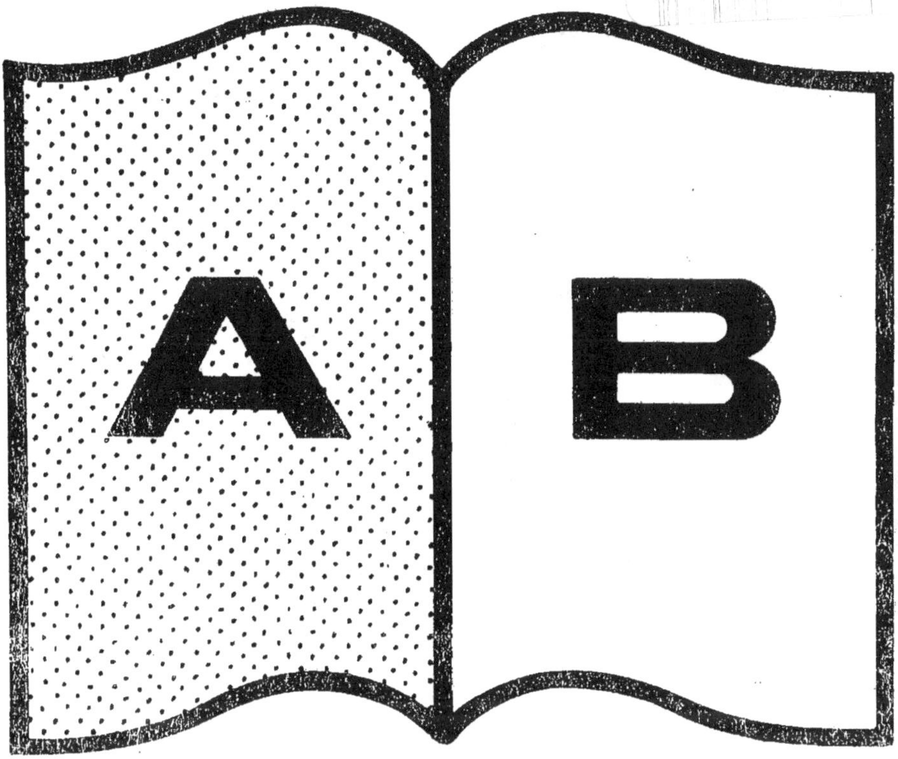

Contraste insuffisant

NF Z 43-120-14

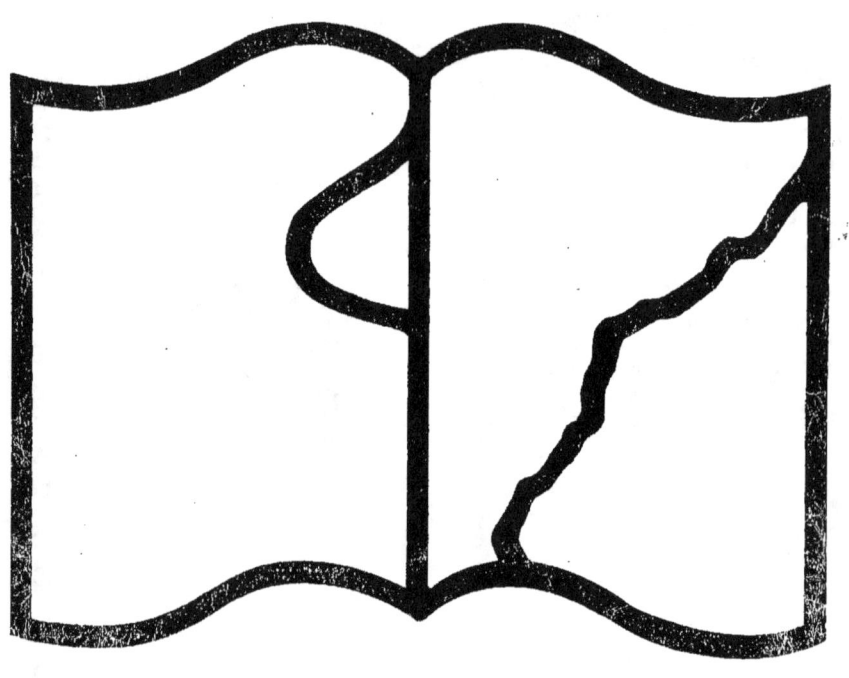

Texte détérioré — reliure défectueuse
NF Z 43-120-11

ADOLPHE JULLIEN

HISTOIRE

DU

COSTUME AU THÉATRE

DEPUIS LES ORIGINES DU THÉATRE EN FRANCE

JUSQU'A NOS JOURS

OUVRAGE ORNÉ DE VINGT-SEPT GRAVURES ET DESSINS ORIGINAUX
TIRÉS DES ARCHIVES DE L'OPÉRA
ET REPRODUITS EN FAC-SIMILE

PARIS
G. CHARPENTIER, ÉDITEUR
13, RUE DE GRENELLE-SAINT-GERMAIN, 13

1880

HISTOIRE
DU
COSTUME AU THÉATRE

IL A ÉTÉ TIRÉ DE CET OUVRAGE

Cinquante exemplaires numérotés sur papier de *Hollande*.

EXEMPLAIRE N° 34

COSTUME DE MAD.^E DUGAZON

Rôle d'Azémia

ADOLPHE JULLIEN

HISTOIRE

DU

COSTUME AU THÉATRE

DEPUIS LES ORIGINES DU THÉATRE EN FRANCE

JUSQU'A NOS JOURS

OUVRAGE ORNÉ DE VINGT-SEPT GRAVURES ET DESSINS ORIGINAUX
TIRÉS DES ARCHIVES DE L'OPÉRA
ET REPRODUITS EN FAC-SIMILE

PARIS

G. CHARPENTIER, ÉDITEUR

13, RUE DE GRENELLE-SAINT-GERMAIN, 13

1880

MES AMIS

L. ET M. GRAVIER

Avant tout, l'auteur et l'éditeur tiennent à remercier l'excellent archiviste de l'Opéra, M. Charles Nuitter, pour l'obligeance qu'il a mise à les aider dans leur travail. C'est grâce à lui, c'est par son empressement à guider leurs recherches, à leur indiquer les pièces les plus curieuses de ses cartons, qu'ils ont pu composer la partie artistique de ce volume autrement qu'avec des gravures déjà connues et des sujets trop répandus. Plusieurs des illustrations de cet ouvrage reproduisent des dessins originaux et l'on y retrouvera quelques-uns des plus remarqués l'année dernière à l'Exposition universelle, en cette petite salle des décors où le public affluait. Comme ces maquettes tant regardées, toutes les pièces qui vont suivre, aquarelles, dessins et gravures, proviennent des archives de l'Opéra : c'est là seulement qu'on pouvait trouver réunies d'aussi riches données pour établir en raccourci comme une galerie historique du costume théâtral.

AVANT-PROPOS

Le dimanche 7 novembre 1869, M. Ballande, toujours en quête de nouveau pour ses matinées dramatiques de la Gaîté, avait imaginé de faire jouer *Andromaque* avec les costumes portés par les tragédiens du grand siècle « pour permettre aux lettrés, disait le programme, de juger si ces costumes sont, plus que les costumes grecs, en harmonie avec le style de la pièce. » Et si le directeur, dans son zèle rétrospectif, avait bien voulu ne pas substituer les chandelles légendaires à la rampe de gaz actuelle, c'était pure attention de sa part pour ménager l'appareil olfactif du spectateur. Si imparfaite que fût sous bien des rapports cette restitution d'une représentation tragique au dix-septième siècle, — il n'y avait guère que mademoiselle Duguéret dont le costume de fantaisie pût donner idée de ces splendeurs extravagantes, — elle ne laissa pas d'amuser le gros public et de piquer la curiosité des amateurs.

Cette curiosité subite aurait dû engager quelque écrivain à donner un aperçu exact des changements du costume théâtral en France, mais l'idée ne vint à aucun ; ou bien plusieurs eurent-ils, comme moi, le désir de le faire qui n'avaient ni la patience, ni le loisir, car la chose n'était pas aussi simple qu'elle pouvait paraître au premier abord. J'esquissai alors un petit article qui n'aboutit pas, et cette ébauche historique est devenue un gros livre au bout de dix ans. L'impatience me prit plus d'une fois, je l'avoue, à toujours fouiller dans de vieux livres sans voir jamais la fin de mon travail, et j'y renonçai à diverses reprises ; je ne pouvais, en effet, que l'abandonner entièrement ou le rendre très complet, pour ne pas faire double emploi avec les rares écrivains qui avaient tracé précédemment une esquisse générale du sujet. Travaux très bien faits d'ailleurs en leur genre, mais beaucoup trop restreints pour m'être de grand secours : un bon article de M. Émile Lamé dans la revue *le Présent*, un chapitre intéressant dans les *Curiosités théâtrales* de M. Victor Fournel, et enfin un livre plus étendu, mais tout technique et se restreignant à une seule époque : *Les décors, les costumes et la mise en scène au dix-septième siècle*, par M. Ludovic Celler.

Il se rencontrait bien encore certains ouvrages sans valeur, indignes même d'être cités, où l'on trouvait quelques mots sur le milieu du dix-huitième siècle, c'est-à-dire sur le temps où Lekain et mademoiselle Clairon à la Comédie Française, madame Favart à la Comédie Italienne, apportèrent, comme de concert, une première amélioration notable aux costumes de luxueuse fantaisie juqu'alors adoptés et admirés. Mais ces données mêmes étaient si peu exactes malgré leur brièveté, qu'elles ne me dispensaient pas de porter mes investigations sur une époque qu'on croit toujours mieux connue, et de remonter aux sources originales pour cette période-là comme pour les autres. Le but était de retracer l'historique complet du costume théâtral depuis l'origine du théâtre français jusqu'à nos jours, en expliquant les variations que ces vêtements ont subies trois siècles durant, ainsi que les circonstances fortuites ou tentatives réfléchies qui ont provoqué ces changements et qui ont amené cette partie de la représentation dramatique au point de perfection relative qu'elle comporte aujourd'hui. Il y avait là matière, non plus à un article, mais à un gros volume, rien qu'à étudier ce sujet sous ces aspects principaux avec les développements et considérations artistiques qu'il devait renfermer. Il ne fallait pas se borner à recueillir des renseignements aussi curieux et aussi nombreux que possible, à les grouper clairement, avec les réflexions et détails historiques strictement nécessaires; il fallait, pour donner une étude complète et sérieuse de cette branche importante de l'art dramatique, insister sur le travail intellectuel qui s'était opéré à certains moments dans l'esprit des comédiens novateurs et sur les circonstances extérieures qui avaient favorisé ou entravé cette réforme à diverses reprises.

Cette question du costume, une des plus importantes qui soient dans l'histoire et dans l'art du théâtre, se complique, en effet, de détails secondaires qui ont dû l'obscurcir à certains moments, et en arrêter pour un temps le progrès. Ainsi de cette thèse soutenue par quelques écrivains pour faire conserver aux interprètes des tragédies de Racine les costumes du dix-septième siècle, par la raison spécieuse que c'étaient là, sous le masque antique, de véritables évocations à la scène des mœurs, du langage et des manières de la cour du Grand Roi. Les obstacles mêmes que cette lente réforme a rencontrés de toute part pendant deux siècles pour en arriver au degré de vérité relative que nous voyons aujourd'hui suffiraient presque à prouver qu'elle était justifiée et désirable, car il n'y a que les bonnes choses pour faire aussi lentement leur chemin dans le monde, et cette histoire d'une amélioration sur un point particulier de l'art théâtral est, à l'envisager de plus haut, l'histoire éternellement renouvelée du progrès général, du progrès qui n'est jamais si près de vaincre que lorsqu'il semble être vaincu.

HISTOIRE
DU
COSTUME AU THÉATRE

CHAPITRE I

DES COMMENCEMENTS DU THÉATRE AU MILIEU DU XVIIe SIÈCLE

L'origine même du théâtre en France semble indiquer en raccourci ce qu'il devait toujours être, et elle offre comme l'image exacte de ses destinées futures par une vie en partie double, par un contraste incessant de splendeurs et de misères, de joies et de tristesses, de larges bombances et de cruelles privations. Dès le premier jour, la troupe richement payée et grassement nourrie qui voyage luxueusement de château en château, de grande ville en grande ville, semble narguer la débine des meurt-de-faim, traînant tristement leurs guêtres de village en village pour amuser le pauvre peuple qui rit de meilleur cœur qu'il ne paye. De là une distinction forcée entre ces deux classes d'histrions, entre les tréteaux mêmes sur lesquels ils jouaient : tels acteurs, en effet, tels costumes et tels décors.

La mise en scène des *mystères* était donc tantôt splendide, tantôt d'une pauvreté naïve. Ici, de misérables troupes, dans une petite ville, figuraient une action religieuse ou dramatique ; un simple échafaud avec des compartiments étiquetés de diverses façons suffisait à indiquer le lieu de la scène et remplaçait un décor complet. Là, au contraire, des acteurs exercés, largement rétribués, représentaient pour de riches cités une pièce bien étudiée, pourvue de tous ses décors et accessoires. Mais, si grande que fût la richesse de la mise en scène, les mystères, se jouant le plus souvent en plein air, ne constituaient pas ce que nous avons appelé le théâtre.

Le luxe des jeux théâtraux était alors réservé aux riches seigneurs qui organisaient des fêtes dans leurs châteaux. Lorsque des troupes de comédiens commencèrent à donner des représentations publiques, un ou deux décors faisaient tous les frais du spectacle : ce ne fut guère qu'à partir de 1636 ou 1637, pour les représentations du *Cid*, de Corneille, et de la *Sophonisbe*, de Mairet, que les comédiens prirent l'habitude d'avoir un décor approprié à chaque pièce. Mais avant d'arriver aux théâtres réguliers, il faut parler des magnifiques fêtes dramatiques données, en ce temps, dans des châteaux seigneuriaux ou à la cour de France, et en particulier du célèbre *Ballet de la Reine*, dont l'apparition fut considérée comme une merveille sans exemple dans le passé, sans imitation possible dans l'avenir.

Le *Balet comyque de la Royne*, de Beaujoyeulx, représenté dans la salle du Petit-Bourbon, en 1581, aux fêtes de mariage du duc de Joyeuse, pair de France, avec mademoiselle de Vaudemont, sœur de la reine, marque la première ébauche du genre qui devint l'opéra et qui est dû à l'union inégale de la poésie, de la musique, des décorations et de la danse. Henri III, voulant honorer les époux par la magnificence de la fête, prétendit que rien ne fût épargné pour un pareil mariage : riches habits, festins, mascarades, courses, combats à la barrière, ballets à pied et à cheval, concerts, tout se succéda si bien que Brantôme lui-même, quoiqu'il trouve le ballet des Polonais « inimitable, » déclare que les « noces de M. de Joyeuse ont surpassé toutes les fêtes et cérémonies du temps. » Le désir de rendre ces noces superbes « ne dépassa pas le désir d'exécuter ces splendeurs, » et la noblesse « apporta son argent, comme sa vie, lorsqu'il s'agissait de la couronne. »

Catherine de Médicis voulut s'occuper en personne de la composition du ballet; elle envoya donc quérir l'illustre Baltazarini, que le maréchal de Brissac, gouverneur de Piémont, lui avait adressé d'Italie avec une bande choisie de violons, et qu'elle avait bientôt honoré du titre si envié de son valet de chambre. Insinuant, flatteur, industrieux, le jeune Italien avait su promptement se concilier les faveurs des grands, et il était devenu l'organisateur attitré de toutes les fêtes galantes, bals, festins ou mascarades, qui se donnaient à la cour si luxueuse et si corrompue des Valois. Cette fois, il se surpassa et composa sur les indications de la reine-mère son mirifique ballet de *Circé*, dont il a laissé la description la plus pompeuse à la postérité.

Le dimanche 15 octobre, la reine donna grand festin au Louvre, et après le repas, « le ballet de *Circé* et de ses nymphes, le plus beau, le mieux ordonné et exécuté qu'aucun auparavant, » comme dit l'Estoile. Il y aurait fatigue à suivre l'auteur dans le récit de cette représentation, qui, commencée à dix heures du soir, ne se termina qu'à trois heures du matin, « sans qu'une telle longueur ennuyast ni depleust aux assistans, tel étoit et si grand le contentement de chacun, » écrit le glorieux Baltazarini avec un plaisant amour-propre. Il suffira de lui emprunter, pour le sujet qui nous occupe, la description de quelques costumes, en laissant de côté les merveilles de la mise en scène, grottes de diamants, nuages pleins d'étoiles lumineuses, treille d'or couverte de raisins, orangers, grenadiers, pommiers avec leurs fruits en or, argent, soie et plumes.

Circé l'enchanteresse estoit vestue d'une robe d'or, de deux couleurs, estoffée partout de petites houppes d'or et de soye, et voylée de grands crespes d'argent et de soye : ses garnitures de teste, col et bras, estans merveilleusement enrichies de pierreries et perles d'inestimable valeur : en sa main, elle portoit une verge d'or de cinq pieds, tout ainsi que l'ancienne Circé en usoit, lorsque, par l'attouchement de cette verge, elle convertissoit les hommes en bestes et en choses inanimées.

Les Naïades estoyent vestues de toile d'argent, enrichie par dessus de crespes d'argent et incarnat, qui bouillonnoyent sur les flancs, et tout autour du corps, et aux bouts partout, de petites houppes d'or et de soye incarnate, qui donnoit grâce à cette parure. Leurs chefs estoyent parez, et ornez de petits triangles enrichis de diamans, rubis, perles, et autres pierreries exquises et precieuses, comme estoyent leurs cols et bras garnis de coliers, carquans et bracelets; et tous leurs vestemens couverts et estoffez de pierreries, qui brilloyent et estincelloyent tout ainsi qu'on voit la nuict les estoiles paroistre au manteau azuré du firmament. Aussi cette parure a esté estimée la plus superbe, riche et pompeuse, qui se soit jamais veue porter en mascarade.

Mercure estoit accoustré, tout ainsi que le descrivent les poëtes, vestu de satin incarnadin d'Espagne, passementé d'or fort industrieusement, les brodequins dorez, ayant des ailes à ses talons qui signifioyent la légèreté de sa course : son chef aussi estoit affublé d'un petit chapeau ailé des deux costez, et doré par tout : son manteau estoit de toile d'or violette : puis en sa main portoit le caducée, avec lequel jadis il endormit Argus pour le service de Jupiter.

La deesse Minerve vestue d'une robe de toile d'or, avec son corcelet de toile d'argent : au milieu duquel et devant et derriere estoit effigiee la teste effroyable de Meduse faitte d'or bruny : la salade et habillement de teste de toile d'argent, et enrichi d'une infinité de pierreries et perles d'inestimable valeur. Sur le derriere du timbre y avoit un pennache embelli de plumes d'Aigrette. La deesse portoit en la main droite la lance toute doree, et en la gauche l'escu et pavois où estoit encore peinte la teste de Gorgone Meduse, d'or et d'argent bruny.

Le sieur de Savornin representant Jupiter s'apparut en la nuee vestu d'un habillement de toile d'or, ses brodequins estoyent de cuir doré, et son manteau de satin jaulne, chamarré de franges d'or double, de camelot d'or : portant en une main son sceptre, en l'autre, le foudre effroyable, et en sa teste une belle couronne, le tout fait d'or bruny. A travers de son corps, il estoit paré d'une riche escharpe reluisante comme le soleil, pour les perles et pierreries dont il estoit couvert, et entre ses iambes une grande aigle d'or bruny.

Même profusion d'or, de soie et de pierreries sur tous les autres costumes, sur ceux de Pan, du Gentilhomme fugitif, des Tritons et des Sirènes, de Glaucus et de

Thétys, des Vertus et des Dryades : les Satyres seuls se distinguaient au milieu de ces splendeurs par une nudité trop fidèlement copiée d'après l'antique. La pompe inouïe du spectacle, le luxe féerique des décorations et des costumes cachaient aux yeux d'une cour encore sérieusement éprise de la mythologie, ce que cette représentation des intrigues de l'Olympe antique avait de ridicule et de naïf. L'or, l'argent, les rubis, les diamants, les dentelles répandues à profusion sur les dieux et sur les hommes, au ciel et sur la terre, éblouissaient les yeux de la foule émerveillée et l'empêchaient de distinguer les parties encore informes de ce long poème et les rouages grossiers qui faisaient mouvoir les plus lourdes machines.

Cette fête fut telle qu'on n'en avait pas vu de mémoire d'homme, et Beaujoyeulx, dans sa dédicace au roi de France et de Pologne, put dire à bon droit, avec la suffisance de l'auteur encensé et la finesse d'un courtisan accompli : « ... Mais quant à l'agréable, d'avoir su tempérer cette martiale inclination, de plaisirs honnêtes, de passe-temps exquis, de récréation émerveillable en sa variété, inimitable en beauté, incomparable en sa délicieuse nouveauté : l'on me pardonnera, si je maintiens que vous n'avez eu ni prédécesseur, ni aurez (comme je pense) de successeur (1). »

Ce succès sans précédent suscita à Baltazarini maints

---

(1) Voir, pour plus de détails, le livre de M. Ludovic Celler : *les Origines de l'Opéra et le Ballet de la Reine*. 1 vol. in-18, chez Didier, 1868.

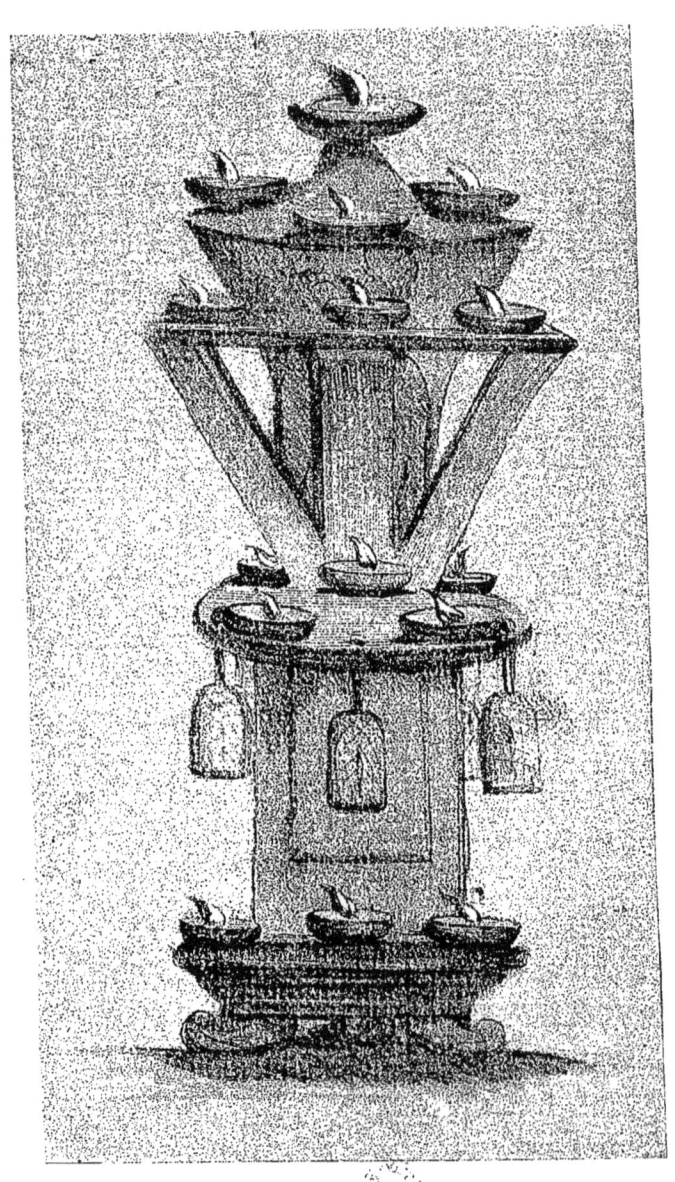

HOMME-LUMIÈRE. — HABIT DE BALLET-MASCARADE
D'APRÈS UN DESSIN AU CRAYON.

rivaux brûlant tous de se mesurer avec lui et d'éclipser en richesse le spectacle des noces du duc de Joyeuse.

Quinze années plus tard, le 25 février 1596, Nicolas de Montreux faisait représenter au château de Nantes, devant le duc de Mercœur, gouverneur de Bretagne, une pastorale pleine de jeux de scène empruntés aux Italiens, et dont les décors laissaient loin derrière eux toutes les splendeurs du *Ballet de la Reine*. Cette pièce avait pour titre : *Arimène*; elle fut aussitôt imprimée et l'auteur n'oublia pas d'enrichir cette publication de précieux détails sur la mise en scène.

Il serait fastidieux de raconter en détail ces cinq grands intermèdes mythologiques : le combat des Dieux et des Titans, l'histoire de Pâris et Hélène, d'Andromède et Persée, d'Argos et Io, d'Orphée aux Enfers, qui donnèrent lieu à cet étalage sans fin de décors d'une richesse éblouissante. Nous prendrons seulement note des différents costumes qui font grand honneur à la riche imagination de Montreux et du célèbre astrologue Côme Ruggieri, alors retenu prisonnier dans la forteresse de Nantes, et qui lui fut un aide précieux pour la partie décorative, d'où dépendait tout le succès.

> Ces acteurs étoient habillez à la forme des pasteurs d'Arcadie, tous de satin de diverses couleurs, enrichiz de clincamp, la panetière de clincamp, les botines de la couleur de leurs habits, semées de roses de clincamp, leurs chapeaux de mesme et la houlette argentée en la main, les habits fort esclatants, riches et bien faicts.
>
> Arimène habillée de satin orangé.

Ermange, vieil pasteur, de satin à couleur de feuille morte.

Floridor habillé à la françoise, de satin cramoisi, la cappe de mesme, doublée de clincamp, l'épée dorée et le fourreau de velours cramoisi.

Cloridan habillé de satin blanc.

Circimant habillé de satin noir, à la mode des anciens mages d'Égypte.

Furluquin, serviteur de Floridor, habillé à la harlequine.

Alphize, de satin jaulne paillé, avec un javelot en sa superbe main.

Argence, vieille bergère, de satin gris.

Clorice, bergère, de satin vert.

Assave, le pedant, de noir, en robbe pedantesque.

Aldire, sage pasteur, de tanné.

Orithie, nymphe, de jaulne doré, avec une coiffure poinctue, à la mode des nymphes.

Comment douter qu'un aussi merveilleux spectacle n'ait pas remporté un succès bien gagné par tant d'efforts de fantaisie imaginative? Ces cinq longs actes et leurs appendices mythologiques, qui nous paraîtraient aujourd'hui d'une insipide monotonie, excitèrent une profonde admiration. L'auteur, du reste, prend soin de l'apprendre aux générations à venir, par ces modestes paroles qui terminent dignement son récit : « Chacun se retira plus ennuyé de la fin que de la longueur de la chose (1). »

Nos voisins d'outre-Manche avaient à cette époque des divertissements analogues : c'étaient les *masques*, jeux dramatiques en grande faveur à la cour des souverains d'Angleterre, pendant les seizième et dix-septième siècles. Le masque anglais était un spectacle d'une pompe extraor-

---

(1) Cette représentation solennelle a été décrite d'après le propre récit de Montreux par M. L. Lacour, dans un article publié, il y a déjà longtemps, à la *Revue française* et intitulé : *Un opéra au seizième siècle.*

ordinaire et bizarre, un ensemble de musique, de danses, de festins, de scènes parlées ou mimées par des personnages allégoriques revêtus de splendides costumes. Suivant la chronique d'Holinsted, l'un des premiers masques aurait été joué sous Henri VIII, en 1510.

Un des plus brillants fut celui composé par Thomas Campion, docteur médecin, et représenté à White-Hall, le 6 janvier 1606, au mariage de lord James Hax, comte de Carlisle, avec lady Anna, fille unique d'Edward, lord Denny. Dans la description de la scène où se joua ce masque, on voit qu'il y avait, parmi les décorations, des arbres d'or, des collines, un bosquet de Flore orné de toutes sortes de fleurs d'où jaillissaient des rayons de lumière, la maison de la Nuit, dont les noirs piliers étaient semés d'étoiles d'or, et qui, à l'intérieur, n'était pleine que de nuages et d'oiseaux de nuit, etc. Le reste à l'avenant : c'était, comme à la cour de France, un déploiement interminable de splendeurs et de merveilles de toute espèce.

Paris allait bientôt pouvoir admirer les magnificences théâtrales de l'Italie. Mazarin, se souvenant des fêtes auxquelles il avait assisté en Piémont, manda dans la capitale le machiniste Torelli, avec une troupe de comédiens, qui montèrent au Petit-Bourbon, en 1645, *la Finta Pazza*, de Strozzi. C'était l'histoire d'Achille à Scyros, du voyage d'Ulysse et de Diomède, des amours interrompus de Déïdamie, et du départ d'Achille pour la guerre de Troie.

Ulysse, Diomède et les habitants de Scyros portaient d'abord la cuirasse ajustée, la double jupe courte couverte de lanières, et le manteau drapé sur l'épaule; mais plus tard, Ulysse imagina de changer de costume. Il endossa alors une cuirasse avec une écharpe en travers comme les gardes des Valois, il eut une triple jupe découpée, l'épée attachée à l'écharpe, le casque lourdement empanaché. De son côté, Achille, sous ses atours féminins, ressemblait à une dame de la cour de France; il portait la jupe longue, ouverte sur une jupe plus courte, les manches larges avec dentelles, le corsage à guimpe, et tenait un éventail à la main.

Malgré les murmures chaque jour plus menaçants de ses adversaires politiques, Mazarin continua de faire représenter des drames lyriques par les artistes qu'il avait fait venir d'Italie. La Fronde commençait bien d'agiter Paris, mais les troubles précurseurs des dissensions civiles ne faisaient pas trêve aux fêtes théâtrales, et les représentations se succédèrent à la cour, de 1647 à 1650, sans être interrompues autrement que d'une façon très passagère au plus fort de la guerre civile, et lorsque la petite vérole mit en danger les jours du jeune roi.

Les plus curieuses des pièces en musique représentées à cette époque sont *le Mariage d'Orphée et d'Eurydice, ou la grande Journée des Machines*, et l'*Orfeo ed Euridice:* l'un, amalgame de chant, de danse et de déclamation, combiné par le sieur Chappoton et représenté en

1640, par la troupe royale; l'autre, avec paroles italiennes et musique fort importante de Rossi, joué en 1643, dans la salle du Palais-Royal. Ces deux grandes machines théâtrales brillaient par une mise en scène riche et compliquée, mais elles ne présentaient aucune particularité saillante dans les costumes qui vont prendre un nouvel essor avec l' *Andromède*, de Pierre Corneille.

C'est en 1650 que cette tragédie mêlée de chants et de danses fut jouée au théâtre du Petit-Bourbon, avec un grand appareil de mise en scène, dont on peut se faire une idée par les gravures des costumes et des décors conservées à la Bibliothèque nationale. La *Gazette de France*, du 18 février 1650, n'hésite pas à déclarer que les Grecs et les Romains sont surpassés, que les miracles des prêtres égyptiens ne sont rien en comparaison des merveilles d'*Andromède*. Les « mécaniques » de Torelli plurent tant au public que certains amateurs les retournèrent voir plusieurs fois de suite. Les costumes n'étaient nullement inférieurs aux merveilles de la décoration : Vénus et toutes les femmes étaient somptueusement vêtues à la mode du jour, tandis que les hommes portaient, comme les personnages de *Mirame*, le riche baudrier, les longs cheveux bouclés, la cuirasse et le casque à grandes plumes.

Tous les gens de théâtre alors, et ceux qui jouaient la comédie ou déclamaient la tragédie plus encore que ceux qui chantaient l'opéra, étaient assez proches parents des comédiens ambulants de Scarron; tous menaient gaîment la vie errante et aventureuse des héros du *Roman comique*. En quelques mots, nous sommes au fait. Le joyeux auteur, qui riait et faisait rire les autres pour se distraire de ses souffrances, nous a bien vite présenté ces véridiques personnages : il les a copiés sur le vif, eux, leurs habitudes et leurs costumes. C'est l'enfance de l'art, c'est la bohème dénuée d'argent, mais pourvue d'esprit, c'est la *commedia dell' arte*, venue d'Italie.

« ... Un jeune homme, aussi pauvre d'habits que riche de mine, marchait à côté de la charrette... Au lieu de chapeau, il n'avait qu'un bonnet de nuit, entortillé de jarretières de différentes couleurs... Son pourpoint était une casaque de grisette, ceinte avec une courroie, laquelle lui servait aussi à soutenir une épée qui était si longue qu'on ne s'en pouvait aider adroitement sans fourchette. Il portait des chausses trouées à bas d'attaches, comme celles des comédiens quand ils représentent un héros de l'antiquité, et il avait, au lieu de souliers, des brodequins à l'antique que les boues avaient gâtés jusqu'à la cheville du pied. » Celui-là, c'est Le Destin, le jeune premier, et, comme tel, le mieux nippé de la troupe. Jugez par là des autres, du bilieux La Rancune, de la gracieuse Angélique ou de la charmante L'Étoile.

S'agit-il de donner la comédie et de distraire la brillante compagnie réunie au tripot de la Biche : « Fournissez vos habits, disent les comédiens, et nous jouerons avant que la nuit vienne. » M. de la Rappinière, le rieur

LA NUIT ET L'HIVER. — BALLET ROYAL DE LA NUIT (1653).
D'APRÈS UN DESSIN AU BISTRE.

de la ville du Mans, offre aussitôt une vieille robe de sa femme à La Caverne, et la tripotière deux ou trois paires d'habits qu'elle avait en gage, à Destin et à La Rancune. Tout s'arrange au mieux : Destin fera Hérode, La Caverne jouera Marianne et Salomé, le vieux La Rancune tiendra tous les autres rôles.

« Le parti plut à la compagnie, et le diable de la Rappinière, qui s'avisait toujours de quelque malice, dit qu'il ne fallait point d'autres habits que ceux de deux jeunes hommes de la ville qui jouaient une partie dans le tripot, et que mademoiselle de La Caverne, en son habit d'ordinaire, pourrait passer pour tout ce qu'on voudrait dans une comédie. Aussitôt dit, aussitôt fait ; en moins d'un demi-quart d'heure, les comédiens eurent bu chacun deux ou trois coups, furent travestis, et l'assemblée qui s'était grossie, ayant pris place dans la chambre haute, on vit derrière un drap sale que l'on leva, le comédien Destin couché sur un matelas, un corbillon sur la tête, qui lui servait de couronne, se frottan un peu les yeux comme un homme qui s'éveille, et récitant du ton de Mondori le rôle d'Hérode... »

Mondori était né à Orléans ; il fut durant assez longtemps le chef et l'orateur de la troupe du Marais, où il représentait avec talent les rois et les empereurs. Ce fut précisément ce personnage d'Hérode dans la *Marianne*, de Tristan, qui le conduisit au tombeau. Il mourut en 1651, d'une attaque d'apoplexie, causée probablement par les efforts surhumains qu'il faisait dans ce rôle : l'auteur se glorifia bêtement de ce triste événement et alla jusqu'à défier ses rivaux de tuer ainsi quelque comédien sous leurs vers.

Mondori fut le premier à rejeter l'usage de la perruque. « Il était de taille moyenne, mais bien prise, disent les frères Parfaict; la mine haute, le visage agréable et expressif. Il avait de petits cheveux coupés avec lesquels il jouait tous les rôles de héros, sans avoir jamais voulu mettre de perruque. » Scarron a donc doublement raison de le citer et de le critiquer, car, malgré ses défauts, une déclamation et un jeu outrés, Mondory était l'acteur le plus en renom du temps — et méritait de l'être.

Bien que cet étalage de parures et de décorations neuves ou défraîchies ravît toujours la grande masse du public, quelques esprits sensés étaient déjà frappés de ce que ces travestissements avaient de grotesque, et les railleries commençaient à percer sous l'enthousiasme général. Sorel s'en moque agréablement dans sa *Maison des Jeux* :

« J'ai vu quelquefois, dit Hermogène, passer à Paris de ces gens-là, qui n'avoient chacun qu'un habit pour toute sorte de personnages et ne se déguisoient que par de fausses barbes ou par quelque marque assez faible, selon le personnage qu'ils représentoient; Apollon et Hercules y paraissoient en chausse et en pourpoint; mais pourquoi ne les eût-on pas habillés à la françoise? N'y a-t-il pas eu un Hercule gaulois? Cet

Hercule, se voulant faire remarquer, avoit seulement les bras retroussés comme un cuisinier qui est en faction, et tenoit une petite bûche sur son épaule pour sa massue, de telle sorte qu'en cet équipage l'on l'eût pris encore pour un gagne-denier qui demande à fendre du bois. Pour Apollon, il avoit derrière sa tête une grande plaque jaune prise de quelque armoirie, pour contrefaire le soleil, et tous les autres dieux n'étoient pas mieux atournés; jugez donc ce que ce pouvoit être des mortels... »

Lesage décrit aussi, par la bouche d'un des personnages de *Gil-Blas*, le bizarre costume qu'endossait alors un roi de tragédie. Scipion, le secrétaire du tout-puissant seigneur de Santillane, avait été, dans son enfance, au nombre des marmitons de l'archevêque de Séville. Pages et domestiques s'avisèrent un jour, pour célébrer l'anniversaire de monseigneur, de représenter une tragi-comédie. Ils choisirent celle des *Bénavides*, et son jeune âge fit désigner Scipion pour jouer le rôle du petit roi de Léon enlevé par les Maures. Après de nombreuses répétitions et bien des préparatifs pour rendre la fête magnifique, — on n'avait rien épargné, le maître devant payer toute la dépense, — l'archevêque fixa le jour de la représentation.

« Le jour venu, continue Scipion, qui raconte ses aventures à son maître, chaque acteur ne s'occupa que de son habillement. Pour le mien, il me fut apporté par un tailleur accompagné de notre majordome, qui, s'étant donné la peine de me répéter mon rôle, se faisait un plaisir de me voir habiller. Le tailleur me revêtit d'une robe de velours bleu, garnie de galons et de boutons d'or, avec des manches pendantes, ornées de franges du même métal; et le majordome lui-même me posa sur la tête une couronne de carton, parsemée de quantité de perles fines mêlées parmi de faux diamants. De plus, ils me mirent une ceinture de soie, couleur de rose, à fleurs d'argent. Et, à chaque chose dont ils me paraient, il me semblait qu'ils m'attachaient des ailes pour m'envoler et m'en aller (1). »

Scarron, de son côté, ne manque pas, dans le *Virgile travesti*, de vêtir le pieux Énée, au moment le plus délicat du poème, d'un costume dont il accuse bien les côtés burlesques, mais qui peut donner une idée assez exacte de la façon dont le héros troyen se serait affublé à cette époque pour paraître en scène et peindre son amoureux tourment à la dame de ses pensées.

> Ce gentil dieu que je vous di,
> Pour ne rien faire en étourdi,
> Se posa sur une chaumière.
> Là, de sa double talonnière
> Désembarrassant son talon,
> Il vit faisant le violon
> Vis-à-vis de sa violone,
> Messire Æneas en personne,

(1) *Histoire de Gil-Blas*, liv. X, chap. x.

DIEU MARIN. — BALLET ROYAL DES NOCES DE PELÉE ET DE THÉTIS (1654),
ENTRÉE DES PÊCHEURS DE CORAIL. — D'APRÈS UN DESSIN AU BISTRE.

Poudré, frisé, fardé, tondu :
Un riche habit bien étendu
Augmentoit fort sa bonne mine,
Il étoit de belle étamine,
Le manteau de drap de Sidon,
Présent de la dame Didon.
Comme cette reine amoureuse.
Étoit une grande couseuse,
Elle avoit fort adroitement
Chamarré d'un beau passement
Et parsemé de points d'aiguille,
Autant l'habit que la mandille.

CHAPITRE II

LA COMÉDIE FRANÇAISE DE 1650 A 1700

Le luxe et la misère, qui se heurtaient dans les représentations dramatiques de cette époque et qui formaient de si étranges contrastes sur le dos des comédiens, provenaient de la diversité d'origine de leurs costumes, et aussi des états de services plus ou moins prolongés des différentes pièces de leur garde-robe. Les acteurs, gagnant peu, se gardaient bien de faire de la dépense et de sacrifier leur petit pécule au luxe de la mise en scène. Ils avaient deux habits complets : l'un pour la tragédie, l'autre pour la comédie, et, faisant de nécessité vertu, tenaient à honneur de les faire durer le plus longtemps possible. Parfois, pourtant, le roi, les ministres ou les grands offraient des costumes aux acteurs qu'ils honoraient de leur protection : ces vêtements, alors, étaient plus brillants et plus riches, sans être dessinés d'une façon plus convenable.

Voici ce que l'honnête Chappuzeau dit à cet égard dans son livre sur le *Théâtre François*, publié en 1674 : « *Grande depence en habits.* — Cet article de la depence des Comédiens est plus considérable qu'on ne s'imagine. Il y a peu de pièces nouvelles qui ne leur coûtent de nouveaux ajustemens, et le faux or ny le faux argent, qui rougissent bien tost, n'y estant point employez, vn seul habit à la Romaine ira souvent à cinq cens escus. Ils aiment mieux vser de menage en toute autre chose pour donner plus de contentement au Public, et il y a tel Comédien, dont l'équipage vaut plus de dix mille francs. Il est vray que, lorsqu'ils representent une pièce qui n'est vniquement que pour les plaisirs du Roy, les Gentils-hommes de la Chambre ont ordre de donner à chaque Acteur, pour ses ajustemens nécessaires, vne somme de cent escus ou quatre cens liures, et, s'il arriue qu'vn même Acteur ayt deux ou trois personnages à representer, il touche de l'argent comme pour deux ou pour trois. »

Richelieu avait donné l'exemple de ces libéralités princières. Lors de la représentation du *Menteur* (1642), il fit présent à Bellerose d'un somptueux habit de cour, dont celui-ci se para pour figurer Dorante au grand déplaisir de l'acteur chargé du petit rôle d'Alcippe (1).

---

(1) *Lettre sur la vie et les ouvrages de Molière*, insérée au *Mercure de France* de mai 1740. Ce récit est bien difficile à concilier avec le vers où Corneille dit que sa pièce a été jouée au théâtre du Marais, puisque Bellerose était le chef de la troupe de l'Hôtel de Bourgogne. Quant au fait relaté dans le même écrit du *Mercure*, à savoir que Richelieu aurait, en 1646, donné un riche habit à la

GÉANT A CINQ FACES — HABIT DE BALLET — MASCARADE
D'APRÈS UN DESSIN A L'AQUARELLE.

Louis XIV suivit l'exemple du cardinal, et, quand *le Sicilien*, de Molière, fut représenté à Saint-Germain dans le ballet des Muses (janvier 1667), il fit cadeau de deux superbes mantes à mesdemoiselles de Brie et Molière pour jouer leurs rôles d'Isidore et de Zaïde.

> Surtout, on y voit deux esclaves
> Qui peuvent donner des entraves ;
> Deux Grecques, qui Grecques en tout,
> Peuvent pousser cent cœurs à bout,
> Comme étant tout-à-fait charmantes,
> Et dont enfin les riches mantes,
> Valent bien de l'argent, ma foi :
> Ce sont aussi présents du Roi (1).

A l'occasion, les comédiens ne rougissaient pas de stimuler la générosité des grands. Lorsque Quinault fit jouer, en 1665, à l'Hôtel de Bourgogne, sa comédie de *la Mère coquette ou les Amants brouillés*, Raymond Poisson, le Crispin sans rival, le chef de cette célèbre famille de comédiens, se trouva fort embarrassé pour se procurer le costume d'une extrême élégance qui convenait à son rôle de marquis ridicule. Le spirituel acteur s'en tira par l'épître suivante :

---

romaine à madame Petit de Beauchamp, dite *la Belle brune*, pour jouer d'original le rôle de Rodogune, il est absolument faux par la double raison qu'en 1646 le cardinal était mort depuis trois ans et que *Rodogune* fut représentée à l'Hôtel de Bourgogne où cette actrice de la troupe du Marais refusa toujours d'entrer.

(1) Robinet, *Lettres en vers à Madame*, 19 juin 1667. *Le Sicilien* fut joué à Paris, au théâtre du Palais-Royal, le 10 juin 1667.

A MONSEIGNEUR LE DUC DE CRÉQUY

Les Amants brouillés, de Quinault,
Vont dans peu de jours faire rage ;
J'y joue un marquis, et je gage
D'y faire rire comme il faut ;
C'est un marquis de conséquence,
Obligé de faire dépense
Pour soutenir sa qualité ;
Mais, s'il manque un peu d'industrie,
Il faudra, de nécessité,
Que j'aille, malgré sa fierté,
L'habiller à la friperie.
Vous, des ducs le plus magnifique,
Et le plus généreux aussi,
Je voudrais bien pouvoir ici
Faire votre panégyrique :
Je n'irai point citer vos illustres aïeux
Qu'on place dans l'histoire au rang des demi-dieux ;
Je trouve assez en vous de quoi me satisfaire ;
Toutes vos actions passent sans contredit.....
Ma foi ! je ne sais comment faire
Pour vous demander un habit (1).

Dans leur comédie de *Ragotin* (1684), La Fontaine et Champmeslé ont reproduit quelques traits de mœurs de l'époque, et ils ont justement saisi sur le vif cette habitude qu'avaient alors les grands seigneurs de vêtir les comédiens à la mode.

LA BAGUENAUDIÈRE.

Que dites-vous de mon habit de chasse ?

---

(1) Les frères Parfaict, *Histoire du Théâtre-Français*; IX. — « Raimond Poisson, comédien de l'Hôtel de Bourgogne, était excellent par son jeu naturel, mais il bredouillait et n'avait pas de gras de jambe ; il imagina de mettre des bottines ; son fils et son petit-fils avaient hérité de son jeu naturel, de son bredouillement et de ses bottines. » (Saint-Foix, *Essais historiques*, IV.)

LA RANCUNE.

Qu'il est beau pour jouer un baron de la Crasse.

LA BAGUENAUDIÈRE.

Je vous en fais présent.

Le quatrième acte, où se trouve une parodie de la *Cléopâtre*, de Chapelle, est sans contredit le meilleur, et les auteurs nous y apprennent par leurs railleries que la célèbre reine égyptienne paraissait dans cette tragédie vêtue d'un costume espagnol. A ces mots de la reine, représentée par Ragotin : « Je veux miauler, moi ! » la nourrice Charmion repart :

>D'où vient cette tristesse?
>Quelle raison vous fait négliger vos appas?
>En quel état ici paraissez-vous? hélas!
>Une reine d'Égypte en habit d'Espagnole!
>On va vous prendre ainsi pour Jeanneton la folle.
>Allez couvrir ce corps d'un autre accoutrement ;
>Dans votre garde-robe entrons vite un moment ;
>Venez vermillonner ce visage de plâtre.

Dans leur nouveauté, les pièces de Rotrou, de Corneille, de Racine, étaient jouées en habits de ville de l'époque. Sertorius et Pompée paraissaient sur la scène en habits brodés d'or sur toutes les tailles, portant un large baudrier auquel l'épée était suspendue, et un grand chapeau orné de plumes. Oreste, César, Horace, étaient burlesquement travestis en courtisans de la plus grande cour d'Europe, et cette mode, qui nous paraîtrait aujourd'hui si déplaisante, ne choquait en rien nos ancêtres, qui semblaient, à dire vrai, ne juger les œuvres dramatiques que par les yeux de la pensée en faisant abstraction complète de la représentation théâtrale.

Il est à remarquer que, dans toute l'histoire du théâtre en France, non seulement la déclamation et le jeu des acteurs sont en rapport avec le costume théâtral et en ont suivi les modifications, mais que ce rapport existait aussi assez souvent entre les costumes et les défauts des pièces. Rien n'est isolé au théâtre ; tout se tient au contraire et s'enchaîne : défauts et décadence, qualités et progrès.

Pour se bien figurer l'effet que devaient produire ses tragi-comédies et la convenance des sentiments que Corneille prêtait à ses personnages, il faut voir les dessins d'Abraham Bosse. S'agit-il du costume des hommes, voici les grands cheveux bouclés, la fraise plate, le haut de chausses à bouts de dentelles, le justaucorps à petites basques, la longue épée retombant obliquement sur les reins. Pour les femmes, c'est le corsage court et rond, le sein entièrement découvert des portraits d'Anne d'Autriche, la large jupe à queue dont l'étoffe robuste et ample retombe de tous côtés en plis magnifiques ; ce sont les modes de la jeunesse de mesdames de Chevreuse, de Hautefort, etc. Jamais costume ne fut plus naturellement grand, n'imposa davantage, ne justifia mieux les madrigaux précieux et les adorations exagérées.

Si maintenant de Corneille nous passons à celui qu'il appelait son père, au collaborateur de Richelieu, à cet heu-

SAVETIER DANSANT, D'APRÈS UN DESSIN DE BERAIN GRAVÉ PAR LEPAUTRE, VERS 1670.

reux Rotrou, dont la sincérité poétique est attestée par sa noble mort et dont Caffieri a fait le type du poète, ce n'est pas à Abraham Bosse, homme paisible et qui ne court guère les aventures et la campagne, qu'il faut nous adresser pour avoir des costumes convenables, mais au peintre de la grande route et des champs, à l'aventureux Lorrain, Jacques Callot. Pour bien saisir *Venceslas*, il faut se représenter ces grands soudards du Siège de la Rochelle et des Misères de la Guerre, au chapeau pointu et emplumé ramené sur les yeux, aux bottes fortes, aux moustaches à trois poils, race fine mais fortement trempée, gens policés à neuf, mais retournant vite à la nature dès que la passion les rend fous, et se permettant alors le brigandage et les violences de toutes sortes. Tels sont les héros de Callot, tels sont ceux de Rotrou (1).

Le grand carrousel donné en 1662 sur la place qui emprunta son nom à cette cérémonie, et les divertissements de Versailles dits *Plaisirs de l'île enchantée* (1664) peuvent nous fixer sur le costume des tragédies de Racine. C'est le costume militaire d'apparat des empereurs romains qui a servi de modèle. A côté des statues en costume civil, toge ou manteau, dont s'inspirera Talma, l'antiquité nous a laissé plusieurs figures d'empereurs revêtus de cuirasses légères prenant les formes des hanches et descendant par devant en s'arrondissant pour couvrir le ventre, avec des

---

(1) M. Lamé, article sur *le Costume au théâtre* (*Le Présent*, n° 13).

ornements repoussés, sphynx, génies, esclaves enchaînés ; une double tunique passe en dessous, presque entièrement couverte par de lourdes broderies ; des knémides damasquinées s'ajustent aux sandales, aux épaules des bouffants et des franges.

Le grand roi devait embellir et défigurer ce riche costume en l'adoptant pour les carrousels, d'où on le vit passer bientôt dans l'opéra et la tragédie. La cuirasse, tout en gardant la même forme, est devenue un corps de brocart ; les knémides se sont changées en brodequins de soie brodée s'adaptant sur des souliers à talons rouges, et les nœuds de rubans remplacent les franges des épaules. Enfin, un tonnelet dentelé rond et court, un petit glaive dont le baudrier passe sous la cuirasse, par dessus tout cela la perruque et la cravate à nœud de satin : voilà ce qui composait l'habit à la romaine du dix-septième siècle. Le casque de carrousel, qui reste dans l'opéra, est le plus souvent remplacé dans la tragédie par le chapeau de cour avec plumes (1).

Bref, le costume le plus riche et le plus ridicule qu'on puisse voir et dont Voltaire fait, en deux lignes, une description si burlesque : « On voyait arriver Auguste avec la démarche d'un matamore, coiffé d'une perruque carrée qui descendait par devant jusqu'à la ceinture ; cette perruque était farcie de feuilles de laurier, et surmontée

---

(1) M. Lamé, article sur *le Costume au théâtre* (*Le Présent*, n° 13).

d'un large chapeau avec deux rangs de plumes rouges. »

Ces brillants costumes de cour appelaient naturellement la galanterie et le langage choisi des héros de Racine. Segrais rapporte qu'étant auprès de lui à la première représentation de *Bajazet* (1672), Corneille lui fit observer que tous les personnages de la tragédie avaient, sous des habits turcs, des sentiments français. « Je ne le dis qu'à vous, d'autres croiraient que la jalousie me fait parler; » ajouta le poète alors obligé, pour faire jouer ses pièces, de s'adresser aux comédiens du Marais, les ouvrages de son rival occupant, à l'exclusion de tout autre, la troupe de l'Hôtel de Bourgogne.

Corneille disait vrai : sous l'habit turc ou prétendu tel de Bajazet, d'Acomat et de Roxane, on devine les gentilshommes et les nobles dames de la cour de France. Quoi qu'en dise Louis Racine, Corneille avait raison, et aussi madame de Sévigné écrivant à sa fille : «... Je voudrais vous envoyer la Champmêlé pour vous réchauffer la pièce : le personnage de Bajazet est glacé; les mœurs des Turcs y sont mal observées : ils ne font point tant de façons pour se marier : le dénouement n'est point préparé : on n'entre point dans les raisons de cette grande tuerie. »

« Ne voit-on pas les plus grands des auteurs fléchir sous l'influence de leur temps, — dit Talma dans sa notice sur Lekain, — et Racine lui-même, le divin Racine y soumettre trop souvent la hauteur de son génie? » Dans

Andromaque, Oreste et Pylade, bien que liés par l'amitié la plus vive, ne sont point placés sur la même ligne. Oreste tutoie Pylade, mais celui-ci traite son ami de *seigneur* et ne se sert jamais à son égard que du mot *vous*. Les convenances du théâtre ne permettaient sans doute pas alors que le confident tutoyât son maître. A l'exemple du monde réel, les comédiens tenaient beaucoup à leurs rangs imaginaires, et étaient très-sévères entre eux sur les convenances et sur l'étiquette.

Le rôle de Néron, dans *Britannicus*, subit aussi par instants l'influence de l'époque. Le tyran, dont le langage dénote bien d'abord le libertinage et la férocité naissante, montre une galanterie toute moderne dès qu'il s'adresse à Junie. Il l'aborde en des termes d'une affectation doucereuse, et n'oserait certes pas violer les lois de la galanterie au point de parler à sa maîtresse autrement que ne l'aurait fait le grand roi en personne. Talma explique en fort bons termes pourquoi le début de cette scène, qui vers la fin reprend sa véritable couleur, est très difficile à jouer. « Il fallait toujours de *belles manières* pour parler aux femmes, conclut-il, et Racine aurait cru blesser toutes les convenances en donnant à Néron, dans son entretien avec Junie, ce feu, cette ivresse, ce désordre dont il est agité dans la scène antérieure : un tel langage eût par trop choqué des oreilles habituées au doux langage des ruelles. »

Voltaire, dans son *Temple du Goût*, signale ce défaut r un critique également fine et judicieuse :

> Plus pur, plus élégant, plus tendre,
> Et parlant au cœur de plus près,
> Nous attachant sans nous surprendre,
> Et ne se démentant jamais,
> Racine observe les portraits
> De Bajazet, de Xipharès,
> De Britannicus, d'Hippolyte.
> A peine il distingue leurs traits ;
> Ils ont tous le même mérite :
> Tendres, galants, doux et discrets ;
> Et l'Amour, qui marche à leur suite,
> Les croit des courtisans français.

Toutefois Racine, en homme qui connaissait à fond l'antiquité, avait senti l'invraisemblance des costumes de théâtre de l'époque. Il tenta même de s'opposer tant soit peu à ces anachronismes, surtout quand Baron voulut jouer l'Achille d'*Iphigénie* avec une perruque frisée. Mais le poète avait affaire à trop forte partie et il fut contraint de céder à la mode. Il se résigna même d'assez bonne grâce, car nulle part il n'a laissé échapper le moindre blâme sur ce ridicule usage. Une seule fois, Racine consacra à la mise en scène quelques lignes d'une de ses préfaces, celle d'*Esther*. Il s'empresse de proclamer que les rôles d'hommes de sa tragédie n'ont pas laissé d'être représentés par des filles avec toute la bienséance de leur sexe, puis il ajoute : « La chose leur a été d'autant plus aisée, qu'anciennement les habits des Persans et des Juifs étaient de longues robes qui tombaient jusqu'à terre. »

On ne se douterait guère, à l'entendre, que les représentations d'*Esther* à Saint-Cyr furent des plus brillantes pour l'époque et qu'elles se firent, — c'est Louis Racine qui le note, — « avec une grande dépense pour les habits, les décorations et la musique. » L'adroit courtisan dut se reprocher par la suite de n'avoir pas parlé en termes plus flatteurs du luxe déployé par madame de Maintenon pour sa tragédie sacrée.

Le temps s'écoulait sans modifier sensiblement les usages reçus. Vingt ans après la spirituelle requête de Raymond Poisson au duc de Créquy, les acteurs endossaient encore des vêtements de cour pour représenter les héros antiques à la Comédie ou sur les théâtres aussi richement pourvus des colléges. A défaut d'argent, ils les empruntaient à quelque adroit valet ou s'en faisaient faire cadeau.

Dans *l'Homme à bonnes fortunes*, Pasquin, à bout d'expédients et ne sachant comment expliquer la disparition du juste-au-corps de son maître Moncade, s'écrie : « *Monsieur, il faut vous dire la vérité ; je l'ai presté pour une Tragédie au Collége. — Mon juste-au-corps au Collége ? à un enfant ? — Non, Monsieur ; c'est un grand garçon, beau, bien fait comme vous et qui fait le Roy de la Tragédie.* »

C'est Michel Baron qui écrit cela en 1686, et nul ne saurait mieux que lui donner une idée exacte des usages de son temps. Du reste, le célèbre tragédien qui avait réformé la diction ampoulée de ses prédécesseurs,

HERMIONE, DANS CADMUS ET HERMIONE,
D'APRÈS UN DESSIN DE BERAIN GRAVÉ PAR LEPAUTRE (1673).

Baron qui, à soixante-huit ans, soulevait encore l'enthousiasme et qui mérita d'être surnommé tout d'une voix le Roscius de son siècle, Baron qui avait failli rompre avec Racine pour une question de coiffure, ne paraît pas avoir compris mieux qu'aucun de ses contemporains l'harmonie du costume.

Et pourtant il aimait éperdument son art et ne négligeait rien de ce qui pouvait contribuer à l'illusion, sinon par la vérité, au moins par la pompe théâtrale. Quand il jouait quelque rôle d'empereur ou de roi, il se faisait toujours précéder de huit ou dix figurants costumés à la romaine. « Je me souviens, dit Collé, que représentant le grand-prêtre dans *Athalie*, des gagistes qu'il avait fait habiller en lévites ne se présentant pas assez tôt pour un jeu de théâtre nécessaire, il cria tout haut : *Un lévite! un lévite! Comment, par la mordieu, pas un b..... de lévite!* Ceux qui étaient sur le théâtre l'entendirent et rirent de tout leur cœur de sa colère d'enthousiaste (1). »

M. Bonnassies, qui a voué une juste admiration au grand comédien et qui a republié avec luxe sa jolie pièce de *l'Homme à bonnes fortunes*, a mis en tête de ce livre une curieuse préface où il s'efforce d'atténuer, de transformer même en qualités les défauts qu'on a l'habitude de reprocher à l'homme et à l'acteur : à celui-ci son insouciance du costume, à celui-là son extrême orgueil.

(1) *Journal de Collé*, mars 1750.

« Louis XIV, dit-il, réédita les splendeurs impériales, en les panachant, pour plus grande liesse, de mythologie, de magie, de chevalerie : tout n'était-il pas possible avec un art aristocratique basé sur la tradition savante? De là ces fêtes théâtrales dont la tragédie et l'opéra n'étoient que des actes, et où régnoit la fantaisie, c'est-à-dire la vie idéale, mascarade enivrée de la vie réelle qu'on tâchoit de faire oublier..... Ainsi donc, en écartant toute solution sur le point d'actualité, on doit reconnoître que Baron étoit dans le vrai, en jouant avec des costumes fantaisistes. »

Cette raison serait admissible à la rigueur en ce qui regarde les tragédies de Racine, mais elle ne saurait s'appliquer à celles de Corneille. Il nous semble, en outre, que l'acteur de génie doit savoir se soustraire aux influences de son temps et braver les critiques de ses contemporains pour corriger leur goût, qu'il doit, en un mot, leur enseigner le beau en dépit de leur résistance. Or, loin d'avoir cette courageuse initiative, Baron, de l'aveu même de ses panégyristes, s'est borné à apporter dans ses costumes l'intelligence que dénotait son jeu, l'intelligence poétique.

Il en fut ainsi dans le rôle d'Arnolphe dont il conserva, comme Provost deux siècles plus tard, la véritable tradition et qu'il joua tel que Molière l'avait conçu. Il le représentait bourgeoisement, sans charger, mais avec noblesse et dignité, et s'habillait en conséquence, non pas, comme ses camarades et ses successeurs, avec un surtout de vieille guipure, les cheveux en désordre et le reste à l'avenant, mais avec un habit de velours, une veste d'étoffe, des bas noirs, une perruque bien peignée et le chapeau sur la tête.

Ici Baron avait pleinement raison, mais en était-il de même lorsqu'il endossait un bel habit de velours noir à passe-poil de satin cramoisi pour jouer Cinna et qu'il se campait sur le chef un chapeau orné de superbes plumes d'un rouge éclatant? A ces vers :

> Le fils tout dégouttant du meurtre de son père,
> Et, sa tête à la main, demandant son salaire....

il figurait avec son chapeau la tête sanglante du père et l'agitait avec force jusqu'à ce que le public cessât de battre des mains; ce qui n'arrivait jamais qu'après trois ou quatre reprises (1). Était-ce enfin faire preuve de goût que d'accuser par une mise élégante le contraste de ses rôles avec son âge vrai, et de jouer par exemple, à soixante-dix ans passés, le jeune Misaël, des *Machabées* de Lamotte, vêtu comme les enfants de riches bourgeois, avec un joli toquet et de gracieuses manches pendantes (2)? Cette tragédie fut donnée en 1721, et le grand acteur se croyait encore en 1671, à l'heureuse époque où il représentait l'Amour dans *Psyché*. Cette épigramme le dut cruellement désabuser :

---

(1) Madame Talma, *Études sur l'art théâtral*, p. 209.
(2) *Anecdotes dramatiques*, I.

> Le vieux Baron, pour l'honneur d'Israël,
> Fait le rôle enfantin du jeune Misaël,
> Et, pour rendre la scène exacte,
> Il se fait raser à chaque acte.

Tandis que l'indifférence de Racine et la vanité satisfaite de Baron laissaient la mode régner en souveraine à l'Hôtel de Bourgogne, Molière, montrant toujours un vif souci de tout ce qui pouvait aider au succès de ses propres pièces ou de celles des auteurs qu'il appelait à lui, exerçait une salutaire surveillance sur sa vaillante petite troupe et s'efforçait de faire respecter la vérité et la convenance au théâtre du Palais-Royal (1). La preuve en est dans certains traits rapportés par Grimarest au courant de sa *Vie de Molière*.

En jolie femme qu'elle était et en coquette accomplie, mademoiselle Molière aimait ardemment la parure. Le jour de la première représentation de *Tartufe*, sachant bien qu'une pièce qui avait soulevé de si furieux débats avant même d'être jouée, attirerait un grand concours de monde, elle y voulut briller par l'éclat de ses vêtements et se fit faire en secret un habit magnifique : longtemps à l'avance elle était à sa toilette. Molière entre dans la loge de sa femme qu'il trouve parée comme une châsse. « Comment donc, mademoiselle ! s'écrie-t-il à cette vue, que voulez-vous dire avec cet ajustement ? ne savez-vous pas que vous êtes incom-

---

(1) On trouvera, à la fin de l'ouvrage de M. Eudore Soulié, *Recherches sur Molière et sur sa famille*, l'inventaire dressé après sa mort qui comprend le détail minutieux de ses habits de théâtre.

modée dans la pièce? et vous voilà éveillée et ornée comme si vous alliez à une fête! Déshabillez-vous vite, et prenez un habit convenable à la situation où vous devez être. » Peu s'en fallut que sa femme ne refusât de jouer, tant elle était désolée de ne pouvoir faire parade d'un habit qui lui tenait plus à cœur que la pièce.

Molière travaillait souvent d'après nature pour composer plus sûrement; aussi avait-il pris Rohaut, bien qu'il fût son ami, pour modèle du maître de philosophie dans *le Bourgeois gentilhomme*. Afin de rendre sa copie plus exacte, il fit dessein d'emprunter un vieux chapeau de Rohaut pour le donner à Du Croisy, qui devait figurer le personnage dans la pièce. Il envoya Baron chez le philosophe pour le prier de lui prêter ce précieux chapeau d'une forme si singulière qu'il n'avait pas son pareil; mais cette ambassade échoua par la maladresse de Baron, qui dévoila au philosophe quel usage on voulait faire de son étonnant couvre-chef. Celui-ci refusa avec indignation de le déshonorer en le laissant paraître sur un théâtre, et force fut à Du Croisy de se couvrir la tête avec le premier chapeau venu.

« On joue présentement à l'Hôtel de Bourgogne *l'Amour médecin*, écrit Guy Patin; tout Paris y va en foule pour voir représenter les médecins de la cour, et principalement Esprit et Guénaut, avec des masques faits tout exprès; on y a ajouté Desfougerais. Ainsi l'on se moque de ceux qui tuent le monde impunément. » Le caustique médecin, toujours en quête de ce qu'on faisait ou disait contre ses confrères, nous prouve par ces lignes que Molière prenait soin, à l'occasion, de donner à ses acteurs des masques ressemblant aux originaux qu'il voulait exposer en scène.

Cette lettre de Guy Patin étant datée du 25 septembre 1665, il s'agit évidemment ici de *l'Amour médecin*, joué à la cour le 15 septembre de cette année et le 22 à Paris. Lors des premiers temps du Théâtre-Français, les acteurs avaient adopté les masques, usités de toute ancienneté dans les spectacles d'Italie; mais ils en avaient restreint l'usage aux rôles de vieillards et de vieilles femmes. Quand on assiste à une représentation du *Menteur* et qu'on entend la scène admirable qui débute par cette belle apostrophe : *Êtes-vous gentilhomme?* on ne conçoit guère que l'acteur qui la prononçait fût caché sous un masque presque semblable à celui du Pantalon de la Comédie-Italienne. C'est pourtant la vérité exacte, et la preuve s'en trouve dans ce vers de *la Suite du Menteur*, par lequel Cliton termine le récit qu'il fait à son maître de la comédie composée à Paris sur leurs premières aventures :

Votre feu père même est joué sous le masque.

Molière avait adopté le masque pour représenter Mascarille dans *l'Étourdi* et *les Précieuses ridicules* ; il le donna plus tard à Hubert et à Du Croisy pour jouer, dans *les Fourberies de Scapin*, les rôles d'Argante et de Géronte. En mai 1736, lors de la reprise de cette pièce, les acteurs chargés de ces deux rôles se montrèrent fidèles à la tra-

MASQUE EN HABIT DANSANT A L'OPÉRA, D'APRÈS UNE GRAVURE D'ENGELBRECHT, VERS 1680.

dition, comme le prouve cet extrait du *Mercure*, rédigé alors par le chevalier de La Roque : « Reprise des *Fourberies de Scapin*. Il y avait dix ou douze ans qu'on n'avait joué cette pièce. Dangeville et Dubreuil jouent les deux vieillards *sous le masque*. C'est la seule pièce restée au théâtre où l'usage du masque se soit conservé. »

CHAPITRE III

L'OPÉRA DE 1650 A 1700

Passons-nous du Théâtre-Français à l'Opéra, nous y retrouvons, poussés à l'extrême, la même pompe, le même oubli de toute vérité, les mêmes modes dont la richesse n'avait d'égal que le ridicule. Sous le rapport de la toilette et aussi du mauvais goût, les héros de Quinault et de Lulli pouvaient aller de pair avec ceux de Corneille et de Racine. Lorsque dans son opéra de *la Mort de Cyrus* (1656), Quinault faisait dire à Thomiris, reine des Scythes, s'adressant à son général Odatirse :

> Que l'on cherche partout mes tablettes perdues ;
> Mais que, sans les ouvrir, elles me soient rendues,

il commettait un anachronisme aussi grossièrement naïf que l'actrice qui représentait Thomiris en paniers, et l'on ne concevrait pas ces mots dans la bouche d'une Thomiris vêtue d'un costume à demi-barbare.

L'année 1681 est une date intéressante dans l'histoire de l'Opéra, car c'est le 15 avril de cette année que fut représenté *le Triomphe de l'Amour*, grand opéra-ballet de Quinault, Benserade et Lulli, qui marque une innovation capitale dans les fastes de ce théâtre. Des danseuses parurent pour la première fois en scène pour remplir des rôles de femmes. Jusque-là, de jeunes garçons figuraient en habits féminins et tenaient sous le masque les rôles de nymphes, dryades, bacchantes ou bergères, de même que les divinités malfaisantes, les Furies, l'Envie, la Discorde, étaient le plus souvent représentées par des hommes.

Dans son beau chant de Parques d'*Isis*, Lulli avait donné les rôles à Rossignol, à Leroy et à mademoiselle Desfonteaux, une basse, un ténor et un soprano, licence qu'il n'a dû prendre qu'après de grandes hésitations. Dans son *Armide*, le rôle de la Haine, chanté à l'origine par le sieur Frère, fut repris plus tard par le sieur Mantienne, par Chassé et enfin par Larrivée. En 1733 encore, quand Rameau écrira son admirable trio des Parques d'*Hippolyte et Aricie*, il le fera chanter par trois hommes, Jéliotte, Cuignier et Cuvillier, un ténor et deux basses.

Cette coutume contre nature était un dernier vestige des premiers temps de notre théâtre, des singuliers usages adoptés à l'époque où les Confrères de la Passion attiraient la foule en représentant leurs mystères et où les Enfants-sans-Souci faisaient rire aux larmes les habitants du vieux Paris par leurs farces et soties, d'une gaieté si franche, mais souvent licencieuse. « Là, dit le bibliophile Jacob, pas de femmes au nombre des joueurs : les rôles féminins étaient confiés aux jeunes garçons qui se rapprochaient le plus du physique de l'emploi, et qui en affectaient les allures. C'était là un attrait particulier pour de vils débauchés, qui ne manquaient pas de s'intéresser à ces beaux *garçonnets*, et qui, à force de les admirer sur le théâtre, cherchaient probablement à les retrouver hors de la scène. » Hâtons-nous de dire qu'il s'agit ici des *moralités* — le mot est bien choisi — du quinzième siècle, et que ces mœurs dissolues durent forcément diminuer lorsque ces jeunes garçons rendirent leurs cotillons d'emprunt à qui de droit.

Cette exclusion des femmes à l'origine du théâtre en France, leur position inférieure dans les premières troupes dramatiques, les circonstances qui les amenèrent enfin à prendre les rôles de leur sexe dans ces représentations qui ont donné naissance aux spectacles réguliers, ont été judicieusement expliquées par le bibliophile Jacob dans l'intéressante étude sur l'ancien théâtre en France, dont il a fait précéder son *Recueil de Farces, Soties et Moralités du quinzième siècle* (1).

Quant aux comédiennes, elles ne furent pas plus excommuniées que ne l'étaient les comédiens, lorsqu'elles commencèrent à se produire sur la scène et à s'y montrer sans masque, pendant le règne de Henri III ou celui de Henri IV. Ces comédiennes n'étaient pourtant que des concu-

(1) Publié à la librairie Delahays (1859).

bines des comédiens, et elles vivaient comme eux, dans une telle dissolution, que, suivant l'expression de Tallemant des Réaux, elle servaient de *femmes communes* à toute la troupe dramatique. Elles avaient donc de tout temps fait partie des associations d'acteurs nomades ou sédentaires ; mais le public ne les connaissait pas, et leurs attributions, plus ou moins malhonnêtes, se cachaient alors derrière le théâtre ; dès qu'elles revendiquèrent les rôles de femmes, qui avaient toujours été joués par des hommes, leur présence sur la scène fut regardée comme une odieuse prostitution de leur sexe.

Ces premières comédiennes étaient vues de si mauvais œil par le public, qui les tolérait à peine dans leurs rôles, que ces rôles ne leur revenaient pas de droit et que les comédiens les leur disputaient souvent. Nous pensons que ce fut l'exemple des troupes italiennes et espagnoles qui amena l'apparition des femmes sur la scène française. La troupe italienne avait été appelée par Henri III, de Venise à Paris, où la troupe espagnole n'arriva que du temps de Henri IV. Ces deux troupes causèrent beaucoup de désordre, et l'on doit en accuser les actrices qui ajoutaient, par l'immodestie de leur jeu et de leur toilette, un attrait et un scandale de plus aux représentations.

« Le dimanche 19 mai 1577, dit Pierre de l'Estoile, les comédiens italiens, surnommez *i Gelosi*, commencèrent à jouer leurs comédies italiennes en la salle de l'hostel de Bourbon à Paris; ils prenoient de salaire 4 sols par teste de tous les François qui vouloient aller voir jouer, et il y avoit tels concours et affluence de peuple que les quatre meilleurs prédicateurs de Paris n'en avoient pas très tous ensemble autant quand ils prêchoient. » Ces représentations avaient un charme particulier pour les libertins, qui allaient surtout admirer les femmes ; « car, au dire de P. de l'Estoile, elles faisoient montre de leurs seins et poictrines ouvertes et autres parties pectorales, qui ont un perpétuel mouvement, que ces bonnes dames faisoient aller par compas et par mesure, comme une horloge, ou, pour mieux dire, comme les soufflets des maréchaux. » Le Parlement crut devoir mettre un terme à ces impudiques exhibitions, et six semaines après l'ouverture du théâtre des Gelosi, défense leur fut faite de jouer leurs comédies, sous peine de 10,000 livres parisis d'amende applicable à la *boîte des pauvres;* mais ces Italiens ne se tinrent pas pour battus, et le samedi 27 juillet, ils rouvrirent le théâtre de l'hôtel de Bourbon, « comme auparavant, dit l'Estoile, par la permission et justice expresse du roy, la corruption de ce temps estant telle, que les farceurs, bouffons, p.....s et mignons avoient tout crédit.»

Si l'Opéra conserva jusqu'au premier tiers du siècle dernier cette étrange coutume de faire chanter par des voix masculines les rôles des divinités malfaisantes, la Comédie-Française n'avait pas renoncé beaucoup plus tôt à faire jouer par des hommes les personnages de femmes vieilles ou ridicules. Vers 1630, c'était un certain Alizon qui remplissait, à l'Hôtel de Bourgogne, les rôles de servantes dans le comique et de confidentes dans le tragique. Cet acteur, dont on ignore le véritable nom, jouait ces personnages sous le masque; contre-sens éclatant qui pouvait avoir une double origine dans le manque de comédiennes et dans la liberté des discours qu'on prêtait aux soubrettes.

Dès que le théâtre prit une forme plus régulière, ces raisons disparurent et l'on put confier ces rôles à des actrices. Ce changement eut lieu en 1634, à la représentation de *la Galerie du Palais*, de Corneille. Le rôle de la nourrice, en usage dans la vieille comédie, se métamorphosa en suivante qu'une femme représenta sous le masque; mais l'acteur jusqu'alors chargé de l'emploi ne quitta pas pour cela son travestissement : il s'en tint seulement à certains rôles de vieilles ou de femmes grotesques, et l'usage persista encore pendant d'assez longues années (1).

Les exemples abondent aussi dans la troupe de Molière.

(1) Les frères Parfaict, *Histoire du Théâtre-Français*, tome V.

Béjart créa dans *Tartufe* le rôle de madame Pernelle, De Brie joua Nérine des *Fourberies de Scapin*, Hubert, et après lui Beauval, représentaient les femmes grotesques : madame Jourdain, Philaminte, madame de Sotenville. Ils partageaient cet emploi avec Marotte Beaupré, fort jolie « et pucelle au par-dessus » si l'on en croit Robinet, qui joua d'original la comtesse d'Escarbagnas.

La tante de Marotte, encore une Beaupré, attachée à la troupe du Marais jusqu'en 1669, puis à celle du Palais-Royal, et la Godefroy, dite *Pierrot bon drille*, furent aussi des premières actrices qui parurent en femmes sur le théâtre. Cette dernière joignait à l'emploi des vieilles ridicules celui des femmes habillées en hommes, et elle y obtint un grand succès par la raison qu'elle était remarquablement faite (1).

Pareille mode régnait aussi en Angleterre. Jusqu'à la restauration de Charles II, les rôles de femmes furent remplis par de jeunes acteurs à la voix douce et à la figure agréable. On ne saurait dire si ces travestissements choquèrent Shakespeare. Peut-être n'osa-t-il pas attaquer un usage que défendait une sorte de pudeur; mais il ne fit rien pour le changer, et c'est à peine s'il paraît vouloir le critiquer dans quelques scènes de ses ouvrages.

Lorsque Hamlet reçoit les comédiens au château d'Elseneur, il s'adresse en ces termes à un acteur chargé des rôles

---

(1) Beauchamps, *Recherches sur les théâtres de France*, III, 357.

de femme : « Et vous, ma jeune dame et maîtresse! Par Notre-Dame! Votre Grâce, depuis que je ne vous ai vue, s'est rapprochée du ciel de toute la hauteur d'un patin vénitien. Prions Dieu que votre voix n'ait pas reçu quelque fêlure, comme une pièce d'or n'ayant plus cours. »

Ouvrons-nous *le Songe d'une nuit d'été*, voici ce que nous lisons à la deuxième scène, au moment où Quince et ses compagnons, tous acteurs par occasion, réunis dans une auberge d'Athènes, se distribuent les rôles de la *très lamentable comédie et très cruelle mort de Pyrame et Thisbé*.

Quince. — François Flûte, raccommodeur de soufflets.
Flûte. — Voici, Pierre Quince.
Quince. — Vous vous chargerez du rôle de Thisbé.
Flûte. — Qu'est-ce que ce Thisbé? Un cavalier errant?
Quince. — C'est la dame que Pyrame doit aimer.
Flûte. — Non, vraiment, ne me faites pas jouer un rôle de femme; j'ai la barbe qui me vient.
Quince. — C'est égal; vous jouerez avec un masque et vous vous ferez une aussi petite voix que possible.

Kynaston, Hart, Burt, Clun, tous fameux acteurs du temps de Charles II, jouaient avec succès les rôles de femmes. C'était le parti puritain qui s'était jusqu'alors opposé à l'admission des femmes sur la scène; du jour où il fut en minorité, cette tentative dut réussir. Ce fut en 1660 qu'une actrice put paraître pour la première fois et jouer un rôle sans opposition : elle était de la troupe de Killigrew, s'appelait mistress Saunderson et représenta Desdémone. En janvier 1661, on vit aussi des actrices jouer au théâtre du Cockpit, dans une pièce de Beaumont et Fletcher, *Beggar's bush* (*le Buisson des mendiants*).

Enfin, au mois de juin de la même année, William Davenant, qui introduisit sur son théâtre l'art des décors, des changements à vue, et qui prétendait, sans avoir jamais pu le prouver, au singulier honneur d'être fils naturel de Shakespeare, fit paraître des actrices dans la seconde partie de son drame *le Siège de Rome*. La réforme avait obtenu plein succès, mais ce changement fut loin d'avoir en Angleterre le caractère artistique qu'il eut en France, et la présence des femmes sur la scène ne servit d'abord qu'à rendre les représentations plus libres. Le directeur flattait ainsi non la raison, mais les goûts licencieux des spectateurs (1).

Ce fut donc Lulli qui introduisit les danseuses à l'Opéra. Il eut tout à créer sur son théâtre, mais nul mieux que lui n'entendait l'organisation d'une grande représentation lyrique : aucune partie ne lui était indifférente ou étrangère. Chanteurs, danseurs, symphonistes, tous étaient de sa part l'objet d'une surveillance attentive. Lorsqu'il s'agit de monter à la cour pour jouer devant le roi son opéra *le Triomphe de l'Amour*, le maître italien redoubla de soins et de peines, ainsi que devait faire un habile courtisan, pour servir à la fois l'intérêt de l'art et le sien propre. Un honneur insigne était réservé à son ouvrage. Jusque-

---

(1) Thornbury, *Haunted London* (*passim*).

INDIENNE, DANS LE TRIOMPHE DE L'AMOUR,
D'APRÈS UN DESSIN DE BERAIN GRAVÉ PAR LEPAUTRE (1681).

là les dames de la cour, qui se faisaient une fête de figurer dans les ballets, s'étaient bornées à dire des vers, — quand un proclamateur ne les disait pas en leur lieu et place.

Benserade était passé maître dans l'art de tourner ces couplets, qui contenaient presque toujours une allusion galante. Le plus souvent ils ne brillaient guère par la décence, et ce devait être un curieux spectacle que de voir ces dames recevoir en scène de tels compliments devant une assemblée aussi maligne que brillante, et aussi encline à la raillerie. Un jour, c'était le duc de Villeroi qui, déguisé en pêcheur de perles, disait en présence de sa jeune fiancée :

> La mer avec le temps pourra bien me fournir
> De quoi parer le sein d'une jeune maîtresse ;
> Je ne vois rien de fait, mais aussi rien ne presse :
> La perle est à pêcher, la gorge est à venir.

Quelle contenance pouvait bien avoir mademoiselle de Sévigné, la future dame de Grignan, en s'entendant adresser ce quatrain-ci :

> Belle et jeune guerrière, une preuve assez bonne
> Qu'on sait d'une amazone et la règle et les vœux,
> C'est qu'on n'a qu'un teton : je crois, Dieu me pardonne,
> Que vous en avez déjà deux.

Les deux couplets suivants, du *Triomphe de l'Amour*, furent écrits, l'un pour mademoiselle de Poitiers, *naïade*, l'autre pour la princesse de Guéménée, *nymphe de Diane*.

Qui pourrait entrevoir vos membres délicats
Dans une eau claire et nette, et surtout peu profonde,
De sa bonne fortune et d'eux ferait grand cas ;
C'est un morceau friand, s'il en est dans le monde.

La chaste Diane en ses bois
Nous tient sous de sévères lois ;
Elle n'admet rien de profane.
Qu'un mortel nous approche et nous ose toucher !
Hélas ! que dirait Diane,
Si Diane savait que je viens d'accoucher ?

Cette fois, les dames de la cour prétendirent aborder le galant art de la danse. *Le Triomphe de l'Amour* fut joué pour la première fois à Saint-Germain-en-Laye, le 21 janvier 1681. Les plus grands noms de France figuraient dans cette troupe dansante improvisée. C'étaient la Dauphine, qui tenait le rôle de Flore, les princesses de Conti, Marianne et de Guéménée, les duchesses de la Ferté et de Sully, mesdemoiselles de Nantes, de Commercy, de Tonnerre, de Clisson, de Poitiers, de Biron. Quels pouvaient être les cavaliers de ces nobles dames, sinon les plus illustres seigneurs du temps, le prince de Conti, le duc de Vermandois, le prince de la Roche-sur-Yon, le comte de Guiche et le Dauphin lui-même qui figura un Zéphyre à la seconde soirée (1) ?

Cette représentation à la cour obtint le plus vif succès

(1) Voir le *Mercure* de janvier 1681, la vie de Quinault, en tête de son théâtre (édit. de 1778), et le *Dictionnaire des théâtres de Paris*, qui donne la double distribution de ce ballet à la cour et à l'Opéra.

ENDYMION, DANS LE TRIOMPHE DE L'AMOUR,
D'APRÈS UN DESSIN DE BERAIN GRAVÉ PAR LEPAUTRE (1681).

et les débuts de la noble troupe excitèrent des transports d'enthousiasme. Cette brillante innovation embarrassait fort le directeur de l'Académie de musique. Comment revenir, après pareil triomphe, à la vieille mode italienne qui ne faisait paraître en scène que des danseurs, et, d'autre part, où trouver des danseuses et comment les produire? C'était un dangereux essai que de présenter les quatre jeunes filles, encore bien novices, qui formaient alors tout le personnel de l'école de danse, et il était à craindre que le souvenir des splendeurs royales ne fît pâlir ces modestes figurantes. Lulli risqua la partie, et le 15 avril, trois mois après la fête de Saint-Germain, il les lança bravement sur le théâtre. Les quatre compagnes gagnèrent facilement la partie, et furent unanimement applaudies : c'étaient mesdemoiselles Roland, Lepeintre, Fernon, et surtout mademoiselle La Fontaine, qui conquit, dès le premier soir, son titre de *Reine de la danse*. Cette double victoire, remportée à Saint-Germain et à Paris, assura d'une façon définitive l'entrée des danseuses sur la scène de l'Académie de musique.

Mais Lulli ne fut pas toujours aussi bien inspiré, et il eut le tort, quelques années plus tard, de ne pas s'opposer aux singulières fantaisies de la grande tragédienne lyrique, Marie Le Rochois. En 1672, après la victoire de Steinkerque, elle parut dans le rôle de Thétis avec une cravate de dentelles jetée négligemment sur son habit de théâtre, à l'exemple de nos officiers qui, surpris de grand matin

4

par l'ennemi, n'avaient pas eu le temps de faire toilette, et s'étaient vus forcés d'aller se battre et vaincre en grand négligé : quel échec pour le renom d'élégance des gentilshommes français !

Une autre fois, en 1684, pour représenter Arcabonne dans l'opéra de Quinault et Lulli, *Amadis*, elle se fit tailler de longues manches à la persienne (persane), afin de cacher ses bras qu'elle ne trouvait pas assez beaux. La mode adopta bien vite cravates à la *Steinkerque*, manches à l'*Amadis*, et parut consacrer ainsi les erreurs de la belle cantatrice.

Ce n'était là que le prélude des extravagants et luxueux caprices que le siècle suivant devait voir éclore. Mais comme toutes ces inventions choquaient le goût et la raison ! Aussi Addison, qui vint à Paris vers cette époque, fut-il vivement froissé de ce singulier spectacle, et garda-t-il toujours le souvenir des splendeurs sans pareilles et des grossières erreurs de notre scène lyrique.

« Tous les acteurs qui viennent sur le théâtre en France — écrit-il dans son *Spectateur* — sont autant de damoiseaux. Les reines et les héroïnes y sont si fardées, que leur teint paraît aussi vrai et aussi vermeil que celui de nos jeunes laitières. Les bergers y sont tout couverts de broderies, et s'acquittent mieux de leur devoir dans un bal que nos maîtres de danse. J'ai vu deux Fleuves chaussés en bas rouges, et Alphée, au lieu d'avoir la tête couverte de joncs, conter fleurettes avec une belle perruque blonde et un plumet sur l'oreille..... Le dernier opéra que je vis, chez cette nation enjouée, était *l'Enlèvement de Proserpine*, où Pluton, pour se rendre plus agréable, s'équipe à la française, et amène Ascalaphus avec lui en qualité de son valet de chambre... »

Ne pourrait-on pas trouver là le germe du genre bouffon, de la parodie burlesque; et cet Ascalaphus, devenu valet de Pluton, n'est-il pas le digne ancêtre du fameux John Styx, d'*Orphée aux enfers*, le flegmatique valet de chambre de Pluton-Aristée?

CHAPITRE IV

LA COMÉDIE FRANÇAISE ET L'OPÉRA DE 1700 A 1750

La première moitié du dix-huitième siècle forme une période de transition dans l'histoire du costume théâtral. Le bien et le mal se coudoient sur la scène française. Certains artistes, vivement épris de leur art, distinguent le faux et le mauvais sous le brillant appareil de nos représentations théâtrales ; d'autres, doués d'un goût plus subtil, prétendent définir ces défauts et y porter remède. Ils essaient, tâtonnent, n'ayant pour guide que le goût et le bon sens, mais ils luttent par conscience pour un progrès dont ils entrevoient la victoire prochaine.

Efforts isolés qu'on doit honorer sans tenir compte de leur plus ou moins heureuse réussite ; efforts infructueux, du moins pour le moment, et qui vinrent échouer devant des obstacles invincibles : l'insouciance du public, l'inertie des directeurs et l'aveugle opposition de la plupart des acteurs et des comédiennes. L'Opéra et la Comédie-Française virent se produire ces timides innovations sans que pourtant il existât la moindre entente entre les novatrices, — car ce furent des femmes, pour la plupart, qui donnèrent alors ces légères marques de convenance et de goût, — mais c'est au premier de ces théâtres que le progrès se fit principalement sentir, jusqu'à la venue de Lekain et de mademoiselle Clairon, qui donnèrent au Théâtre-Français une grande avance sur l'Académie de musique.

La première, mademoiselle Maupin osa rompre avec l'habitude; mademoiselle Maupin, si connue par ses galants et terribles exploits, mademoiselle Maupin, née d'Aubigny, la fille d'un secrétaire du comte d'Armagnac, la femme d'un nommé Maupin, employé dans les Aides de province, la maîtresse du prévôt de salle Séranne; mademoiselle Maupin, qui s'étant éprise d'un fol amour pour une jeune fille de Marseille, la poursuivit jusque dans le couvent où ses parents l'avaient placée, et l'enleva de sa prison à la faveur d'un violent incendie qu'elle-même avait allumé.

Comme femme, mademoiselle Maupin n'était pas de grande taille, mais elle était fort jolie : elle avait de beaux cheveux châtains, de grands yeux bleus, le nez aquilin, une jolie bouche et une gorge remarquablement belle. Comme chanteuse, elle ne savait pas une note de musique, mais elle suppléait à cette ignorance par une grande mémoire et elle possédait une belle voix grave. Son début dans Pallas de *Cadmus* fut un succès. Pour marquer sa reconnaissance, elle se leva dans son char et salua le public en ôtant son casque de façon que ses longs cheveux tombèrent en se déroulant sur ses épaules : le succès devint un triomphe. Après cette glorieuse soirée, la belle chanteuse continua à jouer un peu tous les rôles jusqu'au jour où mademoiselle Le Rochois prit sa retraite. C'était en 1698 ; mademoiselle Maupin se partagea aussitôt les premiers rôles avec mesdemoiselles Moreau et Desmâtins l'aînée.

Il existait alors à l'Opéra un singulier usage : une actrice n'aurait pas cru pouvoir se dispenser de tenir quelque chose à la main pour entrer en scène. Thélaïre avait un mouchoir, Iphigénie un éventail, Armide, Médée, toute fée ou enchanteresse, tenait une baguette d'or, signe de son pouvoir magique. Cette sujétion à la mode contrariait Maupin : elle résolut de s'y soustraire, mais elle attendit pour tenter cet essai d'avoir à créer un rôle. Ce fut le 23 juillet 1702, jour où elle devait représenter Médée dans l'opéra de *Méduse* de De la Grange et Bouvard. Médée parut les mains vides : pour le temps c'était un véritable trait d'audace. « Ce rôle de magicienne était d'autant plus difficile, que Médée paraît toujours sans baguette, sans mouchoir et sans éventail, » disent naïvement les frères Parfaict dans leur *Dictionnaire des Théâtres*.

Mademoiselle Maupin, par malheur, se retira trop tôt du théâtre : il appartenait à une femme de son caractère de porter les premiers coups à ces modes ridicules. Si la mort ne l'avait pas enlevée à trente-trois ans, en 1707, peut-être fût-elle rentrée à l'Opéra comme elle avait déjà fait une fois et eût-elle contribué, pour une plus large part, à cette révolution artistique. Que n'eût pas osé, en effet, cette femme singulière, si intelligente et si indépendante, aussi fine lame que belle chanteuse, brave jusqu'à la témérité, passionnée jusqu'à la démence?

L'année 1703 vit se produire sur le Théâtre-Français une timide tentative de réforme. C'était à la représentation de *l'Andrienne,* comédie en cinq actes, donnée sous le nom de Baron et attribuée au jésuite le père La Rue. Madame Dancourt la mère, qui représentait l'Andrienne, imagina une sorte de robe longue ouverte qui convenait fort bien à la belle Glycérie relevant de couches. Ce déshabillé galant plut beaucoup, devint rapidement à la mode, et se perpétua sous le nom de robes à *l'Andrienne* (1).

Cet heureux essai ne changea rien aux us et coutumes de la Comédie-Française. Plus de vingt ans se passèrent encore sans que le public, habitué depuis longtemps à voir les héros de l'antiquité vêtus au goût du jour, parût concevoir un spectacle plus imposant et plus convenable.

En 1727, enfin, la reprise du *Tiridate* de Campistron fut signalée par un changement de modes. Mesdemoi-

(1) Les frères Parfaict, *Histoire du Théâtre-Français,* XIV.

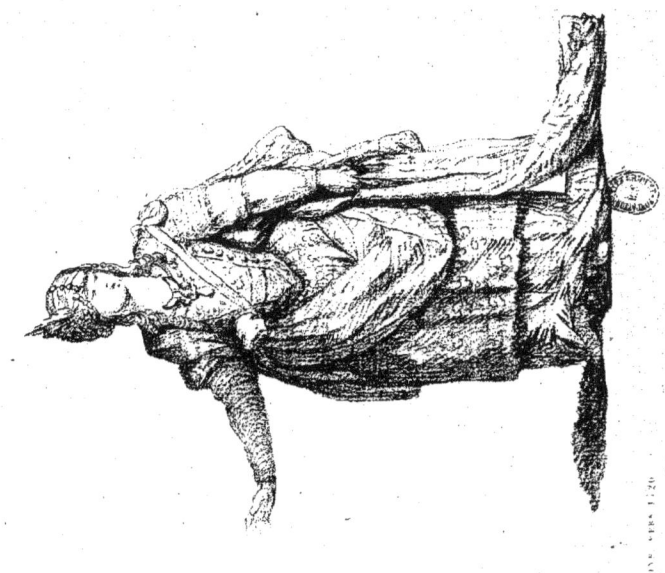

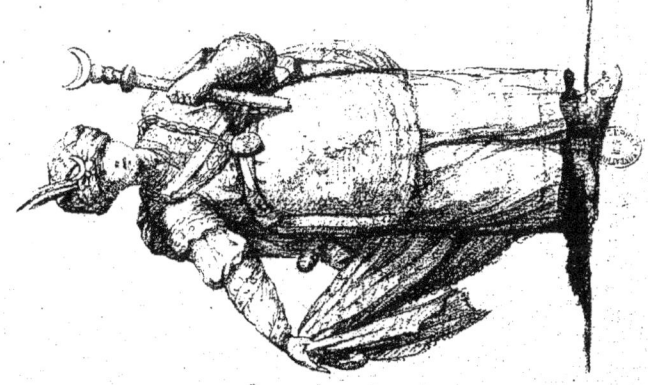

selles Lecouvreur et Dangeville, qui remplaçaient mesdemoiselles Champmeslé et Raisin dans les rôles de Talestris et d'Ericine, apportèrent dans leur toilette une innovation qui fut bien accueillie des spectateurs et des acteurs, probablement parce qu'elle n'enlevait rien aux habits de leur richesse habituelle. Les vêtements qu'elles adoptèrent étaient de tout point pareils à ceux des dames de la cour : c'étaient des corps de robes à longues queues traînantes (1).

Le remède était pire que le mal. Il n'advint de ce changement qu'un peu plus de désordre et de ridicule. Alors parurent ces habits bizarres qui régnèrent si longtemps sur la scène française, compromis fâcheux entre l'antique et le moderne, plus choquants encore par leur prétentieux mélange que ne l'étaient ceux de la veille par leur complète inexactitude. Les actrices tragiques eurent de grands paniers, des robes de cour, des plumets et des diamants sur la tête; elles se surchargèrent de franges, d'agréments, de rubans multicolores. Les héros portèrent de volumineuses perruques à la Louis XIV et des gants blancs à franges d'or. Les guerriers s'entourèrent de tonnelets ou petits paniers ronds qui s'attachaient au-dessous de la cuirasse et sur lesquels tombait jusqu'aux genoux un jupon écourté à franges (2).

(1) *Mercure de France*, octobre 1727.
(2) Dans ses *Mémoires sur Talma*, Regnault-Warin dit que Beaubourg, Floridor et Ponteuil hasardèrent dans l'habillement des améliorations partielles, puis il ajoute que « non-seulement elles n'étaient pas complètes, mais qu'elles étaient inexactes, et qu'au jugement des véritables connaisseurs, elles servaient moins à

« J'ai toujours vu les rôles de paysannes, dit Crébillon dans sa *Lettre sur les spectacles*, jusqu'à celui de Martine des *Femmes savantes*, joués avec de grands paniers, et l'on auroit cru pécher contre les bienséances, en paroissant autrement. Ce n'est pas tout, cet usage s'introduisit jusque dans la parure des héros. Au retour d'une victoire, un capitaine grec ou romain paraissait sur notre théâtre avec un panier tourné de la meilleure grâce du monde, et auquel les efforts des peuples qu'il venait de combattre n'avaient pu faire prendre le moins petit pli. Rien n'étoit si comique que l'habit tragique. Au lieu de ces beaux casques qui décoroient si bien les anciens guerriers, nos comédiens, en voulant les représenter, portoient tout simplement des chapeaux à trois cornes, pareils à ceux dont nous nous servons dans le monde. Il est vrai que, pour se donner un air plus extraordinaire, ils y ajoutoient des plumes, dont l'énorme hauteur les mettoit souvent dans le cas d'éteindre les lustres, qui alors éclairoient la scène, ou de crever les yeux à leurs princesses, en leur faisant révérence. Ils portoient aussi des perruques assez semblables à nos perruques quarrées, des gants blancs, et des culottes bouclées et jarretées à la françoise. »

établir l'illusion qu'à la détruire, en consacrant d'énormes anachronismes, et en confondant les temps, les lieux, les usages, les modes et les dignités ». Nous n'avons lu nulle part que ces acteurs aient fait la moindre chose pour améliorer le costume, et Warin, de son côté, ne dit pas où il a puisé ce renseignement : nous ne le reproduisons donc qu'en doutant de sa véracité.

Combien d'autres défauts pourrait-on signaler encore qui découlaient d'une extrême négligence! Tantôt c'étaient des acteurs qui, certains soirs, ne daignaient pas s'habiller conformément au caractère du personnage, sous prétexte que le rôle était de peu d'importance, ou qu'il ne devait pas y avoir ce jour-là beaucoup de monde au spectacle. Tantôt ce sont des comédiens qui, ayant à jouer le rôle d'un père vénérable, au lieu de s'habiller convenablement et de prendre une perruque qui impose le respect, affectent de se coiffer d'une galante perruque à bourse et de se chausser avec la ridicule prétention d'un petit-maître.

La mode avait rapidement adopté les costumes de Lecouvreur et de Dangeville dans *Tiridate* : à quelque temps de là, tout Paris courait voir et applaudir la fantaisie la plus folle qui ait jamais traversé le cerveau d'une femme. C'était en 1730 : Adrienne Lecouvreur venait de mourir (le 20 mars), et tandis que le curé de Saint-Sulpice, Languet, refusait la sépulture à l'excellente femme qui léguait mille francs aux pauvres de son église ; tandis qu'un portefaix enterrait la nuit dans un chantier désert du faubourg Saint-Germain, nommé la Grenouillière, les restes de la grande artiste, on vendait aux enchères ses parures, ses joyaux, ses costumes. Le renom de l'actrice doublait pour le moins la valeur de sa garde-rode théâtrale : on se disputait à prix d'or ces glorieuses reliques.

L'Opéra possédait alors une cantatrice qui joignait à une

taille et à une figure charmantes une voix enchanteresse. Mademoiselle Pélissier, dont le début, en 1722, avait reçu un accueil favorable, était bientôt devenue « la première actrice pour le jeu du théâtre, et l'une des premières de son espèce pour la coquetterie ». Grâce aux libéralités fabuleuses d'un banquier juif nommé Lopez Dulis, la Pélissier était une des filles d'opéra les plus à la mode et les plus riches. Elle eut le caprice d'acquérir en masse tous les costumes de la grande tragédienne ; elle les paya 40,000 livres, et se hâta d'étaler en public ses nouvelles parures.

L'opéra-ballet de Lamotte et Destouches, *le Carnaval et la Folie*, qui avait été joué avec succès en 1703, devait être repris le 13 juillet de cette année 1730. Chassé succédait dans le rôle de Momus à Thévenard et à Dun qui l'avait créé, et mademoiselle Pélissier devait jouer la Folie après mademoiselle Antier et mademoiselle Maupin, la créatrice : pouvait-il jamais s'offrir meilleure occasion de se livrer à son caprice ? La belle chanteuse imagina de passer en revue tous ses costumes et d'en faire endosser un nouveau chaque soir au personnage de la Folie.

Pauvre Lamotte, qui, dans la préface de son opéra, explique bien qu'il n'a pas voulu prêter à son héroïne mainte extravagance, mais « que, sans rien faire de raisonnable, elle ne fît rien dont on ne pût trouver des exemples dans le commun des hommes ; » que dut-il penser à la vue de ce spectacle ! Sans quitter sa marotte et ses grelots, la Folie parut tour à tour avec les habits de Jocaste, de

Mariamne, de Zénobie, de Chimène, de Roxane, de Pauline, de Célimène, de Monime ou d'Elvire, à la grande satisfaction du public émerveillé, fasciné par ces diamants et ces parures éblouissantes.

Mademoiselle Pélissier avait pourtant, dans cette pièce, un partenaire qui aurait dû lui inspirer le respect de la convenance. Possédant une belle voix de basse, mais chanteur pitoyable, Chassé, ancien garde du corps issu d'une famille noble de Bretagne, était alors un des soutiens de l'Opéra. Doué d'une figure agréable, d'une taille avantageuse et de plus acteur excellent, il avait bien vite effacé ses devanciers, et il avait mis le sceau à sa réputation par le rôle de Roland, qu'il jouait avec une supériorité indiscutable.

Très épris de son art, Chassé cherchait surtout à se bien pénétrer de son personnage. Un jour, dans *Castor et Pollux*, comme il menait sa troupe au combat, le pied lui glissa et il tomba dans la coulisse. « Passez-moi sur le corps, et marchez toujours à l'ennemi ! » cria-t-il à ses soldats avec enthousiasme. Très désireux d'exciter l'intérêt du spectateur et d'exprimer les pensées les plus diverses par la vérité du geste et des attitudes, Chassé rejeta les tonnelets et ces paniers roides qui ôtaient toute aisance à l'acteur et faisaient de lui une machine mal organisée : il substitua à ces vêtements guindés des draperies bien entendues et aux panaches, des plumes distribuées avec goût et élégance (1).

(1) Noverre, *Lettre sur la danse et sur les ballets*. — Quand Marmontel écrivit

Il donnait le bon exemple, mais il avait le déplaisir de ne pas le voir suivi de ses camarades. Jéliotte, le ténor favori des grandes dames et des bourgeoises, Jéliotte, le chanteur à la mode qui faisait la pluie ou le beau temps à l'Opéra et qui jouissait d'un crédit considérable auprès des plus grands seigneurs et même des ministres, Jéliotte, l'acteur fêté, choyé, adulé, qui n'eut qu'à choisir entre vingt rivales pour suivre l'excellent conseil de Sophie Arnould : « Veux-tu réussir? courtise une duchesse; » Jéliotte ne s'inquiétait nullement du plus ou moins de convenance de ses costumes. Lorsqu'il représentait Apollon, il se faisait friser, poudrer, se serrait dans un étroit justaucorps, jetait sur ses épaules un manteau de soie curieusement brodé d'or et de dentelles, s'entourait le cou d'un ruban de velours avec diamants et tenait à la main une sorte de lyre antique (1).

l'article *Déclamation* pour l'*Encyclopédie*, il accorda de justes éloges à cet acteur. « ... Celui qui se distingue le plus aujourd'hui dans la partie de l'action théâtrale, et qui soutient le mieux par sa figure l'illusion du merveilleux sur notre scène lyrique, M. Chassé, doit la fierté de ses attitudes, la noblesse de son geste et la belle entente de ses vêtements, aux chefs-d'œuvre de sculpture et de peinture qu'il a savamment observés. »

(1) Castil-Blaze, *Académie de musique*, I, 222. — « Cet acteur, dit un mémoire inédit cité par Fétis, a cousté beaucoup d'argent à l'Académie pour le faire venir de Toulouze, où il était enfant de chœur. C'est une voix des plus belles pour la netteté des cadences. Il est grand musicien, et joue de beaucoup d'instruments, mais les débauches de toute espèce seront la cause de sa perte. » — « Il n'était ni beau, ni bien fait, mais, pour s'embellir, il n'avait qu'à chanter ; on eût dit qu'il charmait les yeux en même temps que les oreilles. Les jeunes femmes en étaient folles : on les voyait à demi-corps élancées hors de leurs loges donner en spectacle elles-mêmes l'excès de leur émotion ; et plus d'une des plus jolies voulait bien la lui témoigner. » (Marmontel, *Mémoires*, l. IV.) — Voir aussi sur Jéliotte le Journal de Collé (février 1749) et les Mémoires de madame d'Épinay,

Mademoiselle Pélissier trouva parmi ses camarades de nombreuses imitatrices, et son luxueux caprice de Folie provoqua mille fantaisies plus burlesques les unes que les autres. Dédaignant les costumes fournis par l'administration, les actrices s'en firent tailler de superbes à leurs frais et à leur goût pour briller d'un plus vif éclat aux yeux de leurs admirateurs et surtout de leurs rivales. Quant aux rôles qu'elles représentaient, reine ou bergère, suivante ou princesse, elle ne s'en souciaient guère; elles ne se guidaient que sur la plus ou moins grande fortune du seigneur qui voulait bien les honorer de sa protection et subvenir à leurs ruineux caprices. La suivante éclipsait la reine par son luxe, si elle avait le bonheur de régner en souveraine sur le cœur — et sur la caisse — de quelque grand du royaume ou de quelque prince de la finance.

Cette bigarrure de costumes s'étendait jusqu'aux figurantes ou aux moindres choristes, et l'on vit certaine de ces dernières, Fifine Desaigle, une des célébrités galantes de l'Opéra, porter religieusement le grand et le petit deuil du maréchal de Saxe, en scène, au milieu des dryades, des bacchantes et des néréides.

Une femme parut enfin qui prétendit arrêter cette dé-

qui devint confidente de la liaison de madame de Jully avec le chanteur : « Il est réellement d'une société fort agréable, dit-elle ; il cause bien, il a de grands airs sans être fat, il a seulement un ton au-dessus de son état. Je suis persuadée qu'il le ferait oublier, s'il n'était forcé de l'afficher trois fois par semaine. »

bauche de mauvais goût: c'était la célèbre danseuse mademoiselle Sallé. La réforme qu'elle prôna était double. Elle voulait d'abord substituer dans la façon de se vêtir l'art et la raison au caprice ; elle voulait surtout remplacer les divertissements, passe-pieds, musettes, tambourins ou passacailles qui revenaient dans tout opéra avec une régularité désespérante, par un ballet intrigué, mouvementé, qui sortît de ces règles invariables. Elle avait en germe dans l'esprit l'idée première du ballet-pantomime, du véritable ballet d'action qui ne devait arriver à complète maturité que trente ans plus tard, avec les créations dramatiques de Noverre.

Peut-être l'aurait-on connu plus tôt si mademoiselle Sallé n'avait pas rencontré des obstacles invincibles à l'exécution de ses vues artistiques. Pour les réaliser, il lui fallait tout renouveler à l'Opéra : c'était demander l'impossible. Le présent état de choses convenait d'autant mieux aux entrepreneurs de théâtre qu'il s'accordait fort bien avec une sage économie. Les costumes se portaient avec une constance telle qu'ils s'usaient et se râpaient sur le dos des acteurs sans qu'on pensât à les remplacer. Les broderies, les galons d'or et d'argent prenaient en vieillissant une teinte douteuse qui allait s'accentuant à mesure qu'ils se fanaient et s'oblitéraient davantage. Ces nobles défroques étaient pour la troupe comme de glorieux symboles et l'on aurait pu juger du succès d'un ouvrage par les vêtements usés, par les vieux oripeaux que les acteurs traînaient sur la scène.

Au premier mot de réforme, mademoiselle Sallé se vit

L'HYMEN, D'APRÈS UN DESSIN A L'AQUARELLE, VERS 1740.

abandonnée de tous: chez les directeurs comme chez les acteurs elle ne rencontra que mauvais vouloir ou insouciance. La novatrice jugea qu'elle perdrait son temps et sa peine à les vouloir convaincre et elle prit un parti héroïque : elle quitta l'Opéra et partit pour l'Angleterre. Elle allait tenter à Londres une double réforme à laquelle Paris se montrait ouvertement hostile. L'Opéra se fermait pour elle, Covent-Garden lui ouvrit ses portes. Elle y produisit deux ballets, *Pygmalion* et *Ariane*, qui frappèrent les spectateurs d'admiration et de surprise par la nouveauté des conceptions chorégraphiques et des costumes soigneusement déssinés d'après l'antique. Le *Mercure* d'avril 1734 contient à ce sujet une curieuse lettre, par laquelle mademoiselle Sallé se venge malicieusement de ceux qui l'ont dédaignée en leur faisant raconter tout au long ses triomphes.

Londres, 15 mars 1734.

Mademoiselle Sallé, sans trop considérer l'embarras où elle m'expose, me charge, monsieur, de vous rendre compte de ses succès. Il s'agit de vous dire de quelle manière elle a rendu la fable de *Pygmalion*, celle d'*Ariane et Bacchus*, et les applaudissements que ces deux ballets, de son invention, ont excités à la cour d'Angleterre. Il y a près de deux mois que l'on voit représenter *Pygmalion*, et le public ne s'en lasse pas...

Vous concevez, monsieur, ce que peuvent devenir tous les passages de cette action exécutée et mise en danse avec les grâces fines et délicates de mademoiselle Sallé. Elle a osé paraître dans cette entrée sans panier, sans jupe, sans corps, échevelée, et sans aucun ornement sur la tête. Elle n'était vêtue, avec son corset et son jupon, que d'une simple robe de mousseline tournée en draperie, ajustée sur le modèle d'une statue grecque.

Vous ne devez pas douter, monsieur, du prodigieux succès de ce ballet ingénieux, si bien exécuté. Le roi, la reine, la famille royale et toute la cour, ont demandé cette danse pour le jour du *bénéfit*, pour lequel toutes les loges et les places du théâtre et de l'amphithâtre sont retenues depuis un mois. Ce sera le premier jour d'avril.

N'attendez pas que je vous décrive *Ariane* comme *Pygmalion* : ce sont des beautés plus nobles et plus difficiles à rapporter; ce sont les expressions et les sentiments de la douleur la plus profonde, du désespoir, de la fureur, de l'abattement, en un mot, tous les grands mouvements et la déclamation la plus parfaite par le moyen des pas, des attitudes et des gestes, pour représenter une femme abandonnée par celui qu'elle aime. Vous pouvez avancer, monsieur, que mademoiselle Sallé devient ici la rivale des Journet, des Duclos et des Lecouvreur. Les Anglais, qui conservent un tendre souvenir de la fameuse Oldfieds, qu'ils viennent de placer dans Westminster parmi les grands hommes de l'État, la regardent comme ressuscitée dans mademoiselle Sallé quand elle représente Ariane.

Mademoiselle Sallé obtenait à Londres un double succès comme poète et comme danseuse; elle eut alors la consolation de voir ses essais conquérir les plus précieux suffrages. Paris du reste ne fut pas long à réparer ses torts envers cette artiste : le 28 juin, cinq mois après son apparition à Londres, le ballet de *Pygmalion*, mis en musique par Mouret, fut représenté à la Comédie-Italienne, « avec grand applaudissement », à ce qu'annonce le *Mercure*. Décors et costumes étaient les mêmes à Paris qu'à Londres, mais mademoiselle Roland et Riccoboni fils tenaient la place de mademoiselle Sallé et de Maltaire. Du reste ici, et là même succès, mêmes bravos à l'adresse de l'auteur qu'on regrettait de ne pas voir elle-même dans le rôle de Galatée.

« Les acteurs français avaient atteint dans la comédie le plus haut degré de vérité idéale, dit Gœthe dans un vif aperçu sur le dix-huitième siècle. Le séjour de Paris, l'observation des manières des courtisans, les liaisons amoureuses des acteurs et des actrices avec des personnes du grand monde, tout contribuait à transplanter sur la scène ce que l'élégance et la politesse de la vie sociale ont de plus relevé (1). » Ces relations aimables ou galantes des artistes avec la noblesse n'eurent pas seulement des résultats favorables. Ces rapports constants et familiers se traduisaient le plus souvent en cadeaux, en munificences. C'est là, c'est dans ces libéralités des grands seigneurs, voire des rois envers les comédiens, que se trouve une des causes principales de cette erreur progressive et séculaire, de cette corruption du costume.

Un habit de cour, orné de tous ses accessoires, un brillant costume tel que celui d'Alceste, de Clitandre, de Dorante ou d'Acaste, coûtait un prix exorbitant, et l'acteur reculait parfois, quand son habit avait besoin d'être renouvelé, devant une dépense de trois ou quatre mille livres. Les grands seigneurs, qui vivaient alors avec les comédiens dans une aimable familiarité, se plaisaient à leur épargner ces frais de toilette. Lorsqu'un duc de Richelieu, de Villeroi, d'Aumont, lorsqu'un marquis de Louvois, un comte de Forbin ou tel autre avait porté huit

---

(1) Gœthe, *Vérité et Poésie*, XI.

ou dix fois un brillant habit de cour, il en faisait amicalement cadeau à Baron, à Dufresne, à Grandval, à Molé, à Bellecour : c'était un précieux témoignage de leur estime. Donnés à différentes époques, ces habits marquaient toutes les variations que la mode avait fait subir aux costumes d'apparat durant plus d'un siècle. Les acteurs tenant les rôles de seigneurs étaient par conséquent vêtus au goût du jour, tandis que leurs camarades figurant Sganarelle, Harpagon, Gros-René, Pancrace, Marphurius, Scapin, Crispin, conservaient l'habit de caractère du dix-septième siècle.

D'Hannetaire, dans son livre sur l'Art du Comédien, et Bret, dans son édition des œuvres de Molière, font très justement observer que c'était une contradiction peu soutenable, dans la représentation de quelques pièces de cet auteur, de voir les rôles ou types ridicules y conserver la vieille manière de s'habiller, tandis qu'aucun des autres personnages ne suivait cet ancien usage. Du temps de Molière, disent-ils en substance, le haut-de-chausses, le pourpoint et les aiguillettes d'Harpagon n'étaient pas encore tout à fait oubliés sans être toujours de mode, au lieu que de leurs jours, il se trouvait une distance de plus d'un siècle entre les galants vêtements des jeunes seigneurs et les vieilles hardes de l'Avare. Un moindre intervalle caractériserait fort bien l'avarice du bonhomme : il pourrait en effet porter un vêtement pareil qu'il tiendrait de ses ancêtres, parce qu'il ne lui coûterait rien. Mais à mesure que l'intervalle du temps augmente, la vraisemblance diminue. En effet, il ne saurait l'avoir fait faire exprès dans l'ancien goût plutôt qu'au goût moderne, ce dernier n'étant pas plus dispendieux : ce serait singularité de sa part, et non plus avarice.

On en pourrait dire autant de Géronte, dans *le Dissipateur*, ajoute D'Hannetaire (1). Il est maladroit de le faire paraître avec un habit garni d'anciennes guipures, puisque cet habit, on l'assure, n'est fait *que depuis dix ans*. Le personnage se trouve ainsi en contradiction à la fois avec la mode, puisqu'il est seul habillé de cette façon, et avec la raison, puisque la forme de son habit dénote qu'il a près de cent ans d'existence. « Et, si l'on aime à se rappeler quelquefois les vêtements de nos ancêtres, poursuit l'écrivain, pourquoi, par une bigarrure et une contradiction insupportables, ne les conserver qu'à certains personnages, à l'exclusion des autres ? Pourquoi, par exemple, les deux précieuses ridicules et aussi Marotte ne sont-elles

(1) Jean-Nicolas Servandoni, dit D'Hannetaire, né à Grenoble, le 4 novembre 1718 et mort à Bruxelles en 1780, était fils naturel du célèbre architecte Servandoni, qui passait pour son oncle. Un vif penchant le décida à se faire comédien, contre l'avis de sa famille qui le destinait à l'Église. Il débuta à Liége et acquit bientôt une brillante réputation dans les rôles à manteau. Il fit partie de la troupe qui suivit le maréchal de Saxe, puis en 1752, il fut appelé à Bruxelles et nommé entrepreneur de la Comédie. Possédant près de 80,000 livres de rente, D'Hannetaire tenait dans la ville un salon où se réunissait la meilleure compagnie : les comtes de Lannoy et d'Esterhazy, le prince de Ligne, etc. Il entretenait aussi une correspondance suivie avec le maréchal de Saxe, avec Garrick et Voltaire. Ses *Observations sur l'art du comédien*, publiées en 1764, forment un ouvrage intéressant et qui jouit d'une estime méritée.

pas respectivement habillées comme Jodelet et comme Mascarille? »

Pourquoi? C'est que les comédiennes avaient la meilleure part de ces libéralités royales et seigneuriales. Nous avons vu Louis XIV offrir de somptueuses parures à mesdemoiselles de Brie et Molière ; Louis XV se montra de ce côté le digne successeur du Grand Roi. Le 16 novembre 1724, mademoiselle de Seine, de la Comédie-Française, qui devait épouser plus tard le célèbre acteur Dufresne, ayant été reçue à Fontainebleau, le roi lui fit cadeau d'un magnifique costume où il entrait 900 onces d'argent et qui revint à plus de 8,000 livres (1). L'année précédente, le comte de Charolais avait gratifié d'un vêtement en argent fin, du prix de 12,000 écus, sa protégée, mademoiselle Delisle, qui devait danser un pas dans l'opéra de La Serre et Mouret, *Pirithoüs, roi des Lapithes* (2).

En 1763, quand mademoiselle Doligny parut avec tant de succès sur la scène française, madame de Pompadour et la duchesse de Gramont lui firent cadeau de magnifiques toilettes. Ce début éclatant d'une gracieuse jeune fille de quinze ans et demi ravit tellement les amateurs qu'aussitôt après l'avoir vue dans trois ou quatre rôles, ils lui prédirent dès l'abord une carrière encore plus brillante que celle de l'inimitable Gaussin dont elle prenait l'em-

(1) Maupoint, *Bibliothèque des Théâtres*.
(2) *Journal de Barbier* (mai 1733).

ploi ; les critiques les plus sévères, Collé en première ligne, la traitèrent avec une faveur extrême, vantèrent sa physionomie intéressante, ses grâces charmantes, sa voix caressante, la naïveté et aussi la chaleur de son jeu, etc. La jeune débutante tint tout ce qu'elle promettait et acquit bien vite un talent supérieur ; ce qui n'empêcha pas Collé de la juger très sévèrement certain jour qu'elle se risqua à jouer un rôle de jeune garçon. « Dans *Amélise*, tragédie d'un inconnu nommé d'Ussy, et qui fut huée d'un bout à l'autre, écrit-il en janvier 1768, la charmante mademoiselle Doligny, si gracieuse d'habitude sous ses coquets atours, faisait le rôle du fils de la reine. Elle était habillée en homme, et elle joua ridiculement ce rôle ridicule. »

Enfin, lors de ses brillants débuts au Théâtre-Français en 1772, mademoiselle Raucourt reçut de Louis XV un admirable habit de théâtre et une gratification de 1,200 livres. Madame Du Barry, de son côté, lui offrit le choix entre un superbe costume tragique ou trois belles robes de ville : la jeune débutante préféra le premier, disant que le public en profiterait avec elle. Mais sa garde-robe ne souffrit aucunement de cette attention délicate ; les princesses de Beauveau, de Guéménée, la duchesse de Villeroi lui donnèrent de somptueux habits auxquels vinrent bientôt s'ajouter la plupart de ceux que les dames de la cour avaient faits pour le mariage du Dauphin et qui coûtaient tous de 15 à 20,000 livres. Ce riche appareil de robes de cour et de costumes de fête flattait singulièrement les comédiennes : l'amour-propre y trouvait son compte avec la coquetterie. A leurs débuts, elles n'avaient d'autre envie que d'acquérir une garde-robe aussi brillante que celle de leurs illustres devancières ; plus tard, elles n'avaient d'autre souci que de l'étaler à loisir pour s'en faire honneur ainsi qu'à leurs amants et à leurs protectrices.

Les gens de goût condamnaient d'un commun accord ces fastueuses licences, mais ils étaient en bien petit nombre auprès de la masse du public et leurs justes critiques se perdaient dans le bruit des bravos. Un de ces gens d'esprit et de savoir, Rémond de Sainte-Albine, juge autorisé en matière théâtrale, écrivit vers cette époque son excellent livre du *Comédien*. Tout en reconnaissant que les pièces du Théâtre-Français se passent plus aisément du secours des décorations et des machines que celles de l'Opéra qui conduisent l'imagination de prodiges en prodiges, l'auteur déclare qu'il serait beaucoup plus raisonnable que le lieu de la scène ressemblât toujours à celui dans lequel l'action est supposée se passer, et, sur ce point, il rend pleine justice aux Comédiens italiens qui, pour attirer le public, n'épargnent ni la dépense ni la peine. S'il ose blâmer le mal, Rémond n'ose pas espérer le bien, et il juge qu'il est encore trop tôt pour croire au succès d'une réforme sérieuse.

Il est surtout difficile de ne pas trouver l'usage bizarre, et qui n'est établi qu'en France, d'admettre sur le théâtre une partie des spectateurs. On peut supposer que l'appartement d'Auguste est plus ou moins orné

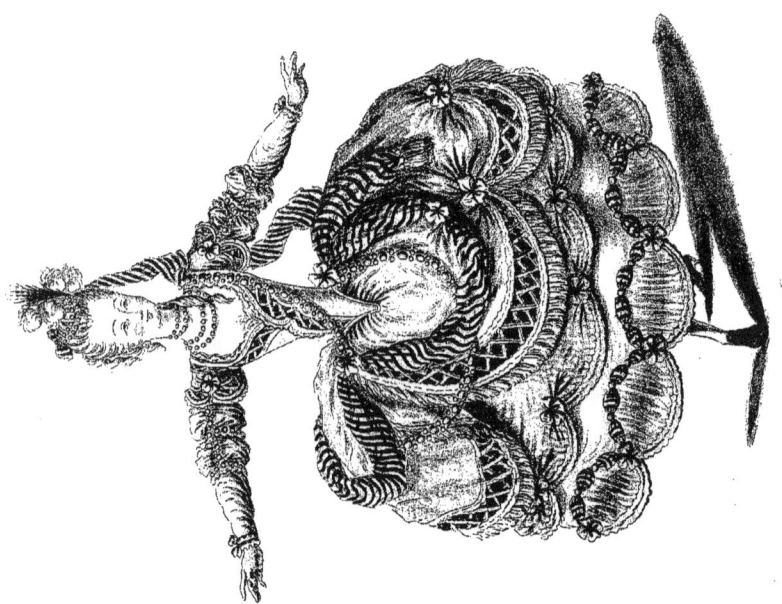

GRECS EN HABIT SÉRIEUX, D'APRÈS UN DESSIN A L'AQUARELLE, VERS 1750.

de sculpture et de dorure ; mais, lorsque les yeux rencontrent des perruques en bourse, comment se persuader qu'on voit le palais de cet empereur? En attendant un remède à l'abus dont je me plains, contentons-nous de demander que les comédiens se ménagent les moyens d'arriver sans obstacle sur la scène ; qu'ils y conservent assez d'espace pour exécuter leurs jeux de théâtre, et qu'ils épargnent au parterre la nécessité de crier contre les indiscrets qui lui dérobent la vue du spectacle. Exigeons aussi que les comédiens, surtout ceux qui se chargent des principaux rôles tragiques, gardent la vraisemblance lorsqu'ils s'offrent aux yeux du spectateur après quelque action qui doit avoir causé nécessairement du désordre dans leur personne. On ne veut point voir Oreste, avec une chevelure artistement frisée et poudrée, revenir du temple où, pour satisfaire Hermione, il a fait assassiner Pyrrhus (1). Je me souviens qu'en représentant pour la première fois Didon, la même comédienne qui a joué avec tant d'art la reconnaissance de Pénélope et d'Ulysse, parut au cinquième acte les cheveux épars, et dans le dérangement d'une personne qui sort précipitamment de son lit. Elle n'en usa pas ainsi dans les représentations suivantes ; selon les apparences, ce fut par les conseils de quelques prétendus connaisseurs. Je consens qu'elle fasse cas de leur amitié, mais je l'exhorte à ne pas prendre leur avis (2).

Ce livre entier était aussi bien écrit que sagement pensé, mais les comédiens ne le lurent sans doute pas, ou

(1) L'auteur renforce son idée par la note qui suit : « Non seulement les comédiens ne doivent point heurter de la sorte les convenances, mais ils sont assujettis, ainsi que les peintres, à suivre ce qu'on appelle *le costume*. Alexandre et César avec des chapeaux ne choquent pas moins la raison au théâtre que dans un tableau. »

(2) 2ᵉ Partie, ch. IX. — Rémond de Sainte-Albine, né à Paris le 29 mai 1699 et mort dans cette ville le 9 octobre 1778, possédait une instruction variée, du bon sens et du jugement. Étranger aux querelles des gens de lettres, n'ayant obtenu d'autre faveur de la cour que la place de censeur royal, membre de l'Académie de Berlin, il avait débuté par une comédie, *l'Amante difficile*, écrite en collaboration avec La Motte, puis était devenu un des rédacteurs de *l'Europe savante*, de la *Gazette de France* et du *Mercure*. Son principal ouvrage, *le Comédien*, publié en 1747, est un des écrits les plus estimés sur le sujet avec les traités de Riccoboni, de D'Hannetaire et de Larive.

s'ils en prirent connaissance, ils n'en retinrent rien et durent bien se moquer d'un homme qui prétendait leur faire ainsi la leçon.

Marmontel vint à son tour défendre l'art contre la mode et il le fit avec une rare vigueur. De tous les hommes de lettres du dix-huitième siècle, Marmontel est celui qui s'est le plus occupé des choses du théâtre. En sa double qualité de critique et d'auteur, il attachait une grande importance aux moindres détails de la représentation scénique, et, comme il était plus répandu dans le monde du théâtre qu'aucun de ses contemporains, il voyait le mal de plus près; aussi le proclama-t-il bien haut, et fit-il de sérieux efforts pour le détruire. Peut-être ne fût-il arrivé à rien s'il n'avait rencontré pour le seconder activement dans cette croisade artistique deux actrices de génie, mademoiselle Clairon et madame Saint-Huberty. Mais au moment où il écrivait son article pour l'*Encyclopédie*, le plus mauvais goût régnait encore sur la scène française, grâce à l'orgueilleuse insouciance des comédiens : aussi faut-il voir sur quel ton il leur parle.

..... La partie des *Décorations* qui dépend des acteurs eux-mêmes, c'est la décence des vêtements. Il s'est introduit à cet égard un usage aussi difficile à concevoir qu'à détruire. Tantôt c'est Gustave qui sort des cavernes de Dalécarlie avec un habit bleu-céleste à parements d'hermine; tantôt c'est Pharasmane qui, vêtu d'un habit de brocart d'or, dit à l'ambassadeur de Rome :

> La nature, marâtre en ces affreux climats,
> Ne produit, au lieu d'or, que du fer, des soldats.

De quoi faut-il donc que Gustave et Pharasmane soient vêtus? l'un de peau, l'autre de fer. Comment les habillerait un grand peintre ? Il faut donner, dit-on, quelque chose aux mœurs du temps. Il fallait donc aussi que Lebrun frisât Porus et mît des gants à Alexandre? C'est au spectateur à se déplacer, non au spectacle ; et c'est la réflexion que tous les acteurs devraient faire à chaque rôle qu'ils vont jouer : on ne verrait point paraître César en perruque quarrée, ni Ulysse sortir tout poudré du milieu des flots (1). Ce dernier exemple nous conduit à une remarque qui peut être utile. Le poète ne doit jamais présenter des situations que l'acteur ne saurait rendre, telle que celle d'un héros mouillé. Quinault a imaginé un tableau sublime dans *Isis*, en voulant que la Furie tirât Io par les cheveux hors de la mer, mais ce tableau ne doit avoir qu'un instant : il devient ridicule si l'œil s'y repose, et la scène qui le suit immédiatement le rend impraticable au théâtre. Aux reproches que nous faisons aux comédiens sur l'indécence de leurs vêtements, ils peuvent opposer l'usage établi et le danger d'innover aux yeux d'un public qui condamne sans entendre et qui rit avant de raisonner. Nous savons que ces excuses ne sont que trop fondées, nous savons de plus que nos réflexions ne produiront aucun fruit. Mais notre ambition ne va point jusqu'à prétendre corriger notre siècle; il nous suffit d'apprendre à la postérité, si cet ouvrage peut y parvenir, ce qu'auront pensé dans ce même siècle ceux qui, dans les choses d'art et de goût, ne sont d'aucun siècle ni d'aucun pays (2).

(1) La France n'avait pas le monopole de ces contre bon sens. L'Italie, l'Angleterre et l'Allemagne suivaient dignement ce bel exemple. Voici ce que dit Goldoni à propos de sa comédie en cinq actes, le *Dissolu ou Don Juan Tenorio*, représentée à Venise en 1736 : « A la première représentation, le public, accoutumé dès longtemps à voir dans *Il convivato di pietra* Arlequin se sauver du naufrage, au moyen de deux vessies, et don Juan sortir à sec des flots de la mer, sans avoir dérangé le galant édifice de sa coiffure, ne savait pas trop ce que signifiait cet air de noblesse que l'auteur donnait à l'ancienne bouffonnerie. »

(2) *Encyclopédie*, art. *Décoration*. Voyez aussi les mots *Déclamation théâtrale*, *Tragédie*, *Opéra*, etc. Plus tard, Marmontel ajouta un post scriptum à ce premier jugement pour rendre hommage à mademoiselle Clairon. « J'étais injuste, dit-il, en n'osant espérer les changements que je désirais aux Décorations théâtrales. Mais je dois dire, pour mon excuse, que, lorsque cet article fut imprimé, il n'y avait aucune apparence à la révolution qui arriva quelque temps après..... »

Rémond de Sainte-Albine et Marmontel parlaient en prose et parlaient bien ; le précieux poète Dorat eut aussitôt l'idée de sermonner les comédiens en vers. Il écrivit alors son poème de la *Déclamation*, où il ne manque pas de discuter cette brûlante question du costume en lourds alexandrins :

> Par un mensonge heureux voulez-vous nous ravir ?
> Au sévère costume il faut vous asservir :
> Sans lui, d'illusion la scène dépourvue
> Nous laisse des regrets, et blesse notre vue.
> Je me ris d'une actrice, indigne de son art,
> Qui rejette ce joug, et s'habille au hasard ;
> Dont l'ignorance altière oserait sur la scène
> Dans un cercle enchaîner la dignité romaine,
> Et qui, n'offrant aux yeux qu'un faste inanimé,
> Consulterait Méri pour draper Idamé.
> N'affectez pas non plus une vaine parure,
> Obéissez au rôle, et suivez la nature.
> Nous offrez-vous Électre et ses longues douleurs ?
> Songez qu'elle est esclave, et qu'elle est dans les pleurs.
> D'ornements étrangers, trop inutiles charmes,
> Ne chargez point un front obscurci par les larmes.
> Le public, dont sur vous tous les yeux sont ouverts,
> Dédaigne vos rubis, et ne voit que vos fers.
> Parcourez donc l'histoire ; elle va vous instruire.
> Cent peuples à vos yeux viendront s'y reproduire.
> Examinez leurs goûts, leurs penchants, leurs humeurs,
> Quels sont leurs vêtements, et leurs arts, et leurs mœurs (1).

Le conseil était bon si les vers ne l'étaient pas. Les comédiens n'en jugèrent pas ainsi : ils se soucièrent aussi peu

---

(1) Dorat, *la Déclamation*, chant I. — Méri, dont parle Dorat, était une célèbre marchande de modes qui fournissait plusieurs actrices.

des vers que de la prose et continuèrent de n'écouter que les conseils de leur fantaisie et de leur amour-propre. Pauvres orgueilleux acteurs qui méconnaissaient les plus justes observations et pour qui cette sage maxime de D'Hannetaire était lettre close : « L'acteur, en paraissant sur la scène, ne prouve jamais mieux qu'il a conçu son rôle que par la façon dont il a su se mettre ».

CHAPITRE V

LEKAIN ET Mlle CLAIRON AU THÉATRE FRANÇAIS
L'ORPHELIN DE LA CHINE EN 1755

Le 8 janvier 1736, une toute jeune fille débutait aux Italiens par le rôle de la servante dans l'*Ile des Esclaves*, de Marivaux. Elle s'appelait Claire-Joseph Léris (1) et se trouvait à Paris depuis un ou deux ans : sa vocation dramatique s'était éveillée en apercevant de loin mademoiselle Dangeville prendre une leçon de danse. Un soir, on la mena voir aux Français, malgré l'opposition de sa mère, une représentation du *Comte d'Essex* et des *Folies amoureuses*. En rentrant elle avait décidé dans sa petite tête qu'elle

---

(1) Voici l'acte de naissance de mademoiselle Clairon, d'après le curieux livre de M. De Manne, *la Troupe de Voltaire* : « — *Extrait des registres de l'État civil de la ville de Condé* : « Claire-Joseph Léris, fille illégitime de François-Joseph Désiré, sergent de la Mestre de camp du régiment de Mally (Mailly), et de Maire-Claire Scanapiecq, de cette paroisse, née le 25 janvier 1723, à cinq heures du soir. »

jouerait la comédie et l'annonça à sa mère qui la battit. Elle tint ferme et à quelque temps de là, elle paraissait à la la Comédie Italienne; la gracieuse enfant remplit son petit rôle avec intelligence, fut applaudie mais ne fut pas admise : elle dut chercher fortune ailleurs.

L'année suivante, elle était engagée à Rouen par le directeur Lanoue pour chanter, danser et jouer tous les rôles de son âge. Elle avait quatorze ans, elle plut au public et eut le bonheur de se faire des protecteurs, qui plus est, des protectrices. Mais au bout de trois ans, Lanoue rompit sa troupe pour venir débuter à la Comédie Française. Mademoiselle Clairon se rendit alors à Gand, puis à Dunkerque, où elle reçut un ordre de début pour l'Opéra de Paris. Elle y parut avec assez de succès, le 1ᵉʳ mars 1743, dans le rôle de Vénus de l'opéra d'*Hésione*. « J'avais une étendue de voix prodigieuse, dit-elle dans ses *Mémoires* et quoique je ne fusse qu'une très médiocre musicienne, et qu'on me fît doubler mademoiselle Le Maure, j'eus le bonheur de réussir ; mais je vis qu'il fallait si peu de talent à ce spectacle pour paraître en avoir beaucoup, je trouvai si peu de mérite à ne suivre que les modulations du musicien, le ton des coulisses me déplut si fort, la médiocrité des appointements rendait la nécessité de s'avilir si absolue qu'au bout de quatre mois je me fis signifier congé. »

C'est au lendemain de ce début qu'un galant du par terre, enflammé par « les feux de ses yeux » lui adressa cette déclaration brûlante à laquelle elle ne dut rester insensible que si l'auteur eut la maladresse de conserver l'incognito :

> Hier, à leur gré, les sons mélodieux,
> Chère Clairon, moissonnaient le suffrage,
> Et tes attraits, toujours victorieux,
> Montraient Vénus, et frappaient davantage.
> Tous les amours venaient te rendre hommage,
> T'applaudissaient ; c'était à qui mieux mieux.
> L'aîné de tous, quoique d'humeur volage,
> S'est, pour jamais, établi dans tes yeux.
> Qui l'a fixé ? C'est ton air gracieux :
> Oui, je l'ai vu ; j'étais dans le parterre,
> Lorsqu'à sa mère il a fait ses adieux.
> Tant que Clairon restera sur la terre,
> Je veux, dit-il, abandonner les cieux.

Mademoiselle Clairon n'obtint pas précicément son congé, mais simplement un ordre du roi qui la dispensait de faire ses six mois d'ordonnance, sous condition de passer à la Comédie Française pour doubler l'inimitable soubrette, mademoiselle Dangeville. Audacieuse jusqu'à la témérité, mademoiselle Clairon qui n'avait pas revu le Théâtre Français depuis la soirée du *Comte d'Essex*, prétendit débuter dans le rôle de *Phèdre*, qui était alors un des triomphes de mademoiselle Dumesnil. Cette demande fut accueillie par des éclats de rire. Vaines remontrances des comédiens : elle avait le droit de choisir, elle choisit et parut dans *Phèdre*, le 19 septembre 1743. « La nouvelle actrice a joué avec un applaudissement général, dit le *Mercure*. C'est une jeune personne qui a beaucoup d'intelligence, et qui exprime avec une très belle voix les sentiments dont elle a l'art de se pénétrer. On peut dire que la nature lui a prodigué les plus heureux talents pour remplir tous les caractères convenables à sa jeunesse, aux agréments de sa personne et de sa voix. »

Elle joua ensuite Dorine du *Tartufe* selon l'usage alors reçu de débuter dans les deux genres, puis *la Nouveauté* dans la pièce de ce nom, *Zénobie*, Cléanthis dans *Démocrite*, Céliante du *Philosophe marié*, *Ariane* et enfin *Électre*, de Crébillon : le mois suivant elle était reçue. Sa vocation l'appelait vers la tragédie, elle s'y consacra entièrement dès qu'il lui fut possible, mais ce ne fut pas sans peine qu'elle atteignit au premier rang. Dès 1750, Garrick, en la voyant jouer, avait prédit ce qu'elle serait un jour : elle ne parvint pourtant à la gloire qu'à force d'étude et de travail. Passionnée pour son art, mademoiselle Clairon joua tous les personnages de son emploi dans sa trop courte carrière théâtrale. Elle se fit surtout admirer dans ceux qui demandaient de la force, de la fierté; à la manière dont elle tenait ses rôles, on voyait qu'elle les avait sérieusement étudiés; son jeu muet était admirable. A la suite d'un voyage qu'elle fit à Bordeaux en 1752, elle rapporta à Paris un genre de diction moins modulante et plus posé; elle abandonna franchement la déclamation ampoulée qu'elle avait apprise de ses modèles et sut faire applaudir du public cet art nouveau. Mademoiselle Clairon avait aussi senti par un admirable instinct, de quelle importance est l'action au théâtre. Non contente d'avoir corrigé sa diction, elle voulut se parfaire encore. Elle chercha alors dans les monuments historiques tout ce qui pouvait l'éclairer sur la physionomie qu'il convenait de donner à ses rôles : elle les étudiait en même temps, s'en pénétrait, recherchant et devinant à force de réflexions les intentions du poète. « Lorsque je jouai l'*Électre* de Crébillon, dit-elle, je savais à peine ce que c'était qu'Agamemnon, sa famille et ses malheurs; l'histoire, Sophocle, m'étaient également inconnus. » Elle l'apprit, et donna une vie nouvelle aux héroïnes de l'antiquité.

Quelle que fût l'irrégularité de sa vie en fait d'amour et de galanterie, mademoiselle Clairon fit toujours preuve d'une grande élévation de caractère. Elle avouait elle-même qu'elle était naturellement et malheureusement violente et fière et ne s'étonnait guère des oppositions et des jalousies qu'elle rencontrait un peu dans tous les rangs de la société. Avec une telle fierté, mademoiselle Clairon devait supporter impatiemment ce mélange de caresses et de duretés, de flatteries et de mépris qui était alors le lot des comédiens. Elle, qui avait une si haute idée de son art, ne pouvait souffrir qu'on avilît une profession dont la gloire lui paraissait le but et la récompense. Elle s'élevait avec véhémence contre la défaveur qui frappait les acteurs dès qu'ils ne pouvaient plus servir aux distractions d'une foule oublieuse ; elle eût tout donné pour faire lever l'excommunication qui atteignait alors les gens du théâtre, pour détruire le préjugé qui avait si cruellement frappé des artistes comme Marthe Le Rochois et Adrienne Lecouvreur, qui eût frappé Molière lui-même sans l'ordre exprès du roi *qu'on lui accordât un peu de terre*. Elle fut en cette occasion l'ardente auxiliaire de l'homme qui avait élevé la voix pour protester contre tant d'injustices, qui avait défendu Calas et les Sirven, qui défendit jusqu'au bout la cause des Comédiens. En 1761, un avocat, Huern de Lamotte, voulut seconder les intentions de l'actrice et écrivit un mémoire sur les *Libertés de la France* contre le pouvoir arbitraire d'excommunication. Ce libelle ennuyeux d'un auteur inconnu ne produisit aucun effet : il fut même plutôt défavorable à la cause qu'il prétendait défendre, et un arrêt du parlement le condamna à être lacéré et brûlé par la main du bourreau dans la cour du Palais ; quant à l'auteur, il fut rayé du tableau des avocats en juste punition de son audace. Mademoiselle Clairon supporta ces affronts répétés en méditant les belles et bonnes choses que lui écrivait Voltaire : « J'ai passé ma vie à combattre en faveur de votre cause, et je suis presque le seul qui ait eu ce courage. Si les acteurs qui ont du talent avaient assez de fermeté pour déclarer qu'ils cesseront de servir un public ingrat, tant qu'on cessera de leur rendre les droits qui leur appartiennent, on serait bien obligé alors de réparer une si cruelle injustice. Il y a longtemps que je l'ai proposé; mes conseils ont été aussi inutiles que mes services (1). »

Un événement assez mince en lui-même vint tout à coup développer chez mademoiselle Clairon cette louable impatience de l'injustice et la décida à se retirer. Ce fut ce qu'on appela la journée du *Siège de Calais*. C'était au mois d'avril 1765, la tragédie de du Belloy avait alors la vogue. Les comédiens avaient décidé de ne plus jouer avec un des leurs nommé Dubois, homme taré et de moralité douteuse, et, durant les vacances de Pâques, ils firent apprendre son rôle de Mauny à Bellecour. Mais ce Dubois avait une fille qui jouait les jeunes princesses; elle était jolie, elle alla pleurer chez le maréchal de Richelieu, l'un des gentilshommes de la Chambre administrant la Comédie Française, et celui-ci devint le protecteur du père en faveur de la fille. Il lui donna secrètement un ordre enjoignant aux comédiens de jouer avec Dubois, lequel le fit signifier à ses camarades le matin du 15 avril, jour de la réouverture. Le soir, en arrivant, Lekain apprend la chose, refuse de jouer et s'en va. Brizard, Molé, Dauberval en font autant, mademoiselle Clairon prend le lit, disant qu'elle est indisposée. La salle était pleine, on fait une annonce, on propose un changement de spectacle; le complimenteur, le sieur Bourette, homme de piètre mine, est accueilli par des sifflets. *Calais, Calais!* crie le parterre.

---

(1) Lettre du 24 juillet 1764, des Délices. Sur cette affaire et sur celle du *Siège de Calais*, on trouvera les plus grands détails dans les mémoires et papiers du temps : pas de livre qui ne raconte ces événements tout au long.

En vain Préville, si fêté d'habitude, s'efforce de commencer *le Joueur* : le public est venu pour voir *le Siège de Calais*, il veut cette pièce et pas d'autre. Force fut au régisseur d'exposer l'impossibilité absolue où l'on était de la jouer, tous les acteurs ayant pris la fuite. Cette déclaration fut accueillie par un tumulte épouvantable. « Calais! Calais! Au cachot les insolents, la Clairon en prison! » Au bout de quelques minutes de cet effroyable tapage, on baissa le rideau et l'on rendit l'argent, mais le lendemain les acteurs qui avaient refusé de jouer furent conduits au For-l'Évêque; ils furent détenus vingt-quatre jours durant lesquels on les faisait sortir chaque soir pour venir jouer à la Comédie, après quoi on les réincarcerait. Mademoiselle Clairon échappa seule à cette détention : se disant malade, elle sortit de prison au bout de cinq jours et garda les arrêts chez elle (1).

La fière tragédienne avait su convertir cette disgrâce en triomphe, mais elle n'en avait pas moins subi une dure humiliation. Elle résolut de se retirer, un peu sans doute afin de mériter les éloges que Voltaire lui avait adressés durant sa captivité. « Que mademoiselle Clairon réussisse ou ne réussisse pas, lui écrivait-il le 1er mai 1765, elle sera

(1) Ce fut justement à cette époque que la fameuse actrice anglaise, mistress Bellamy, vint en France. « ... Je me rendis à Paris, dit-elle dans ses *Mémoires*, où je fus introduite chez la célèbre Dumesnil. Mademoiselle Clairon et Lekain étaient alors en prison, pour avoir refusé de jouer. Je me félicitai d'être née dans un pays où les lois m'auraient protégée contre une détention arbitraire. » (l. LV.)

révérée du public; et si elle remonte sur le théâtre comme une esclave qu'on fait danser avec ses fers, elle perd toute considération. J'attends d'elle une fermeté qui lui fera autant d'honneur que ses talents, et qui fera une époque mémorable. » Elle demanda sa retraite au maréchal de Richelieu qui la lui refusa et lui accorda seulement un congé pour aller à Genève. Elle s'y rendit aussitôt afin de consulter le célèbre Tronchin qui déclara, selon son désir, que sa santé lui défendait de reparaître au théâtre. Mademoiselle Clairon profita de ce voyage pour aller visiter à Ferney son admirateur et son maître. Depuis longtemps déjà Voltaire appelait de ses vœux la visite de la grande actrice. Dès le mois de septembre 1760, il écrivait à celle qui faisait réussir *son ancienne chevalerie, Tancrède* : « Si jamais les pays méridionaux de la France ont le bonheur de vous posséder quelque temps, nous tâcherons de nous trouver sur votre route et de vous enlever; » et plus tard : « J'ai un assez joli théâtre à Ferney, mais je vais le faire abattre, si vous n'êtes pas assez philosophe pour y venir. »

Au mois d'août 1765, Voltaire vit enfin arriver chez lui celle qu'il avait coutume d'appeler *sa belle* ou *sa divine Melpomène*. Ce fut une douce consolation pour l'artiste que de trouver à Ferney un accueil aussi cordial ; quant au poète, il était tout heureux de fêter sa belle interprète et en témoignait sa joie au fidèle Thiériot : « On écrit beaucoup à Genève pour et contre les miracles, lui écrit-il le 30 août, et il y a eu des gens assez sots pour croire que je me mêlais de cette petite guerre théologique. J'en étais bien loin, je ne me mêlais que des miracles de mademoiselle Clairon. Elle m'a étonné dans Aménaïde et dans Électre, qu'elle a jouées sur mon petit théâtre. Ce n'est point moi qui suis l'auteur de ces deux rôles, c'est elle seule. » Et le même jour au marquis d'Argence de Dirac : Mademoiselle Clairon m'a fait oublier les maladies qui persécutent ma vieillesse. « Elle a joué dans *Tancrède* et dans *Oreste* sur mon petit théâtre que vous connaissez. J'ai vu la perfection en un genre pour la première fois de ma vie. »

Clairon ne revint à Paris que pour signifier son intention bien arrêtée de renoncer au théâtre. Elle se retira définitivement l'année suivante : elle n'avait que quarante-deux ans et était à l'apogée du talent et de la gloire. Tous la blâmèrent de cet excès de fierté, tous excepté Voltaire, qui applaudit à cette résolution virile : « Mademoiselle Clairon me mande qu'elle ne rentrera point, écrit-il à la comtesse d'Argental le 18 avril 1766. On veut s'en tenir à la déclaration de Louis XIII. On ne songe pas, ce me semble, que du temps de Louis XIII les comédiens n'étaient pas pensionnaires du roi, et qu'il est contradictoire d'attacher quelque honte à ses domestiques. Je ne puis blâmer une actrice qui aime mieux renoncer à son art que de l'exercer avec honte. De mille absurdités qui m'ont révolté depuis cinquante ans, une des plus monstrueuses, à mon avis, est de déclarer infâmes ceux qui récitent de beaux vers par ordre du roi. Pauvre nation, qui n'existe actuellement dans l'Europe que par les beaux arts, et qui cherche à les deshonorer. »

Au moment de sa retraite, mademoiselle Clairon avait une fortune de 18,000 livres de rente, mais elle la vit bien diminuer à la suite de la banqueroute amenée par les opérations de l'abbé Terray : elle était alors intimement liée avec le comte de Valbelle qui, à ce qu'elle assure, se refroidit sensiblement pour elle après avoir reçu un riche héritage par la mort de son frère. Bientôt ils se séparèrent, et l'artiste, qui avait inspiré la passion la plus vive au margrave d'Anspach, plus jeune qu'elle d'une douzaine d'années, alla se fixer en Allemagne où elle passa dix-sept ans, faisant le bien, rendant au margrave de réels services, conseillant et dirigeant des fondations utiles, élevant un hôpital que la reconnaissance publique baptisa du nom de Clairon. Elle tenait grand état à la cour du margrave et elle n'en pouvait parler sans une sorte de fausse honte. « Croiriez-vous bien, écrivait-elle, que moi, chétive, j'ai ici cinq laquais, valets de chambre et maître d'hôtel. » Mais elle n'eut pas seulement les avantages de cette position, objet de tant de convoitises ; la jalousie et l'envie firent leur œuvre habituelle, et, comme elle dit agréablement, « il n'est si petite cour qui n'ait son Narcisse. » Bref, elle fut supplantée dans le cœur du margrave par une Anglaise, lady Craven. C'était en 1788. Elle revint à Paris et alla se loger rue de Bussy, puis rue des Marais-Saint-Germain dans la maison qu'avait habitée Racine et où Adrienne Lecouvreur était morte. C'est là que vieillit la célèbre actrice, ne fréquentant que quelques maisons amies, faible de corps, délaissée de tous, mais se consolant de son isolement en écrivant ses Mémoires qu'elle voulait tenir secrets, mais qu'une traduction allemande la força de publier, se plaisant surtout dans la lecture des grands écrivains, dans celle des moralistes ou des philosophes, d'Epictète en particulier.

Cette grande artiste qui, partie de si bas, avait su s'élever si haut par le travail, avait trop de sens pour ne pas souffrir des usages qu'elle trouva établis sur la scène française. Son goût ainsi que sa raison furent choqués de ce bizarre assemblage de vêtements anciens et modernes, de cette parure indécise et ridicule. Elle prétendit en débarrasser le théâtre, et, persuadée, comme elle dit fort bien dans ses *Mémoires*, que non seulement cette vérité ajoute à l'illusion, mais que le comédien en prend plus aisément le ton de son rôle, elle s'appliqua à introduire la vérité dans le costume. Elle fit beaucoup pour l'art, et si elle ne fit pas davantage, c'est qu'elle ne le put pas. Elle obtint ainsi le suffrage des gens de goût : tous, critiques, philosophes, auteurs, mémorialistes, célèbrent à l'envi son double mérite de tragédienne et de novatrice.

« Le vrai talent n'est qu'un, il plaît sans art, dit Noverre. Mademoiselle Clairon, en panier ou sans panier, sera toujours une excellente actrice... La raison, l'esprit, le bon sens et la nature l'ont guidée dans cette réforme; elle a consulté les Anciens, et elle s'est imaginée que Médée, Électre et Ariane n'avaient point l'air, le ton, l'allure et l'habillement de nos petites maîtresses; elle a senti qu'en s'éloignant de nos usages elle se rapprocherait de ceux de l'antiquité; que l'imitation des personnages qu'elle représente serait plus vraie, plus naturelle; que son action d'ailleurs étant plus vive et plus animée, elle la rendrait avec plus de feu et de vivacité, lorsqu'elle se serait débarrassée du poids et dégagée de la gêne d'un vêtement ridicule; elle s'est persuadée enfin que le public ne mesurerait pas ses talents sur l'immensité de son panier (1). »

Peu après la représentation de *Tancrède*, Diderot, écrivant à Voltaire, laisse éclater un vif enthousiasme pour la grande actrice : « Ah! mon cher maître, si vous voyiez la Clairon traversant la scène, à demi renversée sur les bourreaux qui l'environnent, ses genoux se dérobant sous elle, les yeux fermés, les bras tombants comme morte; si vous entendiez le cri qu'elle pousse en apercevant Tancrède, vous resteriez plus convaincu que jamais que le silence et la pantomime ont quelquefois un pathétique que toutes les ressources de l'art oratoire n'atteignent pas... Ouvrez vos portefeuilles. Voyez l'*Esther* du Poussin *paraissant devant Assuérus* : c'est la Clairon allant au supplice. Mais pourquoi Aménaïde n'est-elle pas soutenue par ses

---

(1) Noverre, *Lettre sur la danse et les ballets.*

femmes comme l'*Esther* du Poussin? Pourquoi ne vois-je pas sur la scène le même groupe (1)? »

Lorsque Clairon aborda le rôle d'Emilie, elle apporta pour *Cinna* la même ferveur réfléchie qu'elle mettait à toutes les pièces qu'elle interprétait et elle s'empressa, sur le conseil de Voltaire, de rétablir la première scène, le monologue d'Emilie que beaucoup d'actrices prenaient la liberté de supprimer, sans trop déplaire au public qui regardait ce long discours comme une amplification de rhétorique aussi peu explicable que nécessaire : cela jetait, disait-on, de la froideur sur tout le début de la pièce. Voltaire ne ménagea pas plus ces félicitations à la tragédienne, après qu'elle eut effectué cette restitution littéraire, qu'il ne lui avait ménagé ses conseils auparavant, et il lui écrivait des Délices, le 24 juillet 1764, avec une simplicité de langage qui prouve la sincérité de son approbation : « Quoique j'aie très peu vécu à Paris, mademoiselle, j'y ai vu retrancher au théâtre la première scène de *Cinna*. Je vous félicite de l'avoir rétablie et encore plus de n'avoir pas dit : *ma chère âme.* »

Mademoiselle Clairon obtint l'un de ses plus brillants succès dans l'Électre de la tragédie d'*Oreste*, et Voltaire s'était plu à parfaire le talent de son interprète en lui

---

(1) « Sur le Théâtre Français, et même sur celui de l'Opéra, — écrit d'Alembert en note de son discours sur la *Liberté de la musique*, — on commence à se rapprocher davantage de la vérité des habillements. Nous en avons l'obligation à mademoiselle Clairon, dont les talents sont au-dessus de mes éloges, et qui n'imite pas moins la nature dans son jeu, que le costume dans ses habits. »

donnant de bons conseils qu'elle s'honorait de recevoir. « Vous avez été admirable, — lui écrivait l'auteur au sortir de la première représentation (12 janvier 1750), — vous avez montré dans vingt morceaux ce que c'est que la perfection de l'art, et le rôle d'Électre est certainement votre triomphe. »

Ce succès, si grand fût-il, n'était que le prélude de celui qu'elle devait remporter onze ans plus tard dans le même personnage. Le 8 juillet 1761 eut lieu une reprise solennelle d'*Oreste* où les premiers artistes s'étaient distribué les moindres rôles. Ainsi Clytemnestre et Iphise, c'étaient mesdemoiselles Dumesnil et Hus; Oreste, Egiste, Pylade, Pammène, étaient joués par Lekain, Paulin, Molé, Brizard. Mademoiselle Clairon et sa rivale, mademoiselle Dumesnil, furent toutes deux admirables de force et de vérité, mais Voltaire n'avait d'yeux pour Clairon, alors dans l'éclat de la gloire, et il lui adressa cette flatteuse épître : « Je vous fais mon compliment sur la manière dont vous avez joué Électre. Vous avez rendu à l'Europe le théâtre d'Athènes. Vous avez fait voir qu'on peut porter la terreur et la pitié dans l'âme des Français, sans le secours d'un amour impertinent et d'une galanterie de ruelle, aussi déplacés dans Électre qu'ils le seraient dans Cornélie (1). »

Dès son apparition dans l'Électre de Voltaire, mademoiselle Clairon avait fait complètement oublier celle de Cré-

---

(1) De Ferney, 7 août 1761.

billon. Ce dernier rôle n'en resta pas moins un de ses plus beaux titres de gloire : c'est, en effet, dans ce personnage qu'elle apporta d'abord d'heureux changements à son costume. Plus tard elle adopta les mêmes vêtements pour jouer l'Électre de Voltaire et cette modification, très audacieuse pour le temps bien qu'étant des plus modestes, fut d'autant plus remarquée et approuvée que le voisinage de mademoiselle Dumesnil, une grande artiste insouciante du costume et entièrement soumise aux lois de la mode, la faisait davantage ressortir. Pour ce faire, mademoiselle Clairon s'était inspirée des conseils d'un homme de goût qu'elle avait aimé autrefois et qui, leurs amours finis, était resté son ami : de Marmontel.

Il y avait longtemps que, sur la manière de déclamer les vers tragiques, j'étais en dispute avec mademoiselle Clairon. Je trouvais dans son jeu trop d'éclat, trop de fougue, pas assez de souplesse et de variété, et surtout une force qui, n'étant pas modérée, tenait plus de l'emportement que de la sensibilité. C'est ce qu'avec ménagement je tâchais de lui faire entendre. « Vous avez, lui disais-je, tous les moyens d'exceller dans votre art ; et, toute grande actrice que vous êtes, il vous serait facile encore de vous élever au-dessus de vous-même en les ménageant davantage, ces moyens que vous prodiguez. Vous m'opposez vos succès éclatants et ceux que vous m'avez valus ; vous m'opposez l'opinion et les suffrages de vos amis ; vous m'opposez l'autorité de M. de Voltaire, qui, lui-même, récite ses vers avec emphase, et qui prétend que les vers tragiques veulent, dans la déclamation, la même pompe que dans le style ; et moi, je n'ai à vous opposer qu'un sentiment irrésistible, qui me dit que la déclamation, comme le style, peut être noble, majestueuse, tragique avec simplicité ; que l'expression, pour être vive et profondément pénétrante, veut des gradations, des nuances, des traits imprévus et soudains qu'elle ne peut avoir lorsqu'elle est tendue et forcée. » Elle me disait quelquefois, avec impatience, que je ne la laisserais pas tranquille qu'elle n'eût pris le ton familier et comique dans la tragédie. «Eh! non, mademoiselle, lui disais-je, vous ne l'aurez jamais; la nature vous l'a défendu; vous ne l'avez pas même au moment où vous me parlez : le son de votre voix, l'air de votre visage, votre prononciation, votre geste, vos attitudes, sont naturellement nobles. Osez seulement vous fier à ce beau naturel; j'ose vous garantir que vous en serez plus tragique. »

D'autres conseils que les miens prévalurent, et, las de me rendre inutilement importun, j'avais cédé, lorsque je vis l'actrice revenir tout à coup d'elle-même à mon sentiment. Elle venait jouer Roxane au petit théâtre de Versailles. J'allai la voir à sa toilette, et, pour la première fois, je la trouvai habillée en sultane, sans panier, les bras demi-nus, et dans la vérité du costume oriental. Je lui en fis mon compliment. « Vous allez, me dit-elle, être content de moi. Je viens de faire un voyage à Bordeaux; je n'y ai trouvé qu'une très petite salle; il a fallu m'en accommoder. Il m'est venu dans la pensée d'y réduire mon jeu, et d'y faire l'essai de cette déclamation simple que vous m'avez tant demandée. Elle y a eu le plus grand succès. Je vais en essayer encore ici sur ce petit théâtre. Allez m'entendre. Si elle y réussit de même, adieu l'ancienne déclamation. »

L'événement passa son attente et la mienne. Ce ne fut plus l'actrice, ce fut Roxane elle-même que l'on crut voir et entendre. L'étonnement, l'illusion, le ravissement fut extrême. On se demandait : Où sommes-nous? On n'avait rien entendu de pareil. Je la revis après le spectacle; je voulus lui parler du succès qu'elle venait d'avoir. « Eh! ne voyez-vous pas, me dit-elle, qu'il me ruine? Il faut dans tous mes rôles que le costume soit observé : la vérité de la déclamation tient à celle du vêtement; toute ma riche garde-robe de théâtre est dès ce moment réformée; j'y perds pour dix mille écus d'habits; mais le sacrifice en est fait. Vous me verrez ici dans huit jours jouer Électre au naturel comme je viens de jouer Roxane. »

C'était l'Électre de Crébillon. Au lieu du panier ridicule et de l'ample robe de deuil qu'on lui avait vus dans ce rôle, elle y parut en simple habit d'esclave, échevelée, et les bras chargés de longues chaînes. Elle y fut admirable, et, quelque temps après, elle fut plus sublime encore dans l'Électre de Voltaire. Ce rôle, que Voltaire lui avait fait déclamer avec une lamentation continuelle et monotone, parlé plus naturellement, acquit une beauté inconnue à lui-même; puisqu'en le lui entendant jouer sur son théâtre de Ferney, où elle l'alla voir, il s'écria, baigné de larmes et transporté d'admiration : *Ce n'est pas moi qui ai fait cela, c'est elle; elle a créé son rôle.* Et, en effet, par les nuances infinies qu'elle y avait mises, par l'expression qu'elle donnait aux passions dont ce rôle est rempli, c'était peut-être celui de tous où elle était le plus étonnante.

Paris, comme Versailles, reconnut dans ces changements le véritable accent tragique et le nouveau degré de vraisemblance que donnait à l'action théâtrale le costume bien observé. Ainsi, dès lors, tous les acteurs furent forcés d'abandonner ces tonnelets, ces gants à franges, ces perruques volumineuses, ces chapeaux à plumets, et tout cet attirail fantasque qui, depuis si longtemps, choquait la vue des gens de goût. Lekain lui-même suivit l'exemple de mademoiselle Clairon, et dès ce moment-là leurs talents perfectionnés furent en émulation, et dignes rivaux l'un de l'autre (1).

Ce n'était là que le début de la réforme. Mademoiselle Clairon la poursuivit avec fermeté, s'efforçant constamment d'atteindre au degré de vérité qui lui semblait être la perfection. Peut-être se laissa-t-elle emporter un peu loin par son ardeur novatrice, lorsqu'elle crut pouvoir paraître, au cinquième acte de *Didon*,

> Dans le simple appareil
> D'une beauté qu'on vient d'arracher au sommeil,

afin d'indiquer par là quel désordre portait dans ses sens le songe qui l'avait chassée de son lit. N'était-il pas curieux de voir la reine de Carthage en chemise? Mais elle ne se montra qu'une seule fois dans cette toilette,

---

(1) *Mémoires de Marmontel*, V

au grand regret des amateurs de la vérité théâtrale (1).

Un quatrain assez médiocre est parvenu jusqu'à nous, qui témoigne à la fois de l'admiration inspirée par Électre ou Didon à ses contemporains, et de la faiblesse du poète anonyme qui s'était chargé de traduire en vers les sentiments du public pour la grande tragédienne :

> Clairon réunit les suffrages
> Des plus habiles connaisseurs,
> Et son jeu des meilleurs auteurs
> Fait encor valoir les ouvrages.

Mue par un zèle louable et craignant que le peu de progrès qu'elle avait fait faire à l'art théâtral ne s'évanouît après elle, mademoiselle Clairon résolut de noter les résultats de ses réflexions et de ses études pour les transmettre à ceux qui lui succéderaient sur la scène française. Elle écrivit alors ses *Réflexions sur l'art dramatique* (2), qui portent bien l'empreinte d'un esprit sérieux et profondément pénétré de ces difficiles questions.

Outre ses minutieuses études des rôles de Monime, d'Hermione, de Pauline, de Roxane, de Phèdre, de Cornélie, des deux Électres, qui lui avaient valu ses meilleurs succès grâce à la justesse d'interprétation et à la

---

(1) Arnault, *Souvenirs et regrets d'un vieil amateur dramatique.* — Nous trouvons dans le même livre la description technique du costume de mademoiselle Clairon dans Électre. « Rien de plus simple et de plus noble : une robe noire sans paniers, sans garniture, des cheveux naissant et non frisés ; un œil de poudre, pas de rouge et des chaînes, c'était admirable. »

(2) On les trouvera dans le même livre que ses *Mémoires.*

sûreté de conception qu'elle y avait apportées, elle réunit sous ce titre toutes les observations que lui suggérait l'état comparé de l'art dramatique dans les trois grands théâtres de Paris, à l'époque où elle jouait et au temps où elle écrivait. Elle exposait aussi et expliquait tout au long quelles qualités naturelles elle croyait nécessaires pour former un comédien remarquable et comment elles devaient être développées par l'étude, l'exercice, et la réflexion. « J'ai marqué, dit-elle, les quatre dons de nature que je crois indispensables : organe, force, mémoire, extérieur. On sent assez, sans que je le dise, la nécessité d'avoir beaucoup d'intelligence, de l'esprit, et, s'il se peut, du génie. Les deux premiers parcourent avec facilité les routes déjà connues ; le dernier seul en ouvre de nouvelles. »

Rapproche-t-elle l'état de la scène française au moment où elle n'est plus que spectatrice du temps où elle était actrice et actrice acclamée, Clairon ne résiste pas à l'attrait du souvenir qui entraîne les gens d'âge à rabaisser toujours le présent au profit du passé, et elle déplore, avec une secrète satisfaction, la décadence qu'elle croit déjà distinguer dans notre art dramatique. « La Comédie Française n'a que quatre acteurs, sujets dignes d'être cités : la Comédie Italienne n'en a que deux ; l'Opéra, quoiqu'on en dise, n'a décidément que des danseurs. » Les quatre comédiens français qui trouvent grâce à ses yeux sont Préville, Molé, Brizard et Larive ; les deux chanteurs de l'Opéra-Comique qu'elle apprécie sont Clairval et madame Dugazon : quant aux nobles ballerins de l'Académie de musique, elle ne daigne pas les nommer.

Les *Mémoires de Mademoiselle Clairon* renferment encore divers morceaux qu'on ne croirait guère écrits par une femme qui goûta tous les enivrements de la célébrité théâtrale : tels sont les *Réflexions sur les mariages d'inclination*, la *Lettre écrite d'Anspach*, les *Conseils à ma jeune amie*, etc., tous fragments qui feront apprécier quel fonds de morale et de raison possédait cette grande actrice. Il est enfin dans le nombre certain *Agenda*, ou recueil de maximes et de réflexions morales, qui dénotent chez l'auteur une âme élevée : il n'est plus ici question le moins du monde de science dramatique ou d'esthétique théâtrale ; ce sont, tout au contraire, les méditations philosophiques d'un esprit qui s'absorbe dans l'étude de soi-même, et qui retire de ces spéculations, singulièrement abstraites pour un cerveau féminin, une profonde tristesse, mais aussi un calme bienfaisant. Voici au hasard, quelques-unes de ces réflexions, telles qu'en devait écrire, en faisant retour sur ses triomphes passés, la célèbre tragédienne, alors oubliée et délaissée.

Mon état habituel est la souffrance..... Je vois que c'est celui de la plus grande partie de l'humanité. La nécessité de mes études, de mes travaux, la misère que j'ai souvent éprouvée, les contrariétés, la sensibilité de mon âme, un amour violent et continuellement malheureux par les infidélités ou l'absence, tout cela n'a pu permettre que je me trouvasse dans le petit nombre des êtres privilégiés que l'infortune et la douleur respectent; mais j'en vois des plus méritants et de plus à plaindre que moi. Il faut donc m'armer de patience et de raison, être sobre, mesurer mes forces, borner mes désirs, espérer tout du temps, de mon courage, de ma vanité même, et pour me consoler de ce que je souffre, songer à tout ce que je ne souffre pas.

Je ne dois jamais oublier que je suis née dans l'obscurité la plus profonde : en murmurer serait un crime; en rougir, une sottise. Tout ce que je puis est de réparer cette volonté du sort par la douceur, l'honnêteté, l'égalité d'humeur, les connaissances de l'esprit et les vertus de l'âme.

N'étant rien, et voulant vivre avec les hommes, je dois apporter l'attention la plus scrupuleuse à surmonter la fierté de mon âme; c'est un dédommagement que la nature ne m'a donné que pour moi; on en fait toujours un crime à celui qui n'a ni naissance ni fortune, et je ne dois la manifester qu'en me tenant à ma place, sans prétention et sans bassesse.

Sans pousser plus loin cette analyse succincte d'un livre qui traite de sujets si divers, nous transcrirons en entier les deux paragraphes les plus intéressants pour nous, ceux visant la réforme artistique qui est demeurée un des titres de gloire de mademoiselle Clairon. Elle traite par écrit cette grave question du costume avec toute la prédilection qu'elle devait avoir pour ce sujet, elle qui, la première à la Comédie, avait osé apporter quelques corrections aux vêtements féminins jusqu'alors admis et consacrés. « Il serait à souhaiter, dit-elle, que tous les acteurs eussent au moins un peu de connaissance du dessin, ils sentiraient plus aisément l'importance de l'ensemble de toute une figure; le pittoresque, toujours

Hippolyte de la Tude Clairon
Comédienne Françoise Pensionnaire du Roi, a débuté le 19 Sept.^{bre} 1743.
par le rôle de Phèdre, dans la Pièce de Racine du même nom; reçue le 22 Octobre suivant

nécessaire au théâtre, leur serait plus facile à trouver, et pour leurs attitudes et pour leurs vêtements. Dans les pièces à spectacle, on disposerait plus savamment, et d'une façon plus piquante, les groupes, les masses, qui toujours doivent faire tableau, et mettre en valeur les principaux personnages; mais au défaut de cette connaissance, j'invite les comédiens à consulter au moins les peintres et les sculpteurs fameux. » Ce n'était encore là qu'un conseil général, mais l'auteur se réservait de le développer plus loin en deux chapitres distincts et de l'appuyer alors de preuves décisives empruntées à sa propre carrière.

Vêtements.

Je demande, à toutes les femmes en général, l'attention la plus scrupuleuse à leurs vêtements : le costume ajoute beaucoup à l'illusion du spectateur, et le comédien en prend plus aisément le ton de son rôle : cependant le costume exactement suivi n'est pas praticable : il serait indécent et mesquin. Les draperies d'après l'antique dessinent et découvrent trop le nu : elles ne conviennent qu'à des statues et des tableaux; mais, en suppléant à ce qui leur manque, il en faut conserver les coupes, en indiquer au moins les intentions, et suivre, autant qu'il est possible, le luxe ou la simplicité des temps et des lieux. Des bandelettes, des fleurs, des perles, des voiles, des pierres de couleur, étaient les seuls ornements que les femmes connussent avant les établissements du commerce des Indes, et la conquête du nouveau monde.

Je désire surtout qu'on évite avec soin tous les chiffons, toutes les modes du moment. La coiffure des Françaises, à l'instant où j'écris, l'amas et l'arrangement monstrueux de leurs cheveux, donnent à leur ensemble une disproportion choquante, dénaturent les physionomies, cachent le mouvement du cou, et donnent l'air hardi, engoncé, roide et sale. La seule mode à suivre est le costume du rôle qu'on y joue.

On doit surtout arranger ses vêtements d'après les personnages; l'âge, l'austérité, la douleur, rejettent tout ce que permet la jeunesse, le désir de plaire, et le calme de l'âme. Hermione avec des fleurs serait ridicule : la violence de son caractère, et le chagrin qui la dévore, ne lui permettent ni recherches ni coquetterie dans sa toilette ; elle peut avoir un habit magnifique, mais il faut que l'air le plus négligé dans tout le reste prouve qu'elle ne s'occupe point d'elle-même. Le premier coup d'œil que le public jette sur l'actrice doit le préparer au caractère qu'elle va développer.

Danger des traditions.

L'ignorance et la fantaisie font faire tant de contre-sens au théâtre, qu'il est impossible que je les relève tous ; mais il en est un que je ne puis passer sous silence, c'est de voir arriver Cornélie en noir.

Le vaisseau dans lequel elle fuit, le peu de moments qui se sont écoulés entre l'assassinat de son époux et son arrivée à Alexandrie, n'ont pu lui laisser le temps et les moyens de se faire faire des habits de veuve, et certainement les dames romaines n'avaient point la précaution d'en tenir de tout prêts dans leur bagage. La célèbre Lecouvreur, en se faisant peindre dans ce vêtement, prouve qu'elle le portait au théâtre : ce devrait être une autorité imposante pour moi-même ; mais, d'après la réputation qui lui reste, j'ose croire qu'elle n'a fait cette faute que d'après quelques raisons que j'ignore, et qu'elle-même en sentait tout le ridicule. J'ai vu jouer Électre en habit couleur de rose, garni très élégamment en jai noir ; j'en ai conclu que toute tradition n'était pas bonne, et qu'il n'en fallait suivre aucune sans l'examiner (1).

(1) Lorsque parurent les *Mémoires de Mademoiselle Clairon*, mademoiselle Dumesnil vivait encore. Elle se sentit blessée par le blâme de son ancienne rivale, et se laissa entraîner à fournir quelques notes à un homme de lettres, Coste d'Arnobat, qui riposta très rudement par les *Mémoires de Mademoiselle Dumesnil*. Ce livre aigre et parfois grossier ne présente presque aucun intérêt. C'est une paraphrase critique du livre de Clairon, paraphrase méchante et qui sacrifie souvent la bonne foi à l'ironie. En ce qui nous occupe, l'écrivain n'avait vraiment aucune bonne raison à faire valoir contre l'opinion de Clairon. Il a écrit de l'article intitulé *Du danger des traditions* une longue réfutation qui ne répond à rien et qui n'est même pas spirituelle. Quant à l'article *Vêtements*, il déclare sans hésiter qu'il « n'offre aux lecteurs ni aux élèves une seule vue nouvelle, un seul précepte qui ne soit rebattu, une seule réflexion qui soit une découverte heureuse pour l'art théâtral. »

L'écrivain montre vraiment une grande justesse d'esprit dans le parallèle qu'elle ne craint pas de tracer entre Adrienne Lecouvreur et elle-même, et ce n'est assurément pas fausse modestie de sa part lorsqu'elle s'excuse d'avoir osé aller à l'encontre de la tradition consacrée par son illustre devancière. Voltaire avait chaudement approuvé l'innovation tentée par mademoiselle Clairon, et il ne lui marchandait pas les éloges dans sa lettre du 23 juillet 1765 : « Si j'avais pu, mademoiselle, recevoir votre réponse avant de vous avoir écrit mon épître, cette épître vaudrait bien mieux; car j'ai oublié cette louange qui vous est due, d'avoir appris le costume aux Français. J'ai très grand tort d'avoir omis cet article dans le nombre de vos talents; je vous en demande bien pardon, et je vous promets que ce péché d'omission sera réparé. »

Ce que Voltaire appréciait surtout entre tant de costumes d'héroïnes diverses que Clairon avait ou corrigés ou refaits en entier, c'était la modification capitale qu'elle avait apportée dans la tenue de Cornélie; il lui témoigne sa vive satisfaction par une lettre datée du 7 auguste 1761 et lui promet bien de proclamer ses mérites dans les Commentaires qu'il doit écrire sur les tragédies de Corneille. « Elle (cette édition) sera chargée à chaque page de remarques utiles sur l'art en général, sur la langue, sur la décence de notre spectacle, sur la déclamation, et je n'oublierai pas mademoiselle Clairon en parlant de Cornélie. »

Mais promettre et tenir font deux, surtout quand c'est

Voltaire qui promet. Clairon l'apprit à n'en pas douter lorsqu'elle put lire les *Commentaires sur Corneille* où son nom n'était même pas prononcé. Elle aurait eu tort, après tout, de trop compter sur ce banal compliment épistolaire, et Voltaire, pour sa part, n'avait jamais dû y attacher plus d'importance qu'à tous ces éloges amphigouriques et pompeux qu'il adressait sans ménagement à tous les grands dont il voulait gagner la protection, à tous les acteurs dont il désirait obtenir le concours.

La paix de 1748, dite d'Aix-la-Chapelle, avait rappelé dans Paris l'industrie et les plaisirs, les travaux sérieux et les distractions artistiques. Alors s'étaient formées diverses sociétés bourgeoises dans le but de jouer la comédie en petit comité. Deux au moins de ces réunions joyeuses devinrent rapidement célèbres : le public s'amusait fort à ces luttes courtoises et prenait vivement parti soit pour MM. de Jabach, soit pour MM. de Tonnerre. Les deux camps ennemis logeaient alors à la même enseigne, dans le Marais, à l'hôtel de Clermont-Tonnerre, où MM. de Jabach étaient venus retrouver leurs rivaux quand la salle de l'hôtel de Jabach, situé rue Saint-Merry, ne leur avait plus présenté un asile assez sûr. Ce rapprochement même profita aux comédiens amateurs en excitant mainte contestation dont le résultat ne pouvait être favorable aux uns sans diminuer le crédit des autres. « ... On était partagé sur les talents de MM. tels et tels, sur ceux des demoiselles telles et telles. Les unes étaient plus jolies, plus décentes que les autres ; mais ces dernières avaient plus d'usage du théâtre, plus de grâce, plus de finesse (1). »

Ce bruit importun gênait la Comédie Française : elle demanda alors et pensa obtenir la suppression de ces sociétés artistiques. Elles ne durent leur salut qu'à l'abbé Chauvelin, conseiller-clerc au parlement de Paris, qui, prenant en main la cause des écoliers contre les maîtres, obtint leur grâce et leur fit jouer alors une comédie en vers d'Arnaud, *le Mauvais Riche*. C'était au mois de février 1750. L'auteur avait invité à la représentation son maître et protecteur, Voltaire. Celui-ci s'y rendit de bonne grâce : il écoutait avec intérêt l'ouvrage de son disciple, quand un acteur, de petite taille et assez commun de visage, attira son attention. « Qui donc joue l'amoureux ? demanda-t-il ? — C'est le fils d'un marchand orfèvre de Paris, lui fut-il répondu, lequel joue la comédie pour son plaisir, mais qui aspire réellement à en faire son état (2). » Du premier coup d'œil, le tragique avait deviné chez ce jeune ouvrier le germe d'un grand talent, il témoigna à Arnaud son désir de le connaître et fit engager l'acteur novice à le venir voir le surlendemain.

---

(1) Lekain, *Faits particuliers sur ma première liaison avec M. de Voltaire*. Ce chapitre des *Mémoires de Lekain* nous a beaucoup servi pour cette époque de sa vie.

(2) *Extrait des registres de la paroisse Saint-Eustache* : « Henry-Louis, baptisé le dimanche 3 avril 1729, né le jeudi dernier. Fils de Henry Cain, marchand orfèvre, et d'Anne-Louise Letellier, sa femme, rue de la Cossonnerie. »

Au jour dit, Lekain se rendait rue Traversière-Saint-Honoré et frappait à la porte du poète. « En lui adressant la parole, dit-il, je me sentais pénétré de respect, d'enthousiasme, d'admiration et de crainte. » Voltaire le reçut d'une manière affable. Après lui avoir adressé plusieurs questions sur son état, sur celui de son père, sur la façon dont il avait été élevé et sur ses idées de fortune : « Croyez-moi, lui dit-il, jouez la comédie pour votre plaisir; mais n'en faites jamais votre état. C'est le plus beau, le plus rare et le plus difficile des talents; mais il est avili par des barbares, et proscrit par des hypocrites. Un jour à venir, la France estimera votre art, mais alors il n'y aura plus de Baron, plus de Lecouvreur, plus de Dangeville. Si vous voulez renoncer à votre projet, je vous prêterai 10,000 francs pour commencer votre établissement, et vous me les rendrez quand vous pourrez. Allez, mon ami, revenez me voir sur la fin de la semaine, faites bien vos réflexions et donnez-moi une réponse positive. »

Troublé et confus de tant de bonté, le jeune homme allait se retirer quand Voltaire le rappela et le pria de lui réciter quelques fragments de ses rôles. Et celui-ci d'entamer le grand couplet de *Gustave*, au second acte. « Point, point de Piron, s'écria le poète d'une voix tonnante et terrible; je n'aime pas les mauvais vers : dites-moi tout ce que vous savez de Racine. » Lekain se ressouvint heureusement, qu'étant au collège Mazarin, il avait appris la tragédie d'*Athalie*, en l'entendant répéter nombre de fois aux écoliers qui devaient la jouer. Il entama bravement la première scène, figurant tour à tour Joad et Abner, mais il n'avait pas plus tôt commencé que Voltaire s'écriait avec enthousiasme : « Ah! mon Dieu, les beaux vers! et ce qu'il y a de bien étonnant, c'est que toute la pièce est écrite avec la même chaleur, la même pureté, depuis la première scène jusqu'à la dernière; c'est de la poésie inimitable..... Adieu, mon enfant, c'est moi qui vous prédis que vous aurez la voix déchirante, que vous ferez un jour tous les plaisirs de Paris; mais pour Dieu, ne montez jamais sur un théâtre public. » Et il l'embrassa.

Moins de huit jours après, le jeune orfèvre revenait vers son protecteur et lui déclarait sa ferme résolution de se vouer au théâtre. Il fallait s'incliner devant une telle décision. Voltaire consentit, lui offrit même de l'héberger et imagina de faire construire au-dessus de son appartement une petite salle de spectacle. C'est là que Lekain, devenu le pensionnaire de Voltaire, représenta presque tous les ouvrages du maître, tragédies et comédies, en compagnie des deux nièces de son hôte et du poète lui-même qui joua notamment sur le théâtre de la duchesse du Maine, au château de Sceaux, le rôle de Cicéron dans *Rome sauvée* avec une énergie et une vérité des plus pathétiques. « Je me souviendrai toujours, ajoute Lekain, que madame la duchesse du Maine, après lui avoir témoigné son étonnement et son admiration sur le nouveau rôle qu'il venait de composer, lui demanda quel était celui qui avait joué le rôle de Lentulus Sura, et que M. de Voltaire lui répondit : « Madame, c'est le meilleur de tous. Ce pauvre hère qu'il traitait avec tant de bonté, c'était moi-même (1). » Si Lekain méritait déjà cet éloge, il en était surtout redevable à Voltaire, car ce fut grâce à ses leçons qu'il fit d'aussi rapides progrès dans l'art théâtral; mais il lui dut encore une nouvelle faveur que Voltaire obtint à grand'peine du duc d'Aumont avant de partir pour Berlin, — un ordre de début à la Comédie Française.

Lekain débuta le lundi 14 septembre 1750 par le rôle de Titus dans *Brutus*. Le jeune acteur fut très applaudi le premier soir, mais il rencontra bientôt les obstacles que Voltaire lui avait signalés et qu'il avait courageusement affrontés (2). Ses débuts aussi pénibles que brillants ne durèrent pas moins de quinze mois : il fut tour à tour reçu à l'essai, puis congédié, puis essayé de nouveau et de nouveau congédié. La cabale constamment acharnée contre lui l'accueillait par des huées dès qu'il paraissait sur la

---

(1) Voir notre ouvrage : *Les Grandes Nuits de Sceaux, le Théâtre de la Duchesse du Maine*, d'après des documents inédits, (Paris, Baur, 1876), pages 66 à 70.

(2) « Le lundi 14 septembre, dit le *Mercure*, M. *Kin*, qui n'avait jamais joué sur aucun théâtre public, débuta à la Comédie Française. Ses rôles de début ont été Titus, dans la tragédie de *Brutus*, Rhadamiste, dans la pièce de ce nom; Euphémon fils, dans la comédie de *l'Enfant prodigue*; Zamore, dans la tragédie d'*Alzire*; Andronic, dans la pièce de ce nom, etc. Le public paraît avoir décidé que cet acteur a de l'intelligence, une expression très pathétique, un geste fort noble et une grande liberté dans les positions du théâtre. Ces talents sont balancés par quelques défauts : M. Kin en a de frappants, il en a peut-être qui sont sans remède; malgré cela il remue, il touche, il entraîne, et il n'a que vingt ans. » (*Mercure de France*, novembre 1750.)

scène; la Comédie elle-même, mettant tout en œuvre pour le décourager, faisait venir exprès de Bordeaux l'acteur Bellecour pour le lui opposer. Il n'eut pas seulement à vaincre la nature, mais encore les efforts de l'envie, les intrigues du foyer, du grand monde, les jugements précipités des gens frivoles; il n'avait pour lui que le parterre, constant à l'admirer et à l'applaudir. Voulons-nous savoir quelles raisons s'opposaient à la réception d'un homme dont le succès avait pu faire prévoir, dès le premier jour, qu'il deviendrait avant peu l'honneur de la Comédie, écoutons son camarade Préville, un grand acteur qui admirait son talent et aimait son caractère.

Lekain était d'une taille médiocre; il avait la jambe courte et arquée, la peau du visage rouge et tannée, les lèvres épaisses, la bouche large, l'œil plein d'expression, à la vérité; mais c'était le seul avantage qu'il tînt de la nature, enfin son visage offrait un ensemble désagréable; et le costume semi-français dans lequel on jouait alors la tragédie, les paniers dont les héros de théâtre s'affublaient, n'étaient rien moins qu'avantageux pour diminuer une partie des défauts dont je viens de parler. Il succédait à Dufresne, un des plus beaux hommes qu'il fût possible de voir; il se trouvait en scène avec Grandval, acteur plein de grâce et de noblesse; débutait en même temps que Bellecour, dont la figure aimable et la taille riche et élégante fixaient tous les yeux, qui d'ailleurs était puissamment protégé par madame de Pompadour : en voilà sans doute assez pour qu'on puisse former des conjectures. Les hommes sont bien faibles quand ils veulent lutter contre la portion la plus aimable de la société. Enfin, le dirai-je? les femmes avaient conçu une antipathie marquée pour Lekain. Madame de Pompadour, plus juste que toutes celles de son sexe, malgré la protection dont elle couvrait Bellecour, fut la première à rendre justice à Lekain. Et comment ne la lui aurait-elle pas rendue? il arrachait les applaudissements même à l'envie.

Lekain avait la prononciation nette, une diction pure : personne ne parlait mieux sa langue; mais il avait la voix dure et aigre. C'est un reproche fondé qu'on lui faisait. Quel moyen employa-t-il pour rendre cette voix moelleuse et flexible, pour ne proférer que des sons qui allaient jusqu'à l'âme? Comment s'y prit-il pour animer sa physionomie, et en faire le siège de toutes les passions qu'il éprouvait dans ses rôles? De quel talisman usa-t-il pour faire passer dans l'âme des spectateurs l'impression qu'il voulait leur communiquer? C'est ce que j'ignore, ou, pour mieux dire, c'est ce que je ne puis concevoir. Quelque étude qu'on fasse sur soi-même, encore laisse-t-on quelquefois apercevoir les traces des défauts dont on a cherché à se corriger. Mais chez Lekain, tout était devenu parfait, tout était en accord. Ses gestes, il les puisait dans la nature : on aurait pu défier la plus sévère attention, pour en trouver un seul en lui qui ne fût marqué au coin de la vérité et du génie.

Un instant Lekain fut sur le point de partir pour Berlin où l'appelait le roi de Prusse, mais il fut retenu à Paris par ses amis et protecteurs, Voltaire et la princesse de Robecq. Il gagna enfin son ordre de réception par un coup d'audace. Il avait obtenu de son aîné Grandval de le doubler au spectacle de la cour dans le rôle d'Orosmane. Vainement avait-on prévenu le roi contre le nouvel acteur. « Il m'a fait pleurer, dit-il, moi qui ne pleure jamais; je le reçois. » Le 24 février 1752, Lekain fut admis à quart et demi de part, lui qui n'avait reçu jusqu'alors que 12,000 livres par an, et en 1754 il fut reçu à part entière.

Ces ennuis et ces obstacles n'avaient fait qu'irriter son ardeur : il consacra dès lors tout son temps au travail; il n'eut qu'un but, le mieux; qu'une ambition, la gloire. Ses détracteurs lui reprochaient les imperfections de sa voix et de son visage, il prétendit les corriger à force d'art et de travail. Il sut dompter son organe au point d'en rendre les inflexions d'un charme et d'une sûreté extrême, il sut se transfigurer au souffle de la passion et, de laid qu'il était, paraître noble et beau. « Si l'œil s'arrêtait désagréablement sur un visage maigre, sur des joues creuses et sur des narines trop ouvertes, combien d'ailleurs n'y était-il pas fixé par la puissance de cette sympathie qui attache le regard, avec un intérêt invincible, sur la physionomie d'un acteur fort d'expression, et toujours à la scène, soit en parlant, soit dans le silence ! Jamais la correspondance entre l'âme et les traits ne fut plus fidèle, plus mobile et plus vive, que celle que Lekain offrit, dès son début, au spectateur étonné. J'ignore jusqu'à quel point l'action silencieuse, communément appelée le jeu muet, avait été jusqu'alors en usage ; mais toujours est-il que le public s'enflamma de la vivante activité du sien, au point de nous faire croire que cette richesse théâtrale, ou fut une nouveauté pour lui, ou que si ses compétiteurs l'employaient, ce devait être avec moins d'avantage et moins d'expression que Lekain, dont l'action pantomime était aussi éloquente, aussi attachante que son action parlée (1). »

Lekain mit à se corriger tout ce qu'il avait d'énergie dans le caractère, et jamais il ne crut avoir atteint le dernier degré, même après avoir remporté les plus grands triomphes : il pensait toujours n'avoir rien fait tant qu'il lui restait quelque chose à faire. Citer tous les rôles où il a

---

(1) *Notice de Molé sur les Mémoires de H. L. Lekain.*

brillé, ce serait vouloir citer tous ceux qu'il a créés. S'il était admirable dans Cinna, Mahomet, Bayard, Ladislas ou Antiochus, il ne l'était pas moins dans Zamore, dans Rhadamiste, dans Essex, Nicomède, Oreste et Brutus. Joue-t-il Tancrède, il arrache des paroles d'enthousiasme à Grimm qui pourtant ne s'enthousiasme guère d'habitude. Le voici dans Manlius, il répand la terreur dans l'auditoire rien qu'en paraissant au fond du théâtre, les yeux fixés sur Sertorius et tenant en main la lettre de Rutilius; dans OEdipe, il faisait frissonner la salle entière en disant : « Vous frémissez, madame! » Enfin ce fut lui qui sut le premier faire éclater le prodigieux mérite du rôle de Néron; le premier, par sa pantomime aussi puissante que sa déclamation, il en fit ressortir l'effrayante vérité. Mais c'était surtout au cinquième acte de Zaïre que le tragédien semblait se surpasser lui-même. Orosmane est seul avec Corasmin, il erre dans les ténèbres, la rage au cœur; il attend Zaïre. « J'ai vu, s'écrie Laharpe, et ceux qui ne l'ont pas vu ne peuvent en avoir d'idée, j'ai vu cette situation épouvantable rendue par cet homme unique que la nature, qui voulait tout prodiguer à Voltaire, semblait avoir créé exprès pour lui, pour qu'il y eût un acteur égal au poète; pour que la tragédie, sentie au même degré par tous deux, parût sur le théâtre français avec toute son énergie, tout son pouvoir, tous ses effets (1). »

(1) *Cours de littérature*, t. VIII, p. 337. Voir aussi les pages que Molé a consacrées à étudier son camarade dans le rôle d'Orosmane (*Notice sur les Mémoires de H. L. Lekain*).

De pareils témoignages, venant à la fois des hommes les plus éclairés et de ses camarades, parlent trop haut en faveur de Lekain pour que l'on prête grande attention à ceux qui n'ont pas craint de protester contre l'admiration générale en infligeant au tragédien des critiques sévères, parfois même grossières. Marmontel ne put jamais pardonner à Lekain d'avoir résisté avec une courageuse imprudence à l'enthousiasme qu'avait excité à la cour et dans la société encyclopédique son travail sur le *Venceslas* de Rotrou, dont il avait prétendu rajeunir le style (1). Aussi, lorsqu'il écrivit pour l'*Encyclopédie* l'article *Déclamation*, traça-t-il un portrait de Lekain sous les couleurs les plus défavorables. Il ne le nomma pas, mais personne ne s'y méprit, de même que chacun vit dans cette amère critique le ressentiment d'un auteur touché au vif.

Un autre homme encore combattit sans relâche et de la façon la plus grossière la réputation de Lekain. C'est Collé. Lors de son début, il lui trouve « le visage hideux et l'air passablement ignoble, des grimaces à chaque sentiment qu'il veut exprimer, d'assez beaux gestes, et nulles entrailles. » Après l'avoir vu dans Orosmane, il avoue qu'il a mieux entendu ce rôle, mais il pense que « cet homme non seulement est bien loin d'être un grand comédien, mais qu'il ne sera jamais qu'un acteur mauvais et souve-

(1) Voir sur ce point les *Mémoires* de Marmontel (l. VI) et ceux de Lekain (*Détails historiques sur des changements faits à la tragédie de Venceslas, de Rotrou*.

rainement désagréable. » Après sa brouille avec Marmontel à propos de *Venceslas*, il s'écrie avec une fureur : « Juste ciel! à quoi nous réduis-tu! c'est un Lekain, qui se croit un bon acteur! c'est un homme comme celui-là qui refuse un rôle! c'est enfin le plus mauvais, le plus déplaisant, le plus laid et le plus maussade des comédiens qui est notre premier acteur tragique! »

Du reste, quels ménagements attendre d'un homme qui s'écrie à propos du titre, un peu ambitieux il est vrai, d'Académie dramatique réclamé par les comédiens ayant à leur tête mademoiselle Clairon : « Les perroquets, sous le prétexte qu'ils parlent et qu'ils rendent les idées des hommes, en les estropiant, ont-ils jamais pu porter leurs prétentions jusqu'à être déclarés hommes, et à nous vouloir faire croire qu'ils pensent? La plus grande partie des comédiens est dans le cas de ces petits oiseaux charmants, et plus souvent encore dans la classe des singes, par leur imitation, leur libertinage et leur malfaisance(1). »

Cet article injurieux porte la date d'avril 1766. Quelques années plus tard, le grand tragédien eut à subir de

(1) *Journal de Collé*, avril 1766. — Quand, en 1780, Collé revit son manuscrit, il fut très surpris de se trouver en face de jugements aussi erronés et il ajouta la note suivante qui n'est guère plus convenable : « Je me suis trompé probablement sur Lekain; mais, soit prévention, aveuglement, ou tout ce qu'on voudra, ce hideux et rauque comédien ne m'a jamais fait grand plaisir : sa voix blessait toujours mes oreilles et sa figure atroce m'a toujours répugné. Je rendais justice à son art, quand il l'a eu perfectionné; mais jamais *ce monstre à voix humaine* ne m'a remué que désagréablement; il ne me paraissait placé que dans les rôles où il faut être horrible, comme dans *l'Orphelin de la Chine*. J'ai tort, puisque le public l'adorait. »

la part de ses camarades une humiliation bien pénible à propos des spectacles qui furent donnés à Versailles, en 1770, pour célébrer le mariage de la jeune archiduchesse d'Autriche Marie-Antoinette avec le dauphin, alors duc de Berry. La Comédie Française devait contribuer pour une large part à ces fêtes royales, et Lekain espérait bien qu'il pourrait se produire à la cour dans quelqu'un de ses plus beaux rôles; Voltaire lui écrivait même à ce propos, tant la chose paraissait indubitable, en date du 25 avril : « Mon très grand et très cher soutien de la tragédie expirante, vous allez briller à Versailles et faire voir à madame la dauphine ce que c'est que la tragédie française bien jouée. Elle n'en a sûrement pas d'idée! »

Lekain et son protecteur avaient compté sans la vanité excessive et la jalousie ardente des comédiens : tous ceux qui avaient sur Lekain des droits d'ancienneté et qui en faisaient bon marché dans les circonstances ordinaires, s'en prévalurent pour lui enlever les meilleurs rôles, Molé tout le premier qui excellait dans la comédie et qui lui était bien inférieur dans le genre tragique, mais qui avait pour lui le droit absolu. Ils firent si bien que Lekain, le plus grand acteur tragique de la troupe, ne parut qu'une fois à Versailles sur trois représentations qui y furent données, et encore ne fut-ce pas dans un rôle bien considérable. Le jeudi 24 mai, il joua modestement Abner à côté de Brizard-Joad et de mademoiselle Clairon-Athalie. Le 20 juin, on représenta *Tancrède* avec Molé, Brizard et mademoiselle Clairon dans les rôles de Tancrède, d'Argire et d'Aménaïde; puis la série des spectacles fut close le 14 juillet par *Sémiramis* et *l'Impromptu de campagne* : Dauberval jouait Assur, mademoiselle Dumesnil Sémiramis, et Molé avait pris à Lekain son beau rôle d'Arsace, un de ses triomphes les plus éclatants (1).

D'ailleurs, si les camarades de Lekain le reléguaient volontiers au dernier plan lorsqu'il s'agissait de figurer aux spectacles de la cour et de récolter des bravos princiers, ils s'empressaient de le mettre en avant et de faire agir son influence, dès qu'elle pouvait être profitable à leurs intérêts ou les tirer d'un pas difficile. C'est ce qui était arrivé quelque huit ans auparavant, alors que Voltaire ne pouvait pas se résoudre à donner aux comédiens français une nouvelle tragédie qu'il leur promettait depuis longtemps et qui devait être *Olympie*. Ceux-ci décidèrent d'envoyer à Ferney son interprète favori qui devrait user de tout son crédit auprès du poète pour le presser de terminer cette pièce interminable et pour s'en faire remettre, s'il était possible, le précieux manuscrit. Lekain s'était donc mis en route au mois d'avril 1762, pour aller à la conquête de cette nouvelle Toison d'or : il se rendit à Ferney où il retrouva le bon accueil qu'il avait reçu quelques années plus tôt aux Délices, lorsqu'il était allé quérir pareillement la tragédie de *l'Orphelin de la Chine*; mais il eut beau

(1) *Description des fêtes et spectacles donnés à Versailles*, 1770.

faire, il ne put pas rapporter cette pièce insaisissable, Voltaire ayant jugé, par une représentation d'essai, qu'il manquait encore beaucoup de nuances à cette peinture antique et qu'il fallait y retoucher encore pour l'amener au point de perfection qu'il rêvait. *Olympie* ne fut en effet représentée à la Comédie Française que le 17 mars 1764, soit près de deux ans après le voyage infructueux de Lekain.

Le grand tragédien ne perdit cependant pas tout à fait son temps en entreprenant ce voyage, car durant ce séjour à Ferney, il recueillit une ample moisson d'éloges. « Nous avons joué *Tancrède*, écrit Voltaire à d'Argental les 17 et 18 avril. Lekain m'a paru admirable ; je lui ai même trouvé une belle figure. J'étais le bonhomme Argire, je ne m'en suis pas mal tiré ; mais ni lui ni moi ne jouons dans *Olympie*, nous serons tous deux spectateurs bénévoles.... Mes anges sauront qu'hier Lekain nous joua *Zamore* ; il était encore plus beau que je n'avais cru. Il joua le second acte de manière à me faire rougir d'avoir loué autrefois Baron et Dufresne. Je ne croyais pas qu'on pût pousser aussi loin l'art tragique. Il est vrai qu'il ne fut pas si brillant dans les autres actes. Il a quelquefois des silences trop longs ; il en faut, comme en musique, mais il ne faut pas les prodiguer, ils gâtent tout quand ils n'embellissent pas. Il fut bien mal secondé, ma nièce ne jouait point. Cramer, qui avait joué Cassandre supérieurement, joua Alvarès précisément comme le bonhomme

Cassandre. Mais enfin, nous voulions voir Lekain, et nous l'avons vu. »

Lekain fit encore une nouvelle visite à Ferney à la fin de l'été de 1772. « Lekain est venu et a rendu Ferney célèbre, écrit *un vieux malade* à d'Argental, en date du 5 auguste. Il a joué supérieurement tantôt à Ferney, tantôt à deux lieues de là, sur un autre théâtre appartenant encore au troubadour Saint-Géran. Les treize cantons ont accouru, et ont été ravis. Pour moi, misérable, à peine ai-je été une fois témoin de ces fêtes. » Nouvelle accès de joie du poète, nouvelles louanges à l'adresse de son acteur préféré dans une autre lettre datée du 21 septembre : « Mon cher ange, je suis dans l'extase de Lekain. Il m'a fait connaître *Sémiramis*, que je ne connaissais point du tout. Tous nos Génevois ont crié de douleur et de plaisir, des femmes se sont trouvées mal, et en ont été fort aises. Je n'avais point d'idée de la véritable tragédie avant Lekain ; il a répandu son esprit sur les acteurs. Je ne savais quel honneur il faisait à mes faibles ouvrages, et comme il les créait ; je l'ai appris à six-vingt lieues de Paris. »

Lekain ne répondit aux attaques envenimées comme celles de Collé et aux mauvais procédés accidentels de ses camarades, qu'en s'efforçant de mieux mériter la faveur que lui témoignait la grande majorité du public. Il étudiait sans cesse les secrets de son art et découvrait chaque jour quelque nouveau moyen d'exciter l'enthousiasme. Une grave maladie que Lekain fit quelques années avant sa mort, exerça l'influence la plus heureuse sur son talent qui acquit alors son développement complet et arriva à parfaite maturité. « L'inaction à laquelle sa longue convalescence le contraignit, dit Talma, lui devint même profitable. Son repos fut encore du travail ; car le génie ne veut pas toujours l'exercice, et, comme la mine d'or, il se forme et se perfectionne sans bruit et sans mouvement. Il reparut alors après une longue absence du théâtre. Quel fut l'étonnement du public, qui, se préparant à l'indulgence pour un homme affaibli par la souffrance, le vit au contraire sortir du tombeau, brillant de perfections et de clartés nouvelles ! Il avait comme revêtu une existence plus parfaite et plus pure (1). »

La rentrée impatiemment attendue de Lekain eut lieu le 16 mars 1771 par le rôle de Néron, dans *Britannicus*, où il déploya tout son génie, et ensuite par Arsace où il se montra supérieur à lui-même, de l'aveu du sévère critique du *Mercure*, le quinteux La Harpe. Grimm ne s'exprime pas en termes moins élogieux dans sa *Correspondance*. « Que dirai-je de Lekain ? Il semble qu'il n'ait employé le temps de sa maladie et de sa retraite que pour porter son talent à un degré de sublimité dont il est impossible de se former une idée quand on ne l'a point vu.

(1) Talma, *Réflexions sur Lekain et sur l'art théâtral*, placées en tête des Mémoires de Lekain. Toutes les citations que nous aurons occasion de faire par la suite, seront extraites de cette importante étude du célèbre tragédien.

Hors du théâtre, sa figure est laide, ignoble, et il devient au théâtre beau, noble, touchant, pathétique, et dispose de votre âme à son gré. Dans le rôle de Tancrède il ne dit pas un mot qui ne vous ravisse d'admiration ou ne vous arrache des larmes. Il faut compter cet acteur parmi ces phénomènes rares que la nature se plaît à former de temps en temps, mais qu'elle n'est jamais sûre de produire deux fois.... Je ne crains pas de dire que ce que nous avons vu dans la salle de la Comédie Française, le 16 mars dernier, est non seulement un spectacle unique en Europe, mais que c'est une merveille de notre siècle qu'aucun autre siècle ne pourra se flatter de voir renaître. Je n'aurai point à me reprocher de n'en avoir pas joui délicieusement. J'ai senti l'empire de l'art lorsqu'il a atteint la perfection, et mon âme en a été tellement ébranlée qu'il m'a fallu plusieurs jours pour la calmer et la remettre dans son assiette.... Il faut regarder Lekain comme arrivé au plus haut degré de perfection, depuis sa rentrée. »

Lekain parut pour la dernière fois sur la scène le 24 janvier 1778 dans un de ses rôles préférés, celui de Vendôme. Une violente inflammation se déclara chez lui à la suite de cette soirée. Du jour où le public apprit le danger, il suivit avec anxiété les péripéties de cette douloureuse maladie. La seule crainte de voir mourir le grand acteur faisait comprendre combien cette perte serait irréparable pour le théâtre et la littérature. Chaque soir les spectateurs demandaient avec intérêt des nouvelles du malade, et le comédien chargé d'annoncer le spectacle du lendemain devait d'abord répondre à cette vive sollicitude. Bientôt la gangrène se déclara et tout l'art de Tronchin ne put y porter remède. Un soir enfin, le 8 février, Monvel répondit à la demande du parterre par ces seuls mots : « Il est mort! » Ce ne fut qu'un cri de douleur, puis une consternation morne. Tous les spectateurs sortirent à l'instant de la salle et répandirent la fatale nouvelle par la ville. Ce fut presque un deuil public. « Le grand acteur, écrit La Harpe, celui qui a porté le plus loin le sentiment et l'expression de la tragédie, est mort dans sa quarante-neuvième année, et a été enlevé tout à coup à sa gloire, à nos plaisirs et à nos espérances. »

Le jour même des funérailles de Lekain, Voltaire rentrait à Paris après trente ans d'absence et, la première nouvelle qu'il apprit fut la mort de son acteur favori, de celui qu'il aimait presque comme un fils. La Comédie Française se rendit en corps auprès du grand homme : un seul manquait dans ses rangs, le plus illustre. C'était Bellecour qui devait porter la parole. « Monsieur, dit-il d'une voix émue, vous voyez les restes de la Comédie. » Quel plus bel éloge Lekain aurait-il pu souhaiter que cette simple parole prononcée par l'acteur même qu'on avait un instant prétendu lui opposer !

C'est que par son rare mérite, Lekain tenait une place à part à la Comédie Française : il était le premier de la troupe non seulement comme acteur, mais aussi comme homme.

A son beau talent perfectionné par des études laborieuses, Lekain joignait un grand fond de probité, de franchise, et surtout une rare aversion pour les intrigues de coulisses. Toujours curieux de s'instruire, il ne s'était pas contenté de la modeste éducation du collège ; pour parfaire son instruction, il avait fait une étude sérieuse de sa langue, il avait approfondi nos meilleurs écrivains et s'était ainsi formé un style correct et qui répondait toujours bien à sa pensée. Ces qualités et ces avantages le désignaient naturellement au suffrage de ses camarades chaque fois qu'il fallait rédiger et présenter quelque mémoire au nom de la Comédie.

Il en écrivit ainsi un grand nombre qu'on trouvera réunis dans ses *Mémoires*. Nous ne saurions les énumérer ni les étudier, mais il en est un au moins que nous voulons noter au passage parce que l'excellente institution que Lekain y proposait pour la Comédie Française, fut adoptée cinquante ans plus tard.... au théâtre de Manheim. Lekain demandait, en effet, dans ses Observations adressées à M. de la Ferté, que les comédiens établissent entre eux des séances consacrées à la lecture de mémoires ayant trait aux défauts de la représentation théâtrale, aux remèdes à y apporter, et sur la façon d'entendre bien ou mal tels ou tels rôles. « On supprimerait de ces Mémoires, dit-il avec un grand sens, tout ce qui tiendrait à l'amertume, à l'épigramme ou à la froide plaisanterie ; indépendamment des recherches que l'on pourrait faire sur la vérité et le goût des vêtements, sur les différents genres de décorations, et mille autres détails, on s'éclairerait mutuellement, de la manière la plus raisonnable et la plus sûre. » Ce projet, repoussé avec perte à la Comédie Française, fut mis en pratique sur un théâtre d'Allemagne, en 1782, lorsqu'il fallut réorganiser le théâtre de Manheim, que le directeur Seyler venait d'abandonner. L'intendant baron Dalberg eut alors l'idée d'instituer sous sa présidence un comité qui tint régulièrement ses séances, de Pâques 1782 à septembre 1785, et qui ne laissa pas moins de quatre gros volumes manuscrits, en témoignage de ses recherches actives, de ses constants travaux.

« Le comité qui se rassemblait tous les quinze jours auprès de l'intendant, écrit Iffland dans ses *Mémoires*, avait plus d'importance que les détails du théâtre. On discutait dans cette assemblée les améliorations dont le théâtre était susceptible ; on proposait de nouvelles pièces ; on lisait l'analyse de celles qui étaient nouvellement arrivées ; on recevait les éloges et les reproches de l'intendant au sujet des représentations importantes ; on s'entendait pour la rédaction des remontrances, des plaintes et des projets, et il était permis, à tout le monde, même à ceux qui n'étaient pas membres du comité, d'y venir défendre ses intérêts ; on lisait ensuite les réponses aux questions qui avaient été proposées sur l'art dramatique. Puis on distribuait de nouvelles questions. Enfin l'assemblée se séparait après la lecture du procès-verbal de la séance précédente. L'intendant expédiait à chacun des acteurs des analyses revêtues de son sceau. Une réfutation franche fut toujours bien accueillie. Cette institution était l'ouvrage de M. le baron de Dalberg. Il faut avouer, avec reconnaissance, qu'elle a produit beaucoup de bien, en donnant au théâtre, tant dans son ensemble que dans ses détails, une solidité réelle et une direction sûre. Sa critique était toujours appuyée sur des raisonnements; jamais elle ne fut ni partiale ni fondée sur des préventions. Elle nous empêchait de croire que les applaudissements étaient la preuve infaillible du mérite. »

Si Lekain réclamait avec tant d'insistance la création d'un comité consultatif au Théâtre Français, c'est qu'il comptait y trouver un auxiliaire pour les réformes qu'il méditait à part lui et qu'il allait bientôt tenter de faire prévaloir. Il comptait sans doute sur la puissance de ses arguments, sur la chaleur de son débit, pour faire passer ses convictions dans l'esprit de ses camarades. Il n'y réussit pas et dut tenter seul des réformes qu'il désirait ne risquer qu'avec l'assentiment et le concours de la troupe entière. Déclamation, costume, mise en scène, tout choquait l'esprit si droit de Lekain; il voulut remédier à tout et l'essaya. C'est un grand honneur pour lui que de n'avoir pas reculé devant cette tâche difficile, alors qu'il ne trouvait autour de lui qu'une seule personne qui le comprît et le secondât, du moins en ce qui touchait au costume : mademoiselle Clairon (1).

Lors des débuts de Lekain, la déclamation était une sorte de triste mélopée qui datait des premiers temps du Théâtre Français et qui avait fait la gloire des Baron, des Quinault-Dufresne, des Champmeslé, des Lecouvreur. Le jeune artiste voulut s'affranchir de ce chant monotone et secouer ces règles de convention qui le gênaient. D'abord fougueux et sans règle, mais plein d'une chaleur communicative, il plut à la jeunesse et déplut aux amateurs de l'ancienne psalmodie qui l'appelaient *le taureau* parce qu'ils ne retrouvaient plus chez lui cette diction chantante et martelée, cette déclamation redondante qui les berçait si doucement d'habitude. Au risque de compromettre sa gloire naissante, Lekain poursuivit son dessein, et le travail et la réflexion aidant, il parvint à modérer les éclats de sa nature passionnée, il se corrigea tout comme il avait corrigé les traditions qui lui venaient de ses devanciers et devint au demeurant le grand acteur que nous savons, celui que Voltaire appelait indifféremment le *Roscius français* ou son *grand peintre tragique*.

(1) Lekain, en particulier, usa de tout son crédit auprès de ses camarades pour faire enlever de la scène ces embarrassantes banquettes réservées aux gens du bel air qui occupaient les deux côtés de la scène et rendaient les mouvements des acteurs aussi difficiles qu'invraisemblables. Ce sujet a été traité par nous avec tous les développements historiques qu'il comportait dans un travail spécial: *les Spectateurs sur le théâtre, Etablissement et suppression des bancs sur les scènes de la Comédie Française et de l'Opéra*, avec documents inédits extraits des Archives de la Comédie Française, avec une gravure à l'eau-forte d'après Coypel et un plan d'après Blondel (Paris, Detaille, 1875).

« Lekain — dit Talma — avait senti que l'art de la déclamation ne consistait pas à réciter des vers avec plus ou moins de chaleur et d'emphase ; que cet art pouvait, en se perfectionnant, donner en quelque sorte de la réalité aux fictions de la scène. Il parvint avec le temps à régler tout le désordre que son inexpérience avait d'abord nécessairement jeté dans son jeu. Il apprit à dompter sa fougue et à en calculer les mouvements. Cependant il n'osa pas, dès le début, abandonner entièrement ce chant cadencé qui était alors regardé comme le beau idéal de l'art de la déclamation, et que l'acteur conservait même dans les emportements de la passion. Mademoiselle Clairon, Grandval et d'autres acteurs de ce temps suivirent, ainsi que lui, le système de cette déclamation pompeuse et fortement accentuée qu'ils avaient trouvée établie. Ils portaient même dans la société ce ton solennel qu'ils avaient contracté au théâtre, comme s'ils eussent craint d'en perdre l'habitude...... Comment les acteurs de cette époque, et Lekain lui-même, voulant plaire à un public habitué, depuis la naissance du théâtre, à cette psalmodie pompeuse, auraient-ils osé hasarder des innovations trop hardies, arriver d'un seul élan, sans degrés intermédiaires, à une nature grande, élevée, mais simple et vraie? Le succès de ces tentatives trop brusques eût été fort douteux ; elles les auraient exposés à trop de dangers : ils aimaient mieux rester dans la route battue que de s'aventurer dans des écarts. Les contrariétés, les critiques qu'essuyait madémoiselle Dumesnil, leur faisaient peur, et tout en l'admirant ils, n'osaient imiter son audace. Ces règles de convention pesaient alors sur tous les genres de talents. Comment les acteurs s'y seraient-ils soustraits plus que les auteurs eux-mêmes ? »

Talma avait toute autorité pour discuter, étudier et juger, non seulement le système de déclamation adopté par Lekain, mais aussi son jeu, son action tragique. Dans presque toutes ses appréciations sur les grands tragédiens, hommes ou femmes, qui l'avaient précédé à la Comédie Française, Talma se trouve en désaccord avec les idées défendues par Diderot dans son *Paradoxe sur le Comédien*; il entreprend même de combattre ces singulières théories non sans avoir relevé une contradiction éclatante sous la plume du philosophe. « Après avoir avancé, écrit Talma, que c'est à la nature à donner au comédien les qualités extérieures, la figure, la voix, la sensibilité, le jugement et la finesse, et que c'est à l'étude des grands maîtres, à la pratique du théâtre, au travail, à la réflexion, à perfectionner les dons de la nature, (ce que Talma accorde comme parfaitement juste), Diderot ajoute plus loin qu'il veut au grand acteur beaucoup de jugement, qu'il le veut spectateur *froid et tranquille* de la nature humaine, et qu'il ait par conséquent beaucoup de finesse et *nulle sensibilité.* »

C'est en raison de ces exigences que Diderot attribue la suprématie aux artistes tragiques d'étude, de réflexion, de calcul, sur ceux qui se livrent à leur nature impressionnable et violente, et qui jouent presque d'instinct; c'est par ces raisons qu'il élève mademoiselle Clairon bien au-dessus de mademoiselle Dumesnil, et qu'il loue très fort Lekain, moins pourtant qu'il ne ferait si celui-ci n'avait joint aux avantages acquis par l'étude et le travail de précieux dons naturels : une chaleur, une véhémence extraordinaire, un instinct admirable des accents pathétiques ou terribles. « Lekain-Ninias, dit-il, descend dans le tombeau de son père ; il y égorge sa mère : il en sort les mains sanglantes. Il est rempli d'horreur, ses membres tressaillent, ses yeux sont égarés, ses cheveux semblent se hérisser sur sa tête. Vous sentez frissonner les vôtres ; la terreur vous saisit, vous êtes aussi éperdu que lui. Cependant, Lekain-Ninias pousse du pied vers la coulisse une pendeloque de diamants qui s'était détachée de l'oreille d'une actrice. Et cet acteur-là sent? Cela ne se peut. Direz-vous qu'il est mauvais acteur? Je n'en crois rien. Qu'est-ce donc que Lekain-Ninias? C'est un homme froid, qui ne sent rien mais qui figure supérieurement la sensibilité. Il a beau s'écrier : *Où suis-je ?* Je lui réponds. Où tu es ? Tu le sais bien : tu es sur les planches, et tu pousses du pied une pendeloque vers la coulisse (1). »

(1) Diderot, *Paradoxe sur le Comédien*. — Sans étudier ici avec le soin qu'elles mériteraient les idées de Diderot sur le théâtre et l'art dramatique, nous voudrions citer au moins quelques passages saillants des lettres qu'il adressait à sa protégée mademoiselle Jodin, alors engagée dans la troupe du roi de Polo-

Si éloigné qu'il soit de partager l'opinion de Diderot, puisqu'il va la combattre dans ses éléments essentiels, Talma n'en prend pas non plus le contre-pied absolu. Il ne place le point suprême et parfait de l'action tragique ni dans l'instinct et la sensibilité naturelle sans le secours du travail et de la réflexion, ni dans l'étude et la science à l'exclusion de la violence et de l'élan spontané. C'est précisément dans la réunion de ces différentes forces, dons de nature et qualités acquises, qu'il fait consister l'excellence du tragédien comme celle du comédien, et c'est par là qu'il établit la supériorité éclatante de Lekain sur

gne. Il n'était, dans le nombre, presque qu'aucune lettre dont la jeune comédienne ne pût tirer un double profit, comme femme et comme artiste.

« Savoir rendre un endroit passionné, lui écrivait-il à Varsovie en 1765, c'est presque ne rien savoir, le poëte est pour moitié dans l'effet. Attachez-vous aux scènes tranquilles, ce sont les plus difficiles ; c'est là qu'une actrice montre du goût, de l'esprit, de la finesse, du jugement, de la délicatesse quand elle en a. Étudiez les accents des passions, chaque passion a les siens, et ils sont si puissants qu'ils me pénètrent presque sans le secours de la parole. C'est la langue primitive de la nature... » Et plus loin : « N'ayez ni détours, ni finesses, ni ruses, ne trompez personne ; la femme trompeuse se trompe la première. Si vous avez un petit caractère, vous n'aurez jamais qu'un petit jeu. Le philosophe qui manque de religion, ne peut avoir trop de mœurs. L'actrice, qui a contre ses mœurs, l'opinion qu'on a conçue de son état, ne saurait trop s'observer et se montrer élevée... Plus vous accorderez à vos goûts, plus vous devrez être attentive sur le choix des objets. On reproche rarement à une femme son attachement pour un homme d'un mérite reconnu. Si vous n'osez avouer celui que aurez préféré, c'est que vous vous en mépriserez vous-même, et quand on a du mépris pour soi, il est rare qu'on échappe au mépris des autres. Vous voyez que pour un homme qu'on compte entre les philosophes, mes principes ne sont pas austères : c'est qu'il serait ridicule de proposer à une femme de théâtre la morale des capucines du Marais. Travaillez surtout à perfectionner votre talent ; le plus misérable état, à mon sens, est celui d'une actrice médiocre. »

tous ses contemporains et ses successeurs, — sauf un. Il est vrai d'ajouter qu'il ne fait pas cette réserve en termes précis, mais on la devine dans sa pensée, on la pressent sous sa plume, et si elle n'est pas formulée en toutes lettres, on peut la lire clairement entre les lignes.

Talma ne réfute donc pas point par point le paradoxe de Diderot, mais il soutient et s'efforce d'expliquer que « les impressions profondes produites par les acteurs sur la scène ne sont que le résultat de l'alliance de ces deux facultés essentielles : une sensibilité extrême et une profonde intelligence. » Or, Lekain les possédait toutes deux à un degré éga-

Pour conquérir ce rang honorable, Diderot recommande à sa jeune protégée le respect de la convenance, de la vérité dans l'action comme dans la diction, et aussi l'étude des belles œuvres de la peinture. « Défaites-vous de ces hoquets habituels qu'on voudrait vous faire prendre pour des accents d'entrailles, et qui ne sont qu'un mauvais technique, déplaisant, fatigant, un tic aussi insupportable sur la scène qu'il le serait dans le monde... Étudiez sans cesse ; point de hoquets, point de cris, de la dignité vraie, un jeu ferme, sensé ; raisonné, juste, mâle ; la plus grande sobriété de gestes.... N'affectez aucune manière, la manière est détestable dans tous les arts d'imitation. Savez-vous pourquoi on n'a jamais pu faire un bon tableau d'après une scène dramatique ? c'est que l'action de l'acteur a je ne sais quoi d'apprêté et de faux. Si, quand vous êtes sur le théâtre, vous ne croyez pas être seule, tout est perdu. Mademoiselle, il n'y a rien de bien dans ce monde que ce qui est vrai ; soyez donc vraie sur la scène, vraie hors de la scène. Lorsqu'il y aura dans les villes, dans les palais, dans les maisons particulières, quelques beaux tableaux d'histoire, ne manquez pas de les aller voir. Soyez spectatrice attentive dans toutes les actions populaires ou domestiques, etc.... Portez-vous bien, vous serez honnête si vous êtes heureuse. » Quelle reconnaissance la jeune actrice ne devait-elle pas avoir pour l'homme qui l'honorait de son amitié, qui lui montrait un but aussi élevé et lui enseignait les moyens de l'atteindre, qui lui disait à la fin de ses lettres : « Quand je ne me soucierai plus de vous, je ne prendrai plus la liberté de vous parler durement ; et si je vous écris encore, je finirai mes lettres avec toutes les politesses accoutumées ! »

lement remarquable. « Les acteurs, dit-il encore, doivent sans cesse se proposer la nature pour modèle ; elle doit être l'objet constant de leurs études. Lekain sentit que les brillantes couleurs de la poésie servaient seulement à donner plus de grandeur et de majesté aux beautés de la nature. Il n'ignorait pas que dans la société les êtres profondément émus par de grandes passions, ceux que de grandes douleurs accablent ou qu'agitent violemment de grands intérêts politiques, ont, il est vrai, un langage plus élevé, plus idéal, mais que ce langage est encore celui de la nature... La sensibilité et l'intelligence sont donc les facultés principales nécessaires à l'acteur, mais de plus il lui faut, indépendamment de la mémoire qui est son instrument indispensable, une taille et des traits à peu près convenables aux rôles qu'il est appelé à jouer ; il lui faut une voix qui puisse se moduler facilement, qui ait de la puissance et de l'accent. Je n'ai pas besoin de dire qu'une bonne éducation, l'étude de l'histoire, moins les événements que les mœurs des peuples et le caractère particulier des personnages historiques, le dessin même, peuvent venir encore fortifier les dons de la nature. »

Cependant à choisir entre la nature et l'étude, entre l'instinct et la réflexion, Talma préférerait encore les qualités originelles. Il se sépare ici absolument de Diderot, et, afin de mieux accuser cette divergence d'opinion, il emploie, pour lui répondre, les termes mêmes dont le philosophe s'était servi pour placer la tragédienne formée par le travail au-dessus de celle créée par la nature, mademoiselle Clairon au-dessus de mademoiselle Dumesnil.

« J'avoue que je préfère le jeu sublime au jeu parfait, répond Talma. Ainsi entre deux personnes destinées au théâtre, dont l'une aurait cette extrême sensibilité que j'ai définie plus haut, et l'autre une profonde intelligence, je préférerai sans contredit la première... Cependant, pour former un grand acteur, tel que Lekain, il faut la réunion de la sensibilité et de l'intelligence. »

C'était là l'idée favorite de Talma, et il y revient avec d'autant plus de complaisance que si elle lui semble établir la pleine supériorité de Lekain sur son entourage, elle lui paraît devoir affirmer d'autant mieux aux yeux de la postérité sa propre supériorité sur son prédécesseur. « Il faut avouer, dit-il pour conclure, Lekain eut quelques défauts; mais dans la littérature et les arts d'imitation, le génie est estimé en raison des beautés qu'il enfante, ses imperfections ne font pas partie de sa renommée; c'est la matière grossière qui serait tombée dans l'oubli sans l'excellence de ses plus nobles inspirations, et le souvenir de ses défauts ne se perpétue que dans la célébrité que lui ont value ses perfections. » La conclusion est excellente, et il était difficile qu'il en fût autrement, car le grand tragédien plaidait ici sa propre cause et il le fait avec une chaleur bien naturelle : il parle de Lekain, mais il pense à Talma.

Sur la question du costume comme sur celle de la déclamation, Lekain fit constamment preuve d'un goût sûr et d'une grande fermeté de jugement. A lui revient l'honneur d'avoir le premier, de concert avec Clairon, tenté et amené une réforme sérieuse dans les costumes de la Comédie Française. Son père, avons-nous dit, était orfèvre et s'était longtemps flatté de le voir lui succéder dans son commerce ; aussi, sans négliger aucunement son instruction, avait-il pris soin de lui donner d'excellents maîtres de dessin. Le jeune homme montrait de rares dispositions pour cet art et il y fit de rapides progrès qui ne furent pas perdus pour sa nouvelle carrière. Il dut à ces études d'être aussi familiarisé avec le dessin qu'avec l'histoire et d'apporter ainsi dans l'examen de la matière qu'il voulait réformer une compétence indiscutable, fondée sur des connaissances à la fois théoriques et pratiques.

Idolâtre de son art, Lekain y consacrait tout son temps, tous ses soins, toutes ses dépenses. Afin d'avoir des costumes d'une exactitude qu'il jugeait rigoureuse, il les dessinait lui-même et se privait de tout pour subvenir aux frais de sa garde-robe théâtrale, alors même que ses appointements étaient des plus médiocres. Il choisit le rôle d'Oreste dans *Andromaque* pour mettre à exécution son projet, et ce fut un grand événement dans les coulisses quand le tailleur apporta le nouvel habit que l'acteur avait imaginé et qui était bien différent de tout ce qu'on était habitué à voir. Plus grande encore fut la surprise du public, mais l'impression fut bonne en général, il n'en fallait pas tant pour décider le comédien à persévérer dans cette voie (1).

Non content de prêcher d'exemple, Lekain prétendit aussi faire des adeptes; mais il n'y réussit guère. Il reprochait souvent à son camarade Paulin, un acteur de talent auquel Voltaire osa bien confier le rôle de Polyphonte, mais qui réussit surtout dans les paysans, de ne pas mettre autant de vérité dans son costume que dans son jeu et de se montrer dans ses rôles de villageois avec les cheveux poudrés, le jabot et les manchettes. Il croyait enfin l'avoir persuadé à force de sermons, quand un jour qu'il entrait au foyer vêtu d'un costume tout à fait régulier et convenant à son rôle tragique : « Le bel habit grec que vous avez là! lui dit Paulin. Vous me le prêterez, je veux en avoir un absolument pareil pour la première pièce romaine que je jouerai. » A cette naïve exclamation, Lekain comprit qu'il perdrait son temps à prêcher son camarade et il lui fit grâce désormais de ses observations et de ses conseils.

Bientôt le grand tragédien ne craignit plus de choquer par sa hardiesse le goût timoré du siècle. Quel mouvement d'horreur dans la salle quand il parut dans Ninias les manches retroussées, les bras teints de sang et les yeux hagards! « Qui peut avoir oublié, dit Préville, son jeu ter-

(1) Dans sa *Théorie de l'art du comédien*, Aristippe Bernier, ancien pensionnaire de la Comédie-Française et élève de Talma, nous apprend que dans une vente après décès à Bordeaux, on vendit un des costumes tragiques de Lekain, celui qu'il s'était fait faire pour remplir le rôle de Mahomet, et que c'est un Anglais qui s'en rendit adjudicataire.

Henry Louis Lekain, Comédien ord.^e du Roy.
A débuté par le Rosle de Titus dans Brutus, le 14. Septembre 1750.
Et a été reçu le 24. Février 1752.

A Paris chés Petit rue du petit Pont à l'Image N. Dame

rible et animé dans le rôle d'Arsace dans la tragédie de *Sémiramis* de Voltaire, lorsque, sortant du tombeau de Ninus, le bras nu et ensanglanté, les cheveux épars, au bruit du tonnerre, à la lueur des éclairs, arrêté à la porte par la terreur, il lutte pour ainsi dire contre la foudre! » Voltaire même ne fut pas sans s'effrayer de tant d'audace et il communiqua ses craintes à d'Argental par sa lettre du 4 août 1756 : « On dit que Lekain s'est avisé de paraître au sortir du tombeau de sa mère, avec des bras qui avaient l'air d'être ensanglantés; cela est un tant soit peu anglais, et il ne faudrait pas prodiguer de pareils ornements. Voilà de ces occasions où l'on se trouve tout juste entre le sublime et le ridicule, entre le terrible et le dégoûtant. » Mais la désapprobation du poète arriva trop tard. Le juge souverain, le public, frappé de cette terrible mise en scène, avait approuvé et applaudi. « La réflexion et l'esprit de critique succédèrent un instant après à l'émotion, dit Noverre, mais il était trop tard; l'impression était faite, le trait lancé, l'acteur avait touché le but, et les applaudissements furent la récompense d'une action heureuse, mais hardie, qui sans doute aurait échoué, si un acteur subalterne et moins accueilli eût tenté de l'entreprendre. »

Voltaire aussi revint de cette opinion défavorable et, cédant à l'entraînement général, rendit pleine justice aux efforts de son tragédien favori. « Mon cher Lekain, lui écrit-il deux ans plus tard, le 4 août 1758, tout ce qui est aux Délices a reçu vos compliments et vous fait les siens, aussi bien qu'à tous vos camarades. Puisque vous osez enfin observer le costume, rendre l'action théâtrale et étaler sur la scène une pompe convenable, soyez sûr que votre spectacle acquerra une grande supériorité. Je suis trop vieux et trop malade pour espérer d'y contribuer; mais si j'avais encore la force de travailler, ce serait dans un goût nouveau, digne des soins que vous prenez et de vos talents. Je suis borné, à présent, à m'intéresser à vos succès. On ne peut y prendre plus de part ni être moins en état de les seconder. Je vous embrasse de tout cœur. » Ne semble-t-il pas que cette lettre, venant après un jugement assez sévère, empruntait à cette circonstance un plus vif accent d'affection, et n'était-elle pas bien faite pour consoler Lekain du blâme qu'il avait d'abord encouru ?

L'Orphelin de la Chine, représenté le 20 août 1755, marque l'apogée des réformes tentées par Lekain et mademoiselle Clairon. C'est là qu'ils mirent en commun leurs réflexions, leur expérience, leur savoir et qu'ils unirent leurs efforts pour frapper un coup décisif. Ils osèrent et ils réussirent. Au mois de mars de cette année, Lekain, cédant enfin aux instances de son protecteur qui l'invitait à lui rendre visite, avait fait le voyage des Délices pour en rapporter la nouvelle tragédie du maître, *l'Orphelin de la Chine*. « Un grand acteur est venu me trouver dans ma retraite, écrit Voltaire au duc de Richelieu le

2 avril, c'est Lekain, c'est votre protégé, c'est Orosmane, d'ailleurs le meilleur enfant du monde. Il a joué à Dijon, et il a enchanté les Bourguignons; il a joué chez moi, et il a fait pleurer les Génevois... Il ne tire pas plus de deux mille livres par an de la Comédie de Paris. On ne peut ni avoir plus de mérite, ni être plus pauvre. »

En lui confiant son œuvre nouveau-née, Voltaire avait dû munir Lekain des recommandations les plus minutieuses. Mais cela ne suffisait pas à rassurer sa sollicitude paternelle et, de sa retraite des Délices, il suivait avec un intérêt brûlant l'éclosion de son ouvrage tout en affectant à ce regard la plus complète indifférence. Dès le 11 juillet, il écrivait au duc de Richelieu, auquel il devait dédier sa tragédie : « ... Le second point est le rôle de Gengis donné à Lekain. Je ne me suis mêlé de rien que de faire comme j'ai pu *l'Orphelin de la Chine*, et de le mettre sous votre protection. Zamti le Chinois et Gengis le Tartare sont deux beaux rôles. Que Grandval et Lekain prennent celui qui leur conviendra; que tous deux n'aient d'autre ambition que de vous plaire; que M. d'Argental vous donne la pièce; que vous donniez vos ordres : voilà toute ma requête. »

Mais en même temps qu'il affichait un tel détachement du théâtre, il accablait de recommandations le pauvre d'Argental, *son cher ange*. « Vous voyez, lui écrit-il le 4 auguste, combien il est nécessaire que les deux magots soient joués vite et bien; mais comment Sarrazin peut-il se charger de Zamti? est-ce là le rôle d'un vieillard? On n'entendra pas Lekain. Sarrazin joue en capucin. Serai-je victime de l'orgueil de Grandval, qui ne veut pas s'abaisser à jouer Zamti ? Mon divin ange, je m'en remets à vous; mais si mes magots tombent, je suis enterré. » Et neuf jours plus tard : « ... M. de Richelieu me mande qu'il faut que Grandval joue dans la pièce. Très volontiers, lui dis-je, je ne me mêle de rien; que Lekain et Grandval s'étudient à vous plaire, c'est leur devoir. »

Le même jour, il écrit à madame de Fontaine pour la remercier de toute la peine qu'elle se donnait pour les magots de la Chine. « Ma chère nièce, vous êtes charmante. Vous courez avec votre mauvaise santé aux Invalides, pour des Chinois. Tout Pékin est à vos pieds. Je me flatte qu'on jouera la pièce telle que je l'ai faite, et qu'on n'y changera pas un mot. J'aime infiniment mieux la savoir supprimée qu'altérée. »

Mais le moment critique approche et le malin vieillard d'accuser à l'avance les manœuvres de l'envie. Son ouvrage était déjà joué à Paris, que lui, encore ignorant du résultat, mandait à Thieriot le 23 août : « Quant à mes cinq magots de la Chine, je les crois très-mal placés sur le théâtre de Paris, et je n'en attends pas plus de succès que je n'en attends de reconnaissance des comédiens à qui j'ai fait présent de la pièce. Il y a longtemps que j'ai affaire à l'ingratitude et à l'envie. Je fuis les hommes, et je m'en trouve bien ; j'aime mes amis, et je m'en trouve encore mieux. Je voudrais vous revoir avant d'aller voir Pascal et Rabelais, et *tutti quanti* dans l'autre monde. »

Cependant, fidèles à leur alliance, Lekain et Clairon, chargés des rôles de Gengis-Kan et d'Idamé, surveillaient activement la mise en scène de l'ouvrage et le dessin de leurs costumes. Voltaire s'en rapportait à eux de ces soins artistiques, il les encourageait dans leur tentative ; il faisait mieux, il leur abandonnait ses droits d'auteur pour subvenir aux dépenses qu'occasionnait ce luxe inusité de décors et de costumes. « J'ai reçu, mon grand acteur, écrit-il à Lekain le 4 juin, le dessin de la décoration chinoise. Comment voulez-vous que je renvoie un morceau dont je suis si content et qui vaut mieux que la pièce ? Je veux le garder, le payer. Si la pièce, malgré sa faiblesse, peut réussir, on en aura un peu l'obligation aux décorateurs, aux tailleurs, beaucoup aux acteurs, et nulle à l'auteur. Je souhaiterais que la part, qu'on nomme d'auteur, se partageât entre vous et ceux qui sont chargés des principaux rôles (1). »

(1) Voltaire abandonna en effet aux acteurs ce qui lui revenait des représentations de son ouvrage. « Je vous suis très obligé de votre souvenir, mon grand acteur, et du soin que vous prenez d'embellir votre rôle de Tartare. J'avais mis expressément, pour condition du présent que je fais à vos camarades, qu'on payerait les dépenses de votre habillement » (6 septembre 1755). — Tous ces détails sur les costumes démentent en partie une lettre que Voltaire écrivit à Dumarsais au mois d'octobre, lettre où il lui disait : « Si les Français n'étaient pas si Français, mes Chinois auraient été plus Chinois, et Gengis encore plus

Enfin le jour de la représentation arriva : l'ouvrage ne reçut qu'un assez froid accueil, mais en revanche les deux acteurs obtinrent un brillant succès qui n'était que la juste récompense de leurs travaux et de leurs études. Si grands soins qu'ils eussent pris pour donner à leurs vêtements la coupe et le caractère des habits chinois, l'intention valait certainement mieux que l'exécution, mais enfin ils avaient fait preuve de goût et de bon sens : n'en était-ce pas assez pour obtenir la faveur d'un public qui ne pouvait guère juger d'après nature de l'exactitude de ces chinoiseries (1).

La nouvelle du succès parvint rapidement aux Délices; mais Voltaire, fidèle à son rôle, semble, au reçu de cette lettre, se désintéresser encore plus de sa chère tragédie. « Mon divin ange, écrit-il à d'Argental le 29 août, je reçois votre lettre du 21 : je commence par les pieds de madame d'Argental, et je les baise, avec votre permission, enflés ou non. J'espère même qu'ils pourront la conduire à la Chine, et qu'elle entendra Lekain; ce qui est, dit-on, très-difficile. On prétend qu'il a joué un

---

Tartare. Il a fallu appauvrir mes idées, et me gêner dans le costume, pour ne pas effaroucher une nation très frivole qui rit sottement, et qui croit rire gaiement, de tout ce qui n'est pas dans ses mœurs, ou plutôt dans ses modes. »

(1) « Il n'est pas indifférent, dit Grimm, de remarquer que dans la tragédie de *l'Orphelin de la Chine*, nos actrices ont paru pour la première fois sans paniers. M. de Voltaire a abandonné sa part d'auteur au profit des acteurs pour leurs habits. Il faut espérer que la raison et le bon sens triompheront avec le temps de tous ces ridicules usages qui s'opposent à l'illusion et aux prestiges d'un spectacle tel qu'il doit être chez un peuple éclairé. » (15 septembre 1755.)

beau rôle muet, mais, mon cher et respectable ami, je ne suis touché que de vos bontés; je les sens mille fois plus vivement que je ne sentirais le succès le plus complet. Les magots chinois iront comme ils pourront; on les brisera, on les cassera, on les mettra sur sa cheminée ou dans sa garde-robe, on en fera ce qu'on voudra; mon cœur est flétri, mon esprit lassé, ma tête épuisée. »

Mais, comme l'auteur se réveille à la moindre attaque, avec quelle ironie il *demande en grâce* à mademoiselle Clairon de rétablir quelques vers qu'elle avait modifiés ou même supprimés dans l'ouvrage *dont elle fait tout le succès!* Comme il sait recouvrir ses mordantes critiques d'un précieux éloge! « J'ai beaucoup d'obligations, mademoiselle, à M. et à Madame d'Argental; mais la plus grande est la lettre que vous avez eu la bonté de m'écrire. J'ai fait ce que j'ai pu pour mériter leur indulgence, et je voudrais bien n'être pas tout à fait indigne de l'intérêt qu'ils ont daigné prendre à mon faible ouvrage, et des beautés que vous lui avez prêtées; mais à mon âge on ne fait pas ce que l'on veut. Vous avez affaire, dans cette pièce, à un vieil auteur et à un vieux mari, et vous ne pouvez échauffer ni l'un ni l'autre (1). » Une fois passé ce moment d'humeur, Voltaire était trop bon juge pour ne pas rendre justice aux

---

(1) Lettre à mademoiselle Clairon, du 8 octobre 1755.

mérites de la tragédienne. « Faites comme il vous plaira avec votre *Orphelin*, écrit-il peu de jours après à d'Argental, il n'a de père que vous, il me faudrait un peu de temps pour le retoucher à ma fantaisie... Les petits changements que je ferais à présent ne produiraient pas grand effet. C'est mademoiselle Clairon qui établit tout le succès de la pièce. On dit que Lekain a joué à Fontainebleau plus en goujat qu'en Tartare, qu'il n'est ni noble, ni amoureux, ni terrible, ni tendre, et que Sarrazin a l'air d'un vieux sacristain de pagode (1). »

La tragédie n'avait eu que neuf représentations à l'origine : elle avait été interrompue par une indisposition de Lekain, mais elle reparut au mois de septembre. Collé la vit alors et en rendit compte en ces termes : « J'ai vu *l'Orphelin*, j'y ai pleuré au second et au cinquième acte. Mademoiselle Clairon m'a paru mériter encore plus de louanges qu'on ne lui en donne, quoiqu'elles m'eussent semblé exagérées quand on m'en parla; c'est donc, je crois, l'actrice et non la pièce qui m'a ému. Cette tragédie est mauvaise, et je ne rabats rien de ce

(1) Cette appréciation de Voltaire sur Lekain tranche par sa sévérité sur les louanges qu'il avait l'habitude de lui décerner. Lekain, du reste, paraît avoir mérité ce jugement et c'est de Voltaire qu'il apprit à modifier son jeu, à modérer son énergie *tartarienne*, lorsqu'il alla plus tard passer quelques jours à Ferney. Lui-même en convient modestement dans une lettre fort intéressante qui se trouve dans ses *Mémoires*. « ... Je rejouai le rôle à ma rentrée, dit-il pour finir. Une de mes camarades, à qui ma première erreur n'avait pas échappé, ne put dissimuler son étonnement sur le nouvel effet que j'y produisis, et dit à quelques personnes : « On voit bien qu'il revient de Ferney. » Sans examiner le motif qui dictait cet éloge, je n'y fus pas moins sensible. »

que j'en ai dit ; mais la comédienne est admirable ; elle acquiert tous les jours, elle se défait peu à peu de sa déclamation, et marche à grands pas au jeu naturel : si elle continue, elle atteindra l'art de la Lecouvreur. Les progrès qu'elle a faits sont trop marqués et trop étonnants pour n'en pas attendre d'autres ; peut-être en doit-on espérer la perfection. Au retour de Fontainebleau cette tragédie a été remise, et a eu à cette reprise neuf représentations. J'oubliais de dire que les Comédiens ont fait quelques dépenses pour cette pièce que Voltaire leur a donnée. Ils ont fait peindre une décoration, ou pour mieux dire un palais dans le goût chinois ; ils ont aussi observé le costume dans leurs habillements ; les femmes étaient en habits chinois et sans paniers, sans manchettes et les bras nus. Clairon a affecté même d'avoir des gestes pour ainsi dire étrangers, mettant souvent une main ou toutes les deux sur les hanches, tenant sur le front pendant des moments son poing fermé, etc. Les hommes, suivant leurs rôles, étaient vêtus en Tartares ou en Chinois ; cela était bien. »

Ces deux artistes novateurs méritaient de recevoir mieux qu'un éloge de circonstance pour la louable réforme qu'ils avaient tentée et dont ils avaient au moins posé les premiers jalons s'ils n'avaient pu la mener, du premier coup, au point de perfection désirable. Il était juste que l'un et l'autre reçussent l'approbation de juges illustres pour témoigner du bien fondé de leur tentative et de leur courageuse action. C'est ce qui arriva, et cette consécration définitive de leurs efforts simultanés fut accordée à Clairon par Diderot, à Lekain par Talma.

C'est dans son traité de la *Poésie Dramatique*, dédié à Grimm, que l'auteur du *Paradoxe sur le Comédien*, abordant la question si délicate des vêtements au théâtre, fait l'éloge le plus chaleureux de mademoiselle Clairon tout en s'élevant contre le faste dans les costumes ou les décors et fait appel au goût, au génie de la grande tragédienne pour arrêter cette profusion de dorure et de clinquant, cet envahissement du luxe qui pourrait ruiner à jamais le théâtre français en subordonnant le plaisir élevé du cœur et de l'esprit aux jouissances matérielles, à l'éblouissement des yeux.

> Le faste gâte tout. Le spectacle de la richesse n'est pas beau. La richesse a trop de caprices; elle peut éblouir l'œil, mais non toucher l'âme. Sous un vêtement surchargé de dorure, je ne vois jamais qu'un homme riche, et c'est un homme que je cherche. Celui qui est frappé des diamants qui déparent une belle femme, n'est pas digne de voir une belle femme.
>
> La comédie veut être jouée en déshabillé. Il ne faut pas être sur la scène ni plus apprêté ni plus négligé que chez soi.
>
> Si c'est pour le spectateur que vous vous ruinez en habits, acteurs, vous n'avez point de goût, et vous oubliez que le spectateur n'est rien pour vous.
>
> Plus les genres sont sérieux, plus il faut de sévérité dans les vêtements.
>
> Quelle vraisemblance qu'au moment d'une action tumultueuse, des hommes aient eu le temps de se parer comme dans un jour de représentation ou de fête?
>
> Dans quelles dépenses nos comédiens ne se sont-ils pas jetés pour la représentation de *l'Orphelin de la Chine*? Combien ne leur en a-t-il pas

coûté pour ôter à cet ouvrage une partie de son effet? En vérité, il n'y a que des enfants, comme on en voit s'arrêter ébahis dans nos rues lorsqu'elles sont bigarrées de tapisseries, à qui le luxe des vêtements de théâtre puisse plaire. O Athéniens, vous êtes des enfants !

De belles draperies simples, d'une couleur sévère, voilà ce qu'il fallait, et non tout votre clinquant et toute votre broderie. Interrogez encore la Peinture là-dessus. Y a-t-il parmi nous un artiste assez Goth, pour vous montrer sur la toile aussi maussades et aussi brillants que nous vous avons vus sur la scène?

Acteurs, si vous voulez perdre le faux goût du faste et vous rapprocher de la simplicité qui conviendrait si fort aux grands effets, à votre fortune et à vos mœurs, fréquentez nos galeries.

S'il venait jamais en fantaisie d'essayer *le Père de famille* au théâtre, je crois que ce personnage ne pourrait être vêtu trop simplement. Il ne faudrait à Cécile que le déshabillé d'une fille opulente. J'accorderais, si l'on veut, au commandeur un galon d'or uni, avec la canne à bec de corbin. S'il changeait d'habit entre le premier acte et le second, je n'en serais pas étonné de la part d'un homme aussi capricieux. Mais tout est gâté, si Sophie n'est pas en siamoise, et madame Hébert comme une femme du peuple aux jours de dimanche. Saint-Albin est le seul à qui son âge et son état me feront passer au second acte de l'élégance et du luxe. Il ne lui faut au premier acte qu'une redingote de peluche sur une veste d'étoffe grossière.

Le public ne sait pas toujours désirer le vrai. Quand il est dans le faux, il peut y rester des siècles entiers ; mais il est sensible aux choses naturelles, et lorsqu'il en a reçu l'impression, il ne la perd jamais entièrement.

Une actrice courageuse vient de se défaire du panier; et personne ne l'a trouvé mauvais. Elle ira plus loin, j'en réponds. Ah! si elle osait un jour se montrer sur la scène avec toute la noblesse et la simplicité d'ajustement que ses rôles demandent! disons plus, dans le désordre où doit jeter un événement aussi terrible que la mort d'un époux, la perte d'un fils, et les autres catastrophes de la scène tragique, que deviendraient autour d'une femme échevelée, toutes ces poupées poudrées, frisées, pomponnées? Il faudrait bien que tôt ou tard elles se missent à l'unisson. La nature, la nature! On ne lui résiste pas. Il faut ou la chasser ou lui obéir.

O Clairon! c'est à vous que je reviens! Ne souffrez pas que l'usage et le préjugé vous subjuguent. Livrez-vous à votre goût et à votre génie; montrez-nous la nature et la vérité; c'est le devoir de ceux que nous aimons, et dont les talents nous ont disposés à recevoir tout ce qu'il leur plaira d'oser.

Pour Lekain, c'est Talma qui lui décerne un éloge d'autant plus précieux qu'il est plus réfléchi et qu'il montre mieux tous les inconvénients que présentait cet usage des vêtements de fantaisie, tous les avantages résultant de l'adoption de costumes copiés d'aussi près que possible sur des modèles vrais. Talma loue bien Lekain avec l'arrière-pensée de se faire attribuer le mérite incomparable d'avoir parfait une réforme simplement ébauchée par son prédécesseur; mais ce désir même qu'on rende hommage à ses propres efforts, fait qu'il rend justice à ceux de Lekain et qu'il exalte les bienfaits de cette tentative avec toute la chaleur d'un homme persuadé qu'une bonne partie des éloges qu'il accorde à autrui rejaillira sur lui-même.

On portait alors le goût des belles manières dans les situations les plus tragiques, et jusque dans la mort même. L'Iphigénie de Racine refuse les secours d'Achille et de sa mère, et semble ne vouloir rien éprouver de l'émotion naturelle à une jeune fille qui va mourir. Euripide, qui n'avait pas ces sortes de convenances à observer, s'est bien gardé de donner une résignation si composée à son Iphigénie; mais Racine aurait cru dégrader la sienne en lui donnant la peur de la mort. Une princesse sous l'empire de l'étiquette devait toujours soutenir sa dignité, même dans les moments où la nature reprend le plus ses droits. Ce grand génie dut encore, en cette circonstance, fléchir sous la puissance des idées reçues.

Il faut encore reporter à cette cause le peu de progrès qu'a fait le costume du temps de Lekain. Il avait sans doute regardé la fidélité du costume comme une chose fort importante; on le voit par les efforts qu'il fit pour le rendre moins ridicule qu'il n'était alors; en effet, la vérité dans les habits comme dans les décorations augmente l'illusion théâtrale, transporte les spectateurs au siècle et au pays où vivaient les personnages représentés. Cette fidélité fournit même à l'acteur les moyens de donner une physionomie particulière à chacun de ses rôles.

Mais une raison bien plus grave encore me fait regarder comme véritablement coupables les acteurs qui négligent cette partie de leur art. Le théâtre doit offrir à la jeunesse en quelque sorte un cours d'histoire vivante, et cette négligence ne la dénature-t-elle pas à ses yeux? N'est-ce pas lui donner des notions tout à fait fausses sur les habitudes des peuples et sur les personnages que la tragédie fait revivre? Je me rappelle très bien que, dans mes jeunes années, en lisant l'histoire, mon imagination ne se représentait jamais les princes et les héros que comme je les avais vus au théâtre (1). Je me figurais Bayard élégamment vêtu d'un habit couleur de chamois, sans barbe, poudré, frisé comme un petit-maître du dix-huitième siècle. Je voyais César serré dans un bel habit de satin blanc, la chevelure flottante et réunie sous des nœuds de rubans. Si parfois l'acteur rapprochait son costume du vêtement antique, il en faisait disparaître la simplicité sous une profusion de broderies ridicules; et je croyais les tissus de velours et de soie aussi communs à Athènes et à Rome qu'à Paris ou à Londres.

Lekain ne parvint à faire disparaître qu'en partie le ridicule des vêtements que l'on portait alors au théâtre sans pouvoir établir ceux qu'on y devait porter. A cette époque, cette sorte de science était tout à fait ignorée, même des peintres. Les statues, les manuscrits anciens ornés de miniatures, les monuments existaient comme aujourd'hui, mais on ne les consultait pas. C'était le temps des Boucher et des Vanloo, qui se

(1) Goethe exprime la même pensée au livre I de ses *Mémoires* : « C'est là que j'appris à connaître Homère, mais par une traduction en prose, qui se trouve dans la septième partie de la nouvelle collection des voyages les plus remarquables, formée par M. de Loen, sous ce titre : *Description de la conquête du royaume de Troie par Homère*. Elle était ornée de gravures dans le goût du théâtre français. Ces figures me faussèrent tellement l'imagination, que je fus longtemps à ne pouvoir me représenter les héros d'Homère autrement que sous ces images. »

gardaient bien de suivre l'exemple de Raphaël et du Poussin dans l'agencement de leurs draperies. Ce n'est que lorsque notre célèbre David parut, qu'inspirés par lui, les peintres et les sculpteurs, et surtout les jeunes gens parmi eux, s'occupèrent de ces recherches.

Lié avec la plupart d'entre eux, sentant toute l'utilité dont cette étude pouvait être au théâtre, j'y mis une ardeur peu commune. Je devins peintre à ma manière; j'eus beaucoup d'obstacles et de préjugés à vaincre, moins de la part du public que de la part des acteurs; mais enfin le succès couronna mes efforts, et sans craindre que l'on m'accuse de présomption, je puis dire que mon exemple a eu une grande influence sur tous les théâtres de l'Europe. Lekain n'aurait pu surmonter tant de difficultés : le moment n'était pas venu. Aurait-il hasardé les bras nus, la chaussure antique, les cheveux sans poudre, les longues draperies, les habits de laine? eût-il osé choquer à ce point les convenances du temps? Cette mise sévère eût alors été regardée comme une toilette fort malpropre, et surtout fort peu décente. Lekain a donc fait tout ce qu'il pouvait faire, et le théâtre lui en doit de la reconnaissance. Il a fait le premier pas, et ce qu'il a osé nous fait oser davantage.

Tant d'éloges se résument dans cette parole de Collé : « Cela était bien. » Ce seul mot exprime l'opinion générale; les spectateurs de l'époque jugèrent que « cela était bien », et ils applaudirent à cette innovation. Ce *bien* relatif et qui devait si rapidement s'améliorer, existait par la seule volonté, par l'effort commun de deux artistes. Les contemporains leur ont accordé des encouragements pour le service signalé qu'ils venaient de rendre à l'art théâtral; la postérité a confirmé ces louanges et réuni dans un même hommage les noms de Lekain et de Clairon, comme le faisait Voltaire, écrivant dans la préface de sa tragédie des *Scythes* : « Qui aurait osé, avant mademoiselle Clairon, jouer dans *Oreste* la scène de l'urne comme elle l'a jouée ? Qui aurait imaginé de peindre ainsi la nature, de tomber évanouie, tenant l'urne d'une main, en laissant l'autre descendre immobile et sans vie ? Qui aurait osé, comme M. Lekain, sortir, les bras ensanglantés, du tombeau de Ninus, tandis que l'admirable actrice (mademoiselle Dumesnil) qui représentait Sémiramis se traînait mourante sur les marches du tombeau même ? Voilà ce que les petits-maîtres et les petites-maîtresses appelèrent d'abord des postures, et ce que les connaisseurs, étonnés de la perfection inattendue de l'art, ont appelé des tableaux de Michel-Ange. »

CHAPITRE VI

MADAME FAVART A LA COMÉDIE ITALIENNE
LES TROIS SULTANES, 1761

Le commencement du siècle dernier vit naître en France un nouveau genre de pièce qui dut ses rapides progrès au goût naturel du peuple pour la musique et les chansons : l'opéra-comique. A cette époque, ce n'était encore que le théâtre de la Foire, humble tributaire de l'Opéra et de la Comédie Française, qui, en attendant de rompre une à une ses entraves et de se réunir, pour l'absorber, à la Comédie Italienne, n'était qu'un misérable spectacle, bien au-dessous des Bouffes italiens, d'un degré au-dessus de Polichinelle. Durant de longues années, l'existence des théâtres forains fut des plus précaires : leur humble origine n'avait pu les soustraire à l'envie des scènes privilégiées. Qu'ils eussent l'audace de réussir, ils se trouvaient aussitôt en butte aux persécutions de l'Opéra et des deux Comédies qui, à la fois juges et parties, se donnaient inévitablement gain de cause et, suivant la gravité des torts de leurs ennemis (leur seul tort, c'était le succès), faisaient fermer, briser ou même brûler leurs dangereuses baraques.

Mais les adroits compères ne se tenaient jamais pour battus : au moindre coup qui les frappait, ils courbaient la tête pour se relever plus fiers. Leur défendait-on de parler, ils chantaient; de jouer des pièces à intrigue, ils jouaient des scènes; de donner des scènes dialoguées, ils représentaient des monologues. Enfin, quand on en vient à les priver de cette dernière ressource, ils inventent les pièces *à la muette*. Alors furent imaginés les écriteaux, qui descendaient du cintre ou que l'acteur sortait de sa poche et sur lesquels on voyait écrit ce que le personnage devait dire. Ce fut aussi là l'origine des *couplets* : l'orchestre joue l'air, l'acteur gesticule, des gens gagés, placés à l'orchestre, chantent les paroles; et le public de faire chorus, narguant à l'envi Parlement et Opéra, Comédies Française et Italienne, arrêts et priviléges.

Cette guerre de la ruse et de l'intelligence contre la force devait prendre fin; elle se termina à la joie générale par la victoire du théâtre de la Foire : le 20 décembre 1751, Monnet obtint l'agrément du roi pour le rétablissement de l'Opéra-Comique. Près de deux ans plus tard (30 juillet 1753) paraissait à son théâtre, grâce à un adroit subterfuge, le premier opéra-comique digne de ce nom, *les Troqueurs*, de Vadé et Dauvergne (1). Ce jour-là, la comédie à ariettes en musique nouvelle prenait possession définitive de la scène foraine. Après Monnet, Corbi et Moët surent imprimer un élan irrésistible à ce nouveau genre de spectacle : en 1757, Duni faisait représenter *le Peintre amoureux de son modèle*, puis l'année suivante, *le Docteur Sangrado* et *la Fille mal gardée*. De leur côté, Philidor et Monsigny préludaient à des œuvres plus considérables en donnant, l'un *Blaise le savetier*, l'autre *les Aveux indiscrets*, sous le voile de l'anonyme. Et tous deux, poursuivant le cours de leurs succès, faisaient représenter, en 1760, le premier *le Soldat magicien*, le second *le Maître en droit* et *le Cadi dupé*. A cette date Duni, Philidor et Monsigny régnaient en maîtres sur la nouvelle scène musicale.

De leur côté, les Italiens n'avaient rien négligé pour amener la foule à leur théâtre. Après avoir joué la *Mérope* de Maffei en italien, après avoir remporté un brillant succès avec la comédie d'Autreau, *le Port-à-l'Anglais*, après avoir donné des vaudevilles, parodies ou comédies signés des noms aimés de Delisle, de Saint-Foix, de Marivaux, de Favart, ils avaient aussi sacrifié au goût du jour et adopté le genre de l'opéra-comique. Plus tard enfin, en 1754, lors du départ des

(1) *Mémoires* de J. Monnet, t. II, chap. III.

bouffons italiens qui firent florès à l'Opéra, un maître répétiteur au collège Louis-le-Grand, Pierre Baurans, avait eu l'idée de traduire en français le gracieux intermède de Pergolèse, *la Servante maîtresse*, et d'adapter aux paroles françaises la musique italienne. Les Italiens s'empressèrent de représenter cet ouvrage : la réussite en fut complète et l'honneur en revint pour une bonne part aux interprètes, Rochard, un excellent Pandolphe, et madame Favart, la Zerbine la plus accorte et la plus tentante qui se pût voir, au moins autant qu'aux petites mélodies de Pergolèse.

En l'année 1761, les deux scènes rivales venaient de remporter chacune d'éclatants succès, l'une avec la comédie galante de Favart, *les Trois Sultanes*, l'autre avec les gais opéras-comiques de Philidor et de Monsigny, *le Maréchal ferrant* et *On ne s'avise jamais de tout*. Mais, quoi qu'elle fît et bien qu'elle possédât la plus charmante actrice de Paris, madame Favart, la Comédie Italienne reconnut qu'elle ne pouvait lutter avec avantage contre la vogue croissante de l'Opéra-Comique. A bout de forces, elle résolut de frapper un coup décisif et de faire fermer le théâtre qui lui faisait une si redoutable concurrence. L'occasion se présenta bientôt. Les nouveaux ouvrages de Philidor et de Monsigny étaient tellement goûtés du public, que la cour désira les connaître et les fit représenter à Versailles ; mais les acteurs forains ne furent pas jugés dignes de paraître devant la royale assemblée, et l'on fit jouer leurs rôles par des acteurs de l'Opéra et des Italiens. Ceux-ci profitèrent, pour appuyer leurs prétentions, du succès qu'ils obtinrent avec les pièces de la troupe rivale, et demandèrent qu'une décision royale leur adjoignît les acteurs et le répertoire de l'Opéra-Comique. La discussion soulevée par cette demande prit bientôt des proportions inattendues, la ville et la cour s'en émurent, le grand conseil des dépêches se réunit par deux fois pour prendre une décision à ce sujet, l'archevêque de Paris, M. de Jarente, intervint aussi pour défendre l'indépendance des forains dont les brillantes recettes lui fournissaient un bon revenu pour les pauvres; bref, le roi décida la réunion des deux théâtres (1). Elle eut lieu le 2 février 1762, dans la salle des Italiens, rue Mauconseil. Jamais ceux-ci n'avaient vu pareille foule assiéger leur théâtre; des flots de curieux débordaient dans toutes les rues voisines. Le spectacle commença par un à-propos d'Anseaume, *la Nouvelle Troupe*, puis on représenta *Blaise le savetier* et *On ne s'avise jamais de tout* : Philidor et Monsigny prenaient ainsi possession de leur nouveau domaine.

La véritable souveraine de ce royaume était madame Favart, l'incomparable actrice de la Comédie-Italienne… Mais n'essayons pas de tracer le portrait de cette char-

---

(1) On trouvera racontés tout au long, dans le *Journal* de Favart, les débats de cette importante affaire. Un des plus intéressés dans la question, Favart en parle en parfaite connaissance de cause.

mante actrice, laissons parler son mari : nul ne saurait mieux que lui faire l'éloge de sa chère Justine.

Marie-Justine-Benoîte Duronceray naquit à Avignon le 15 juin 1727, sur la paroisse Saint-Agricole. Elle était fille d'André-René Duronceray, ancien musicien de la chapelle de Sa Majesté, et depuis musicien du feu roi Stanislas, et de Perrette-Claudine Bied, aussi musicienne de la chapelle du roi de Pologne. Ce prince, qui s'intéressait au bonheur de tous ceux qui l'environnaient, eut la bonté de contribuer lui-même à l'éducation de la petite Duronceray, qui s'annonçait déjà par des talents prématurés. Les plus habiles maîtres la formèrent pour la danse, la musique, les différents instruments et les éléments de la langue. En 1744, sa mère obtint un congé du roi Stanislas pour venir à Paris. Mademoiselle Duronceray parut à l'Opéra-Comique, à la foire Saint-Germain, sous le nom de mademoiselle Chantilly, première danseuse du roi de Pologne. Elle débuta par le rôle de Laurence qu'elle joua d'original dans une pièce intitulée *les Fêtes publiques*, faite à l'occasion du premier mariage de feu monseigneur le Dauphin. Elle eut beaucoup de succès tant dans la danse que dans le chant et le dialogue.

Cette même année l'Opéra-Comique fut entièrement supprimé, parce que ses progrès alarmaient les autres spectacles. Le sieur Favart, qui était alors directeur général de l'Opéra-Comique pour le compte de l'Académie royale de musique, obtint une permission de donner un spectacle pantomime à la foire Saint-Laurent, sous le nom de *Matheus*, danseur anglais, toujours pour le compte du grand Opéra, afin de remplir les engagements que l'on avait pris avec les acteurs de l'Opéra-Comique. Mademoiselle Chantilly et mademoiselle Gobé en firent la réussite par la façon dont elles exécutèrent une pantomime en un acte, intitulée *les Vendanges de Tempé* (1). Sur la fin de la même année, au mois de décembre, mademoiselle Chantilly épousa le sieur Favart, qu'elle suivit à Bruxelles, parce qu'il était chargé de la direction du spectacle de cette ville. Ce fut là que ses talents se développèrent, talents dangereux qui lui attirèrent, ainsi qu'à son mari, les plus cruelles persécutions de la part de ceux qui devaient les protéger. Ils aimèrent mieux, pour

(1) Cet ouvrage de Favart a été joué le 28 août 1745. Voir dans le *Dictionnaire des théâtres* le scénario et les airs de cette pantomime.

s'y soustraire, sacrifier toute leur fortune; ce qu'ils exécutèrent, après avoir satisfait à tous les engagements et payé les dettes de la direction.

Madame Favart vint donc à Paris et débuta au Théâtre-Italien le 5 août 1749. Il n'y a point eu d'exemple d'un plus grand succès; mais les persécutions se renouvelèrent et l'empêchèrent de continuer son début; enfin, elle en triompha, et l'année suivante elle reparut sur le même théâtre, le 18 janvier, avec encore plus d'avantage; elle fut reçue d'abord à part entière (faveur assez rare, et qu'elle ne devait qu'à ses propres talents) (1). Une gaieté franche et naturelle rendait son jeu agréable et piquant : elle n'eut point de modèles, et en servit. Propre à tous les caractères, elle les rendait avec une vérité surprenante. Soubrettes, amoureuses, paysannes, rôles naïfs, rôles de caractère, tout lui devenait propre; en un mot, elle se multipliait à l'infini, et l'on était

---

(1) Empruntons aux frères Parfaict quelques détails qui compléteront la notice de Favart, ici un peu concise : « Le mardi 5 août 1749, madame Favart parut au Théâtre-Italien, et joua, dans l'acte des *Débuts*, l'actrice débutante; ensuite le rôle de Marianne dans la comédie de *l'Épreuve*, et dansa dans le ballet qui suivit ces deux pièces. On ne doit pas oublier le ballet des *Savoyards**, où elle dansa et chanta une chanson savoyarde-française de la composition du sieur Favart; mademoiselle Favart continua son début jusqu'au voyage de Fontainebleau, avec tout le succès qu'elle méritait. Le lundi 26 août 1751, la demoiselle Favart reparut au Théâtre-Italien, et joua les principaux rôles dans la parodie des *Amants inquiets*; elle continua dans d'autres pièces, et entre autres dans *les Indes dansantes, les Amours champêtres, les Vœux accomplis*, comédie en vers libres et un acte, au sujet de la naissance de monseigneur le duc de Bourgogne; et enfin dans *l'Embarras des richesses*, où elle représentait le rôle de Chloé, avec toutes les grâces et la précision possibles.... Au mois de janvier 1752, la demoiselle Favart fut reçue dans la troupe avec l'expectative d'une part entière, dont elle est entrée en jouissance à Pâques de la même année, par la retraite de la demoiselle Flaminia Riccoboni. » (*Dictionnaire des théâtres*.)

* *Les Savoyards*, ballet de De Hesse, 30 août 1749. Le vaudeville que chantait madame Favart était, non de son mari, mais de Collé, qui en parle dans son *Journal* (septembre 1749). — « Madame Favart, disent les frères Parfaict, le rendait avec des grâces si naïves qu'il n'y a que ceux qui l'ont entendue qui s'en puissent faire une idée. La mode de la musique italienne a jeté madame Favart dans une nouvelle carrière qui ne lui fait pas moins d'honneur, et où le public doit lui tenir compte du travail assidu qu'elle est maintenant obligée de joindre aux dons de la nature. »

étonné de lui voir jouer, le même jour, dans quatre pièces différentes, des rôles entièrement opposés. *La Servante maîtresse, Bastien et Bastienne, Ninette à la cour, les Sultanes, Annette et Lubin, la Fée Urgèle, les Moissonneurs,* etc., ont prouvé qu'elle saisissait toutes les nuances, et que n'étant jamais semblable à elle-même, elle se transformait et paraissait réellement tous les personnages qu'elle représentait : elle imitait si parfaitement les différents idiomes et dialectes, que les personnes dont elle empruntait l'accent la croyaient leur compatriote.

Au retour d'un voyage de Lorraine, elle fut arrêtée aux barrières de Paris, vêtue d'une robe de perse : on en trouva deux autres dans ses coffres. Ces étoffes étaient alors sévèrement prohibées. On voulut les saisir; mais elle eut la présence d'esprit de dire, dans un baragouin moitié français, moitié allemand, qu'elle était étrangère, qu'elle ne savait pas les usages de France, et qu'elle s'habillait à la façon de son pays. Elle persuada si bien, que le premier commis de la barrière, qui était resté plusieurs années en Allemagne, prit sa défense, la laissa passer, et lui fit beaucoup d'excuses. Ce fut elle qui, la première, observa le costume; elle osa sacrifier les agréments de la figure à la vérité des caractères. Avant elle, les actrices qui représentaient des soubrettes, des paysannes, paraissaient avec de grands paniers, la tête surchargée de diamants, et gantées jusqu'au coude. Dans *Bastienne* (1), elle mit un habit de laine, tel que les villageoises le portent; une chevelure plate, une simple croix d'or, les bras nus et des sabots. Cette nouveauté déplut à quelques critiques du parterre; mais Voisenon les fit taire, en disant : « Messieurs, ces sabots-là donneront des souliers aux comédiens. »

(1) *Les Amours de Bastien et Bastienne,* parodie du *Devin du village,* par Favart, donnée aux Italiens le 26 septembre 1753, sous le nom de sa femme qui jouait Bastienne. Bastien et Colas étaient représentés par Rochard et Chanville. On grava les vers suivants au bas du portrait de Bastienne :

> L'Amour, sentant un jour l'impuissance de l'art,
> De Bastienne emprunta les traits et la figure,
> Toujours simple, suivant pas à pas la nature,
> Et semblant ne devoir ses talents qu'au hasard.
> On démêlait pourtant la mine d'une espiègle
> Qui fait des tours, se cache afin d'en rire à part,
> Qui séduit la raison, et qui la prend pour règle.
> Vous voyez son portrait sous les traits de Favart.

Dans la comédie des *Sultanes* (1), on vit, pour la première fois, les véritables habits des dames turques; ils avaient été fabriqués à Constantinople, avec des étoffes du pays. Cet habillement, tout à la fois décent et voluptueux, trouva encore des contradicteurs.

Lorsqu'on donna la parodie des *Indes galantes* (2) à la cour, il fallut que madame Favart y parût sous le costume ridicule et fantastique que

(1) *Soliman II ou les Trois Sultanes*, de Favart, parut au Théâtre-Italien le 9 avril 1761. Le *Mercure* accorde « un éloge particulier à l'attention exacte et fidèle sur le costume et sur les habillements riches et vrais des sultanes. » Madame Favart jouait Roxelane, mademoiselle d'Esgland, Délia, et mademoiselle Foulquier, Elmire. Cette comédie se donnait encore en 1802 à ce théâtre. Elle était considérée alors comme opéra-comique, à cause du morceau de chant qui s'y trouve et du divertissement que les comédiens y ajoutaient, pour attirer le monde, sous le titre de *Couronnement de Roxelane*. Le 28 avril 1803, elle passa au répertoire du Théâtre-Français, où elle fut jouée par Lafon, Dazincourt, mesdemoiselles Bourgoing, Mézeray et Gros. Remarquons en passant que mademoiselle Bourgoing, et après elle mademoiselle Levert, joua le rôle de Roxelane en costume du temps de l'Empire. Pareille corruption du goût, qui fait reculer l'art de plus d'un demi-siècle, est inexplicable : il faut, pour y croire, voir de ses propres yeux les costumes de ces deux actrices que Perlet nous a conservés dans sa *Galerie théâtrale*. Enfin, le 26 juillet 1853, cette pièce parut aux Variétés, arrangée en opéra-comique par M. Lockroy et le musicien Cresto : madame Ugalde chantait le rôle de Roxelane en compagnie de Cachardy, Kopp, de mesdames Larcéna et Arène.

(2) L'opéra-ballet de Fuzelier et Rameau, *les Indes galantes*, joué le 23 août 1735, comprenait trois entrées : *le Turc généreux*, *les Incas du Pérou* et *les Fleurs*. Le 10 mars 1736, Rameau y ajouta l'entrée des *Sauvages*, dont il avait composé un fragment en 1725 pour des sauvages de la Louisiane qui avaient paru à la Comédie-Italienne. « Le premier danseur représentait un chef de sa nation, vêtu un peu plus modestement qu'on ne l'est à la Louisiane, mais en sorte que le nu du corps paraissait assez. Il avait sur la tête une espèce de couronne, pas riche, mais fort ample, ornée de plumes de différentes couleurs. » (*Mercure* de septembre 1725.) Le 8 juin 1751 eut lieu la cinquième reprise du ballet des *Indes galantes*, composé des trois premières entrées. Le 26 juillet, Favart donnait sa parodie qui contenait aussi trois entrées sous les mêmes titres, et où sa femme jouait les trois rôles d'Émilie, de Phani-Palla et de Roxane. L'Opéra ayant remplacé, le 3 août, l'entrée du *Turc généreux* par celle des *Sauvages*, Favart écrivit sur-le-champ sa parodie des *Amours champêtres*, qu'il donna le 2 septembre, et où sa femme représentait la bergère Hélène.

l'usage avait établi. Cependant, quelque temps après, on y représenta l'opéra de *Scanderbeg*, et l'on emprunta l'habit de sultane de madame Favart pour en faire sur ce modèle. Mademoiselle Clairon, qui eut aussi le courage d'introduire le véritable costume à la Comédie-Française, fit faire un habit à peu près sur le même patron, dont elle se servit au théâtre.

Dans l'intermède intitulé *les Chinois* (1), représenté aux Italiens, elle parut, ainsi que les autres acteurs, vêtue exactement selon l'usage de la Chine : les habits qu'elle s'était procurés avaient été faits dans ce pays, de même que les accessoires et les décorations, qui avaient été dessinés sur les lieux. En un mot, elle n'épargnait et ne négligeait rien pour augmenter le prestige de l'illusion théâtrale.

Les talents qu'elle possédait n'étaient rien en comparaison des qualités de son cœur : une âme sensible, une probité intacte, une générosité peu commune, un fonds de gaieté inaltérable, une philosophie douce constituaient son caractère ; elle ne s'occupait que des moyens de rendre service, elle en cherchait toutes les occasions ; et quoiqu'elle fût payée d'ingratitude, elle disait souvent : « On a beau faire, on ne m'ôtera pas la satisfaction que j'ai à obliger. » Elle n'employait jamais son crédit pour elle-même, mais pour être utile aux autres. Elle prenait soin de l'éducation de son frère, payait des pensions à sa famille, et soutenait secrètement plusieurs personnes qui étaient dans l'indigence. Au mois de juin 1771, la maladie dont elle est morte se déclara ; sa fermeté n'en fut point ébranlée, et quoiqu'elle connût que son état était désespéré, elle continua de jouer dans l'intérêt de ses camarades jusqu'à la fin de l'année 1771. Elle s'alita le jour des Rois, envoya chercher des notaires pour son testament, qu'elle fit avec une présence d'esprit, une tranquillité d'âme et un enjouement qui les étonnèrent. Quelques jours après elle eut une crise violente ; sa garde, qui la croyait expirante, se jeta à genoux, en disant : « Courage ! courage ! madame ; ce n'est rien, je vais faire toucher des linges à la châsse de la bienheureuse sainte Geneviève. » Madame Favart, qui avait repris ses sens, lui répondit : « Je ne donne point dans les momeries ; mais je sais que telles et telles personnes sont dans le besoin : qu'on leur donne de ma part de quoi les soulager, le

(1.) *Les Chinois*, parodie *del Cinese*, par Favart et Naigeon, suivie d'un ballet des *Noces de Gamache*, de De Hesse, et jouée aux Italiens le 18 mars 1756.

bonnes actions valent mieux que les prières. » Et tout de suite elle demanda les secours de l'Église, qui lui furent administrés, elle les reçut avec une entière résignation, mais sans rien perdre de son caractère; elle fit elle-même son épitaphe, qu'elle mit en musique dans les intervalles des plus cruelles douleurs.

Elle plaisantait sur son état et consolait ceux qui l'approchaient; elle s'occupa des soins de son ménage et des détails les plus minutieux jusqu'à la surveille de sa mort, qui arriva le 21 avril dernier, à quatre heures du matin.

Madame Favart a eu effectivement part aux pièces où l'on a mis son nom, pour les sujets, le choix des airs, les pensées, les couplets qu'elle composait, et différents vaudevilles dont elle faisait la musique : son mérite en ce genre était peu connu, parce que sa modestie l'empêchait d'en tirer avantage. Isolée, retirée dans le sein de sa famille, elle ne cherchait point à faire sa cour, elle s'occupait de sa profession; sa harpe, son clavecin, la lecture, étaient ses seuls amusements; tout au plus cinq ou six personnes recommandables par leurs mœurs formaient sa société. Telle fut madame Favart.

Quel récit plus touchant à la fois et plus simple! Qu'aurions-nous pu dire qui valût ces lignes émues où le bon Favart, le cœur gros de regrets, retrace la vie de sa chère femme et fait l'éloge de ses talents, de ses qualités, de ses vertus? C'est qu'en écrivant ces pages, l'amour qui sommeillait dans son cœur s'était réveillé, c'est qu'alors son esprit s'était retracé les douces joies évanouies, et qu'à ce souvenir une larme avait mouillé sa paupière. Quel plus heureux ménage que celui de l'auteur et de l'actrice, quelle plus touchante confiance régna jamais entre époux qu'entre ces deux natures généreuses, l'un bon, aimant, spirituel, l'autre aimable, dévouée, indulgente! Durant vingt-six ans d'union, jamais l'affection la plus vive n'avait cessé de régner entre les deux époux, petites gens, mais gens d'esprit et de cœur qui donnèrent au milieu de ce siècle de corruption et de licence le rare exemple d'une fidélité à toute épreuve, d'une constance héroïque (1).

Cette femme si simple et si bonne dans son intérieur se transfigurait sur la scène : la malice, la ruse, la méchanceté même semblaient être alors chez elle dons de nature. Actrice sans rivale, qui savait faire une création charmante du moindre rôle, madame Favart ne cessa pas, tant qu'elle put jouer, d'être l'idole du public, au point même d'exciter par ses succès la jalousie de Voltaire qui reprochait aigrement à ce peuple « de se passionner pour une actrice de la Comédie-Italienne ». Son mari s'en vante, elle jouait excellemment tous les rôles : reines, paysannes, coquettes, amoureuses, servantes. Danse, chant, diction, elle possédait au plus haut degré tous les talents. Aussi faisait-elle tourner tous les cœurs, et personne n'était dans Paris qui, au sortir du spectacle, n'eût signé des deux mains cette déclaration d'amour que lui écrivit le brûlant Maurice, alors qu'il n'employait, pour la réduire, que les armes de la galanterie : « Vous êtes, mademoiselle, une enchanteresse plus dangereuse que feu madame

(1) Il n'entre pas dans notre plan de raconter ici la passion de Maurice de Saxe pour madame Favart, non plus que la résistance héroïque de la pauvre femme à ses odieuses persécutions : on en trouvera le récit très détaillé fait par M. Desnoiresterres dans son travail : *Favart et Voisenon*, qui forme la deuxième partie du volume : *Épicuriens et Lettrés* (in-18, Charpentier, 1879).

rmide. Tantôt en Pierrot, tantôt travestie en Amour et puis en simple bergère, vous faites si bien, que vous nous enchantez tous... Vous ne l'entendez pas mal pour une jeune sorcière, avec votre houlette qui n'est autre que la baguette dont fut frappé ce pauvre prince des Français, que l'on nommait Renaud, je pense. »

Seuls de leur temps, Bachaumont et Collé ont montré une sévérité inexplicable envers madame Favart. D'aussi dures critiques ne prouvent guère que le mauvais vouloir des juges et tombent devant l'opinion de tous les gens éclairés. L'admiration des contemporains a épuisé pour la piquante Justine toutes les formes de l'éloge : ce serait chose trop longue que de les citer, mieux vaut voir comment la jugeaient ses détracteurs. « Madame Favart, dit Bachaumont, a été longtemps l'héroïne des Italiens, apparemment parce qu'elle n'était point surpassée par d'autres. En général, elle est médiocre, elle a la voix aigre, manque de noblesse, et substitue la finesse à la naïveté, les grimaces à l'enjouement, enfin l'art à la nature (1). » Cela est de la critique, mais comment appeler ce qui suit? « Le vaudeville des *Savoyards* court beaucoup, il a contribué au succès prodigieux du début de la demoiselle Gentilly, à la Comédie-Italienne. Cette petite impure, qui n'a pour tous talents que d'être une médiocre danseuse, mais une impudente créature, est la femme

(1) *Mémoires secrets*, 28 février 1762.

de Favart, auteur de très jolis opéras comiques, et entre autres de *la Chercheuse d'esprit*. Elle n'a pour le théâtre ni intelligence, ni habitude, en lui ôtant le chant et la danse; elle chante un vaudeville avec une indécence rebutante, et danse avec des mouvements lascifs et dégoûtants pour les gens qui ont le moins de délicatesse (1). » De telles paroles font mieux apprécier l'admiration qu'excitait madame Favart; par leur âpreté, elles donnent une saveur plus rare aux éloges que lui décernait la foule idolâtre et que résume si bien ce quatrain qui courut tout Paris au lendemain de *la Servante maîtresse* :

> Nature un jour épousa l'Art ;
> De leur amour naquit Favart,
> Qui semble tenir de son père
> Tout ce qu'elle doit à sa mère.

Dès son entrée à la Comédie-Italienne, madame Favart avait été frappée du mauvais goût qui régnait alors dans l'exécution des costumes et des décors. En 1747, on avait bien représenté une comédie de La Chaussée, *l'Amour castillan*, tirée de l'espagnol, avec des habits de cette nation ; mais cette nouveauté avait étonné le public sans lui plaire. Un esprit aussi juste que le sien ne pouvait qu'être vivement choqué par ce bizarre assemblage de poudre, de rubans, d'or et de soie. Les Italiens et l'Opéra-Comique ne montraient pas un plus vif souci

---

(1) *Journal de Collé*, septembre 1749.

du naturel et du vrai que les deux grandes scènes privilégiées. En bas et en haut, même négligence, mêmes abus. Ici, les héros de théâtre n'étaient plus Agamemnon, Oreste, Armide ou Médée, mais bien Colas, Blaise, Lubin, Denise ou Fanchette, et à côté d'eux, ces types éternels de la vieille comédie italienne, Arlequin, Trivelin, Pantalon, Lelio, Scaramouche, le Docteur, Isabelle ou Colombine. De ceux-ci rien à dire : ils conservaient de droit les habits qu'ils avaient apportés d'au delà des monts, avec lesquels ils jouaient, chacun dans son costume, une centaine de comédies et qui donnaient un joyeux relief à leurs inimitables lazzi. Mais il en était autrement pour les opéras-comiques ou pour toute pièce qui sortait du domaine de la farce italienne. Acteurs et actrices n'avaient plus ici de règle que leur caprice. Plus de dieux ni de héros comme à l'Opéra, partant plus de casques emplumés, de talons rouges ni de manteaux écarlates. De simples paysannes, de gracieuses bergères, mais aussi ridicules en leur genre que l'étaient les dieux et déesses de l'Olympe lyrique. Colin endossait une veste rose ou vert tendre, il portait un chapeau galamment enrubanné et d'élégants bas de soie. Annette, elle, se façonnait sur les dames du bel air, se poudrait les cheveux et étalait une brillante robe de soie surchargée de ruches et de rubans (1). Sur la scène des

(1) Nougaret dit dans son *Art du théâtre* (t. I, p. 351) : « Les acteurs du nouveau théâtre (l'Opéra-Comique) détruisent aussi l'illusion. Les personnages

Italiens, ce n'était plus la majesté divine ou royale qui paraissait ridiculement travestie, c'était la nature même : le naïf paysan devenait le galant Tircis, et la fille des champs se transformait en coquette de la ville. Madame Favart combattit cette mode avec ardeur. Dès qu'elle parut, elle donna l'exemple de la simplicité et prit des habits convenant mieux à ses rôles de paysanne ou de servante. Plus de tresses, de robes en soie, de bas brodés, d'escarpins ni de poudre. Les cheveux lisses, des robes de toile, des bas de laine et des sabots : telle fut Ninette, Bastienne, Annette, Thérèse, Robinette et surtout la Chercheuse d'esprit, — que l'amour va déniaiser, — la gente Nicette.

Avec son esprit judicieux, Favart avait pareillement compris tout ce qu'avait de ridicule cette coquetterie rustique : aussi seconda-t-il les efforts de sa femme de tout son pouvoir. Favart entretenait alors une active correspondance avec le comte Durazzo, dont il était le conseil et le guide pour l'administration des théâtres de Vienne. Lettres, sciences, arts, il devait parler de tout dans ses lettres et ne rien laisser ignorer à Vienne de ce qui se passait d'intéressant à Paris. C'était lui en réalité qui, d'ici, organisait

tout à fait bas sont les seuls qui soient mis selon le costume ou selon le aractère de leur rôle. Les Colins sont habillés trop élégamment ; leur frisure de petit-maître est surtout choquante; la coiffure des actrices, en général, mérite le même reproche ; une simple paysanne a-t-elle ses cheveux bouclés avec art, et porte-t-elle des pompons et des aigrettes? Une pareille coiffure est encore plus ridicule que les énormes paniers que portent les femmes qu'on voit agir dans la comédie. »

MADAME FAVART, DANS NINETTE A LA COUR, 1756,
D'APRÈS UNE GRAVURE DE DENAS, DE 1759.

dirigeait les représentations du théâtre impérial. Nous voyons ainsi s'occuper activement de trouver à Paris un tailleur pour le théâtre de Vienne, et surveiller avec [soin] la façon des parures et des costumes. Habits, plumes, coiffures, fleurs pour le costume de Vénus, il recueillait [à] Paris tous les éléments des travestissements scéniques, [et] les envoyait là-bas, non sans y joindre une instruction détaillée, « qui enseignera à ceux qui monteront ces parures et ces coiffures, la façon de les arranger, de les manier, et de leur donner la tournure qui convient à chaque caractère... »

Ses lettres, du reste, sont fort intéressantes et montrent bien à quel point il se préoccupait de la vraisemblance de l'action scénique et de l'exactitude des accessoires. Un jour, en rendant compte des *Paladins*, un assez médiocre opéra de Rameau, qui fut parodié sous le titre [d]es *Pèlerins de la Courtille*, il explique au comte tout ce [q]u'il a déjà fait dans ce but : « Le divertissement chinois est une copie de ceux qu'on a donnés à l'Opéra-Comique et à la Comédie-Italienne, avec cette différence que les habits de celui-ci ne sont ni turcs, ni mogols, ni chinois; c'est un composé de tout cela, et ce n'est rien. Lorsque je donnai *les Noces chinoises* au Théâtre-Italien pour la première fois, je fis acheter du supercargue de la cour des Indes, des habits du pays qui ont fait un très grand effet; et la décoration, les meubles, jusques aux moindres accessoires, étaient peints et moulés sur les dessins (1). » Une autre fois, il fera en deux mots un cours de tenue en scène à propos du début d'un certain Joli à l'Académie de musique : « Il n'appartient qu'aux chanteurs italiens de se passer d'action, dit-il. On n'est point choqué de les voir arranger leurs jabots en fredonnant une tempête, et leurs cantatrices ont seules le droit de s'éventer dans une ariette de fureur. Nous voulons que le silence même soit expressif, et nous ne permettons pas d'aller et de venir froidement en long et en large pendant la ritournelle (2). »

Sur ce point, comme sur tant d'autres, les deux époux étaient donc en parfaite communion d'idées; mais l'un ne pouvait que donner des conseils, tandis que l'autre prêchait d'exemple. Aussi madame Favart fit-elle plus en un soir que son mari n'aurait pu faire en plusieurs années. Du jour où elle eut joué le rôle de Bastienne en vraie paysanne, et qu'elle eut prouvé à ses camarades qu'on pouvait charmer et plaire en robe de laine et en sabots, elle eut gagné la partie : les autres actrices ne tardèrent pas à l'imiter, qui par justesse d'esprit, qui par jalousie. Et Favart ne regardait pas ce résultat comme le moindre succès remporté par sa femme; nous n'en voulons pour preuve que la vive satisfaction qui perce dans les lignes suivantes : « Nous nous efforçons de nous conformer au costume, autant que notre délicatesse fran-

(1) Lettre du 24 mars 1760.
(2) Lettre du 18 août 1760.

çaise nous le permet; les Anglais, qui nous en ont donné l'exemple, l'observent plus régulièrement que nous..... Ils ne négligent rien pour cette illusion théâtrale. On ne verra point chez eux des paysannes grossières avec des girandoles de deux mille écus, des bas blancs à coins brodés, des souliers chargés de paillettes, attachés avec des boucles de diamants, et bichonnées jusqu'au sommet de la tête. J'ose dire que ma femme a été la première en France qui ait eu le courage de se mettre comme on doit être, lorsqu'on la vit avec des sabots dans *Bastien et Bastienne*. Jamais les comédiens français n'ont montré tant d'ardeur et fait voir plus d'attention pour tout ce qui peut contribuer au succès d'un ouvrage dramatique. Ils font vingt répétitions pour la moindre situation; les plus petits accessoires ne sont pas méprisés, et le costume, qui était totalement ignoré, ou du moins négligé dans le dernier siècle et au commencement de celui-ci, est observé aujourd'hui aussi régulièrement qu'il est possible; car toutes les différentes façons de s'habiller ne conviennent pas au théâtre (1). »

Lorsque la réunion des deux théâtres eut donné une assez grande importance à l'Opéra-Comique, madame Favart n'en poursuivit qu'avec plus d'ardeur la réforme qu'elle avait inaugurée à la Comédie-Italienne. Sur une

---

(1) Lettre du 2 décembre 1760, sur la *Caliste* de Colardeau. Suit une description fort longue des costumes de *Caliste*, que nous nous abstiendrons de reproduire, vu sa monotonie.

scène plus modeste, elle rendit à l'art un service aussi éclatant que le firent en d'autres temps mademoiselle Clairon à la Comédie-Française et madame Saint-Huberty à l'Opéra. C'est à ce double titre d'actrice inimitable et de zélée réformatrice que madame Favart mérite le rang qu'elle occupe parmi les illustrations de la scène française. « Elle n'eut pas de modèle et en servit, » a dit son mari. Cela est vrai, et c'est le plus bel éloge qu'on puisse faire de madame Favart, parce qu'il résume à merveille sa vie entière de femme et de comédienne.

CHAPITRE VII

CLAIRVAL — MADAME DUGAZON

Madame Favart savait en mourant que son œuvre ne périrait pas et que les progrès qu'elle avait réalisés dans la mise en scène, loin d'être non avenus, seraient repris et consacrés par quelques-uns de ses successeurs. Elle avait vu à l'œuvre ses camarades, et elle connaissait fort bien ceux d'entre eux qui poursuivraient le mieux sa tâche, tant leur talent et leur bon sens lui étaient de sûrs garants de leur goût artistique. C'était l'aimable Clairval, dont elle avait su apprécier l'esprit et le cœur durant douze années; c'était surtout une charmante jeune fille, bien novice encore, qu'elle avait aidée et soutenue de ses conseils : elle s'appelait alors, mademoiselle Lefèvre, et devait, quelques années plus tard, effacer presque le souvenir de sa protectrice sous le nom de madame Dugazon.

Des cinq artistes, mesdemoiselles Deschamps et Neissel, Laruette, Audinot et Clairval, que la Comédie-Italienne avait appelés à elle lors de sa réunion avec l'Opéra-Comique, le dernier avait bien vite obtenu une grande célébrité. A peine adolescent, mais déjà doué d'une figure charmante et d'une tournure élégante, le jeune Guignard avait dû à ces avantages naturels de prendre une part active aux divertissements de grands seigneurs qui donnaient la comédie au château de Bourgneuf, dans un des faubourgs d'Étampes. C'est en fréquentant cette haute société qu'il avait acquis l'élégance et la distinction qui le firent applaudir dès son apparition sur le théâtre. Le jeune provincial était venu à Paris apprendre l'état de perruquier chez un de ses parents, mais il avait bientôt senti se réveiller ses dispositions naturelles pour le théâtre en voyant auteurs et acteurs à la mode fréquenter la boutique de son patron, voisine de la Comédie-Italienne. Il laissa là palette et rasoirs, et, prenant le surnom de Clairval, s'en fut débuter à l'Opéra-Comique. Il parut pour la première fois en 1759, dans le rôle de Dorval, d'*On ne s'avise jamais de tout*, et y représenta tour à tour, avec un égal succès, un jeune homme, un vieillard infirme, un laquais bègue et une vieille décrépite. Une jolie figure, une tournure distinguée, une voix expressive, c'était plus qu'il n'en fallait pour assurer au débutant les bonnes grâces du public, et surtout des dames qui le prirent sous leur haute protection. Clairval retrouva aux Italiens le succès qu'il avait remporté sur la scène foraine, et il devint en peu de temps un des plus fermes soutiens du théâtre, jouant avec un égal talent le drame, la comédie et l'opéra-comique, quoi qu'en aient pu dire La Harpe et le poète Guichard. Celui-ci se vengea du refus d'un rôle par cette spirituelle épigramme :

> Cet acteur minaudier et ce chanteur sans voix
> Écorche les auteurs qu'il rasait autrefois.

Le trait frappait juste et les méchantes langues développèrent cette idée à plaisir :

> Histrions qu'un beau zèle enflamme
> D'éclipser Lekain et Clairon,
> Pour être claqués de nos dames,
> Du vieux Clairval prenez le ton :
> En chevrotant *frisez* la note,
> *Rasez* de près le sentiment.
> Dès qu'il eut pris cette marotte,
> Plus ne jeta de *poudre* au vent.

Les rôles sont nombreux dans lesquels Clairval a laissé d'ineffaçables souvenirs : Pierrot, du *Tableau parlant*, où Grétry assure qu'il « unissait la décence et la grâce à la gaieté la plus folle » ; Azor, de *Zémire et Azor*; Blondel, de *Richard*, où son chant et son jeu électrisaient le public; enfin le *Convalescent de qualité*, qui le fit appeler (ses talents et ses bonnes fortunes le rendaient digne de ce surnom), le Molé de la Comédie-Italienne. A ce double titre

Clairval régnait alors en maître à l'Opéra-Comique (1).

Acteur zélé, bon camarade, Clairval avait d'excellentes qualités du cœur ; fils très dévoué, il envoyait chaque année à son père une assez forte somme d'argent par l'intermédiaire du curé de la paroisse Notre-Dame, à Étampes. Il joignait à ces bons sentiments naturels une modestie suffisante, eu égard à son talent, et dès qu'il sentit ses moyens diminuer, il résolut de prendre sa retraite ; il la prit effectivement en 1792, malgré les vives instances de ses camarades, pour qui son expérience du théâtre et la sûreté de son goût étaient choses bien précieuses. Nul autre rôle que celui d'Azor ne pouvait mieux convenir à son naturel affectueux, et si l'opéra-comique de Marmontel et de Grétry fut un triomphe pour les auteurs, il valut au chanteur son plus grand succès. Les deux représentations originales à Fontainebleau et aux Italiens

---

(1) « Si l'on savait que de courses chez Clairval, avec quelle rareté et quelle impatience il accordait ses audiences ; comme il fallait prier, flatter la bonne et le grand valet de chambre ! » (*Notice de Marsollier sur lui-même.*) — « La petite Nessel fait, à Versailles, l'admiration de tous les spectateurs par sa façon de chanter, et Clairval est devenu la coqueluche de toutes les femmes par ses talents et sa figure. On ne saurait supporter l'idée qu'il ait été garçon perruquier ; on travaille à le faire descendre d'une ancienne maison d'Écosse. » (*Journal de Favart*, 11 novembre 1761.) — « Je ne sais, monsieur, si vous êtes instruit que c'est madame la marquise de l'Hôpital qui entretient le sieur Clairval, aujourd'hui attaché comme comédien aux Italiens et ci-devant acteur à l'Opéra-Comique. Cette dame, à laquelle on connaît depuis nombre d'années M. le prince de Soubise, profite de tous les bienfaits que lui fait ce seigneur pour enrichir ce baladin. Il est meublé chez lui des plus galamment et sa garde-robe est magnifique, sans compter ses bijoux. Ainsi va le monde et tout est bien. » (*Journal des Inspecteurs de M. de Sartines*, 4 mars 1763.)

novembre et 16 décembre 1771) soulevèrent l'enthousiasme, mais il ne faut pas oublier que, si la réussite fut aussi complète, elle fut due un peu au bon sens de Clairval et surtout à Marmontel, qui avait réconforté l'acteur inquiet et qui avait surveillé lui-même la confection du costume d'Azor (1).

Lorsque *Zémire et Azor* fut annoncé à Fontainebleau, le bruit courut que c'était le conte de *la Belle et la Bête* mis sur la scène, et que le principal personnage y marcherait à quatre pattes. Je laissais dire, et j'étais tranquille. J'avais donné, pour les décorations et pour les habits, des programmes très détaillés, et je ne doutais pas que mes intentions n'eussent été remplies. Mais ni le tailleur ni le décorateur ne s'étaient donné la peine de lire mes programmes ; et d'après le conte de *la Belle et la Bête*, ils avaient fait leurs dispositions. Mes amis étaient inquiets sur le succès de mon ouvrage ; Grétry avait l'air abattu ; Clairval lui-même, qui avait joué de si bon cœur tous mes autres rôles, témoignait de la répugnance à jouer celui-ci. Je lui en demandai la raison : « Comment voulez-vous, me dit-il, que je rende intéressant un rôle où je serai hideux ? — Hideux, lui dis-je, vous ne le serez point. Vous serez effrayant au premier coup d'œil ; mais, dans votre laideur, vous aurez de la noblesse et même de la grâce. — Voyez donc, me dit-il, l'habit de bête qu'on me prépare, car on en a dit des horreurs. » Nous étions à la veille de la première représentation ; il n'y avait pas un moment à perdre. Je demandai qu'on me montrât l'habit d'Azor. J'eus bien de la peine à obtenir du tailleur cette complaisance. Il me disait d'être tranquille et de m'en rapporter à lui ; mais j'insistai, et le duc de Duras, en lui ordonnant de me mener au magasin, eut la bonté de m'y accompagner. « Montrez, dit dédaigneu-

(1) Un autre acteur jouait encore dans cet ouvrage qui n'est pas resté étranger aux progrès de l'art : c'est l'excellent baryton Caillot. Grétry nous apprend que, s'il se montra si bon comédien dans le rôle de Blaise, de *Lucile*, c'est qu'il avait apporté un soin extrême à la vérité de sa tenue. Afin de se costumer avec plus de naturel, il avait arrêté un paysan dans la rue et l'avait prié de lui prêter son habit pour un soir : il parut pour la première fois sur la scène avec les pieds poudreux et la tête chauve. (*Essais sur la musique*, t. I, p. 176.)

sement le tailleur à ses garçons, montrez l'habit de la Bête à monsieur. »
Que vis-je ? Un pantalon tout semblable à la peau d'un singe, avec une
longue queue rase, un dos pelé, d'énormes griffes aux quatre pattes,
deux longues cornes au capuchon, et le masque le plus difforme avec des
dents de sanglier. Je fis un cri d'horreur, en protestant que ma pièce ne
serait point jouée avec ce ridicule et monstrueux travestissement. «Qu'au-
riez-vous donc voulu ? me demanda fièrement le tailleur. — J'aurais voulu,
lui répondis-je, que vous eussiez lu mon programme ; vous auriez vu que
je vous demandais un habit d'homme et non pas de singe. — Un habit
d'homme pour une bête ? — Et qui vous a dit qu'Azor soit une bête ? —
Le conte me le dit. — Le conte n'est point mon ouvrage, et mon ouvrage ne sera point mis au théâtre que tout cela ne soit changé. — Il
n'est plus temps. — Je vais donc supplier le roi de trouver bon que ce
hideux spectacle ne lui soit point donné ; je lui en dirai la raison. » Alors
mon homme se radoucit, et me demanda ce qu'il fallait faire. La chose
du monde la plus simple, lui répondis-je : un pantalon tigré, la chaussure et les gants de même, un doliman de satin pourpre, une crinière
ondée et pittoresquement éparse, un masque effrayant, mais point difforme, ni ressemblant à un museau. » On eut bien de la peine à trouver
tout cela, car le magasin était vide ; mais à force d'obstination, je me fis
obéir, et quant au masque, je le formai moi-même de pièces rapportées
de plusieurs masques découpés.

Le lendemain matin, je fis essayer à Clairval ce vêtement, et, en se regardant au miroir, il le trouva imposant et noble. « A présent, mon ami,
lui dis-je, votre succès dépend de la manière dont vous entrerez au
théâtre. Si l'on vous voit confus, timide, embarrassé, nous sommes perdus ; mais si vous vous montrez fièrement, avec assurance, en vous des-
sinant bien, vous en imposerez, et, ce moment passé, je vous réponds
du reste.

La même négligence avec laquelle j'avais été servi par ce tailleur impertinent, je l'avais retrouvée dans le décorateur ; et le tableau magique,
le moment le plus intéressant de la pièce, il le faisait manquer, si je
n'avais pas suppléé à sa maladresse. Avec deux aunes de moire d'argent,
pour imiter la glace du trumeau, et deux aunes de gaze claire et trans-
parente, je lui appris à produire l'une des plus agréables illusions du
théâtre.

Ce fut ainsi que, par mes soins, au lieu de la chute honteuse dont étais menacé, j'obtins le plus brillant succès. Clairval joua son rôle comme je le voulais. Son entrée fière et hardie ne fit que l'impression d'étonnement qu'elle devait faire; et dès lors, je fus rassuré. J'étais dans un coin de l'orchestre, et j'avais derrière moi un banc de dames de la cour. Lorsque Azor, à genoux aux pieds de Zémire, lui chanta :

> Du moment qu'on aime,
> L'on devient si doux!
> Et je suis moi-même
> Plus tremblant que vous,

j'entendis ces dames qui disaient entre elles : *Il n'est déjà plus laid,* et l'instant d'après: *Il est beau* (1) !

Quelle souveraine puissance que celle de la musique qui vivifie ainsi et transfigure, qui embellit la face horrible d'une bête, qui fait qu'une parole d'amour, sortant de la bouche la plus difforme, séduit le cœur d'une jeune fille et arrache aux spectateurs des cris d'admiration !

Clairval n'avait qu'une rivale, sur la scène s'entend, et ne connaissait qu'une actrice qui pût lui disputer et lui ravir la faveur de la foule : c'était madame Dugazon. Louise-Rosalie Lefèvre était née à Berlin en 1753, mais elle avait été bientôt envoyée à Paris par ses parents qui la destinaient au théâtre. A peine âgée de quatorze ans, elle débutait avec sa sœur aux Italiens, dans un pas de deux ajouté à la *Nouvelle école des femmes*. Grétry fut émerveillé de la gentillesse de la danseuse, et, deux ans après, quand il donna *Lucile,* il écrivit l'ariette : *On dit qu'à quinze ans,* tout exprès pour la petite Lefèvre. Cet essai décida de

---

(1) *Mémoires de* Marmontel, IX.

son avenir : elle dansait, elle chantera. Elle reçut alors les conseils de madame Favart, de cette excellente femme qui ne devait pas jouir des succès de son élève, mais qui resta éternellement chère au cœur de la jeune fille : vieille et retirée du théâtre, madame Dugazon ne parlait de sa protectrice qu'avec les larmes aux yeux. En 1774, elle obtint de s'essayer dans le rôle de Pauline, de *Sylvain*, et elle y remporta un vif succès qui lui valut d'être reçue comme pensionnaire ; deux ans après, elle devenait sociétaire de la Comédie-Italienne. Mais, bien avant les Italiens, le public l'avait adoptée et acclamée : elle était, non pas belle, mais extrêmement jolie; elle avait les traits fins, la physionomie mobile, la bouche spirituelle et surtout des yeux charmants voilés de longs cils, tantôt brillants de malice et de gaieté, tantôt se baissant pour laisser couler de douces larmes.

Comment une femme aussi charmante n'eût-elle pas été courtisée, adulée? Elle n'avait qu'à choisir entre mille soupirants, elle choisit mal. Elle épousa Dugazon, l'acteur de la Comédie-Française, comédien hors ligne, mais garçon insupportable, moqueur, querelleur, étourdissant de verve gasconne, parasite effronté, doué en outre d'un sang-froid imperturbable et d'une audace impudente. Le mari était taquin et jaloux, la femme coquette et jolie, le ménage ne fut pas longtemps heureux, et, au bout d'une année, les nouveaux époux remplissaient Paris du scandale de leurs querelles. Madame ne se piquait guère de fidélité, et monsieur allait partout contant avec une verve des plus bouffonnes ses infortunes conjugales. En dépit de cette folle existence et de ses libres amours, madame Dugazon gardait à l'Opéra-Comique son prestige et ses succès. Auteurs, musiciens, critiques, philosophes, elle les voyait tous venir un à un se mêler à la foule de ses admirateurs et consacrer par leurs hommages sa souveraine puissance.

Une pièce de Monvel, dont Dezède avait écrit la musique, marque le commencement de la période la plus brillante de la charmante comédienne. C'est le 30 juin 1783 que la Comédie-Italienne donna *Blaise et Babet.* Cette paysannerie fut pour madame Dugazon un grand triomphe, et Grimm, assez peu enthousiaste de sa nature, surtout à l'égard de madame Dugazon, en parle sur un ton où l'admiration, bien qu'il en ait, perce à chaque ligne et jusque dans la méchanceté gratuite de la fin, par laquelle il semble vouloir faire payer à la femme les éloges que l'actrice lui a arrachés malgré lui. « ... Que de nuances fines et délicates la voix de madame Dugazon ne donne-t-elle pas dans ce rôle aux expressions les plus simples! Il n'y a pas une de ses inflexions, il n'y a pas un mouvement de son jeu qui n'ajoute au mouvement de la scène, et ne le varie avec autant de vérité que de grâce. S'il est vrai, comme on l'assure, que cette artiste, toute charmante qu'elle est au théâtre, hors de la scène manque également d'esprit et de goût, il faut se mettre à genoux devant son talent et l'adorer comme le prodige de quelque inspiration divine (1). »

Les deux rôles qui valurent ses plus grands triomphes à madame Dugazon, ceux où elle est restée inimitable, sont ceux de Nina et de Camille. Dire le succès, l'enthousiasme, les bravos, les larmes qu'excitait chaque soir l'amante éplorée et folle ou la femme persécutée et emprisonnée, serait chose impossible. Jamais la comédienne ne s'était élevée aussi haut que dans *Nina*. Elle avait su atteindre la limite extrême qui sépare la pitié de la répulsion, elle était déchirante et justifiait par son talent cette saillie du temps : « Marsollier a fait les paroles, Dalayrac la musique, et madame Dugazon la pièce. » Le rôle de Camille fut pour l'actrice la révélation d'une seconde manière : de gracieuse, de touchante, de sémillante qu'elle était, elle devint tendre, ardente, pathétique, elle

(1) Le rédacteur des *Mémoires de Fleury* dit que Marie-Antoinette fut tellement charmée de ce joli rôle, qu'elle le voulut jouer en personne et qu'elle l'étudia avec les conseils de madame Dugazon elle-même et du célèbre comédien Fleury. A en croire les mémoires apocryphes de ce dernier, Babet la reine aurait valu Babet la comédienne, et l'on a recopié tant et plus le gracieux portrait qu'il trace de la reine dans ce rôle : « .... Elle était à applaudir mille fois, lit-on dans les *Mémoires de Fleury*, lorsqu'elle se dépitait, froissait ses fleurs, les jetait dans la corbeille et s'écriait avec le plus joli hochement qu'on puisse imaginer : « Tu m'as fait endêver... endêve !... endêve ! » Ce joli tableau est tout de fantaisie, et nous avons expliqué dans un précédent ouvrage (*la Comédie à la cour de Louis XVI, le théâtre de la reine à Trianon*, in-8°, chez Baur, p. 31) comment la Babet représentée par la reine n'était pas celle de Dezède, mais une autre paysanne dans *la Matinée et la Veillée villageoise*, vaudeville assez libre de Piis et Barré, joué à Trianon par la reine et ses amis au printemps de 1782. Il y avait un empêchement majeur à ce qu'elle jouât alors *Blaise et Babet*, c'est que Monvel et Dezède n'avaient pas encore composé leur opéra-comique.

atteignit d'un coup au plus haut de la passion et se révéla actrice dramatique hors ligne.

Combien de compositeurs durent à madame Dugazon une bonne part de leurs succès! combien lui durent de voir leurs pièces de moindre valeur échapper à une défaite certaine! Grétry, à qui revient l'honneur d'avoir découvert cette actrice inimitable; Dalayrac, dont les gracieuses mélodies lui convenaient à merveille; Della Maria, l'auteur attendri du *Prisonnier*; Dezède, à la mélodie simple et naïve; Solié, l'auteur du *Secret*; Martini, dont l'opéra *le Droit du Seigneur* obtint un plein succès... grâce à la chanteuse : « Qui céderait ce droit n'aurait pas vu son aimable vassale, » disait un galant de l'époque; — tous enfin, jusqu'à Boieldieu, qui écrivit pour elle le rôle de Késie dans le *Calife de Bagdad*.

Et tous vantèrent ses talents, tous lui témoignèrent à mainte reprise, qui leur vive admiration, qui leur profonde reconnaissance. « Cette femme admirable ne sait pas la musique, écrit Grétry à propos de son *Comte d'Albert*; son chant n'est ni italien, ni français, mais celui de la chose. Elle m'oblige à lui enseigner les rôles que je lui destine, et j'avoue que c'est en tremblant que je lui indique mes inflexions, de peur qu'elle ne les substitue à celles que lui inspire un plus grand maître que moi. » — « Quelle femme étonnante! s'écriait Boieldieu après la représentation du *Calife* : on dit qu'elle ne sait pas la musique, et pourtant, je n'ai jamais entendu chanter avec autant de goût et d'expression, de naturel et de vérité. »

Le rôle d'Azémia, dans l'opéra de Dalayrac, offrit à madame Dugazon l'occasion de continuer la réforme artistique que madame Favart avait laissée inachevée. Jusqu'alors la charmante actrice n'avait eu qu'à suivre l'exemple de sa devancière, et elle l'avait fait en disciple fidèle : ce jour-là il lui fallut innover à son tour. Il s'agissait de représenter une jeune sauvage, et il n'aurait guère convenu à madame Dugazon de se montrer sur la scène dans le simple appareil des sauvages de la Louisiane lors de leur apparition à la Comédie-Italienne. Grâce à son bon goût, elle se tira habilement de ce pas embarrassant : elle se fit dessiner un charmant costume qui, pour n'être pas absolument vrai, n'offensait ni la vraisemblance ni la pudeur, deux choses bien difficiles à concilier en pareille aventure.

A quelque temps de là, l'Opéra-Comique remporta avec *les Deux petits Savoyards* un vif succès dans lequel la prose de Marsollier n'avait aucune part, non plus que la musique de Dalayrac. Si les amateurs couraient en foule à l'Opéra-Comique, c'était pour voir deux gentils ramoneurs, Joset et Michel, figurés par mesdemoiselles Renaud et Saint-Aubin, la veste noircie, le grattoir pendant à la ceinture, mais la figure et les mains d'une blancheur éclatante. En vain la froide critique prétend-elle s'opposer à cette vogue, en vain a-t-elle recours, pour la combattre, tour à tour à la raison et à l'ironie. « La pièce est une des plus grandes pauvretés quel'on puisse voir, écrit La Harpe, il n'y a pas l'ombre de vraisemblance dans l'action, ni de vérité dans le dialogue ; c'est de la vertu arrangée, *de la sensibilité et de l'humanité* en phrases qui en dégoûteraient, et je ne puis attribuer ce succès extravagant qu'au plaisir, qui en est un grand pour le parterre des Italiens, de voir deux petites filles en culotte qui grimpent par une cheminée et qui chantent à tue-tête, en gâtant leur jolie voix, la chanson des ramoneurs : *Ramonez ci, ramonez là la cheminée du haut en bas*. Il n'en faut pas davantage pour faire courir les Parisiens, même dans le moment où ils sont devenus de grands politiques et de grands réformateurs. » Vaines paroles. « Ce sont des amours déguisés ! » s'était écrié un enthousiaste. Rien ne peint mieux que cette galanterie les sentiments de la foule qui ne se lassait pas d'aller voir les gentils ramoneurs : ce devint bientôt une mode, et les travestissements se multiplièrent à ce théâtre pour donner occasion aux deux charmantes actrices de déployer leur vivacité et leurs grâces naturelles.

Madame Favart par son heureuse initiative, Clairval et madame Dugazon par leur bon goût, Marmontel par son expérience des choses du théâtre et son vif souci de l'exactitude, avaient rendu à l'art de précieux services. Grâce à eux, l'Opéra-Comique n'était pas resté trop en arrière des notables progrès réalisés sur les scènes de l'Opéra et de la Comédie-Française. Ce théâtre, il est vrai, comportait moins de luxe, un moins grand déploiement de décors et de mise en scène : partant, il devait y avoir de la part des directeurs moins d'opposition aux innovations et aux réformes ; mais, pour avoir été plus aisé qu'ailleurs, le léger progrès réalisé par ces artistes n'en est pas moins très appréciable, et c'est un honneur pour eux d'avoir ainsi servi la vérité, d'avoir consacré leurs efforts à la faire prévaloir.

M. ET MADEMOISELLE LIONOIS, D'APRÈS UN DESSIN A LA SANGUINE DE BOUCHER, 1765.

CHAPITRE VIII

NOVERRE ET LE BALLET

Tandis que la Comédie-Française et l'Opéra-Comique marchaient à pas lents, mais réguliers, dans la voie du progrès, l'Opéra restait comme stationnaire. La pompe du spectacle et les frais énormes qu'exigeait déjà à cette époque la mise en scène étaient de sérieux obstacles à l'adoption de réformes tendant à refaire presque complètement des décors et des costumes, la veille encore à la mode. Les directeurs refusaient le plus souvent d'y accéder et ils n'étaient en cela que trop bien secondés par l'insouciance des artistes. Si donc quelque louable changement se produisait un beau jour, c'était ordinairement bonne volonté du moment chez l'acteur, bien plutôt qu'une idée étudiée et arrêtée : aussi ne pouvait-il guère avoir de résultat profitable.

C'est ce qui arriva au mois de mai 1762, quand on remit

à la scène l'opéra de Fuzelier et Colin de Blamont, *les Fêtes grecques et romaines*. Mademoiselle Lemierre jouait le rôle de Délie dans la troisième entrée, *les Saturnales*; cette jeune actrice, qui débutait depuis peu et qui méritait déjà en partie les éloges qu'elle obtint plus tard sous le nom de madame Larrivée, s'était inspirée des innovations de mademoiselle Clairon, et avait apporté de sages améliorations à sa façon de se vêtir. « On apercevait déjà dans le costume de Délie, dit le *Mercure*, un commencement des progrès vers l'observation du costume, et un espoir pour les spectateurs d'y voir enfin abolir l'ancienne barbarie des petites formes déchiquetées et du fatras d'ornements ou richesses superflues multipliées en tant de petites parties. » C'était un léger progrès, mais un progrès d'un jour que le lendemain devait effacer.

Déjà, l'année précédente, l'Opéra avait fait une reprise solennelle de *l'Armide*, de Lulli, qui rompait avec les usages reçus, si nous en croyons le dire de Favart : « La reprise de l'opéra d'*Armide* a eu le succès le plus éclatant; on n'a rien épargné pour assurer la réussite... Les habits sont magnifiquement exécutés et d'une très belle entente; ils sont faits sur les dessins du sieur Boquet : notre célèbre Boucher a aidé ces deux artistes (le costumier Boquet et le décorateur Piètre) de ses conseils. Tout est bien caractérisé, à l'exception de la Haine, à laquelle on a donné ridiculement un grand manteau (1). »

(1) Lettre du 13 novembre 1761. Cette reprise avait eu lieu le 3. Mademoiselle

Il faut malheureusement rabattre une bonne partie de ces éloges; le *Mercure* est plus sévère et plus juste : « Tous les habits des chœurs et de la danse se disputent de richesse, de goût et de galanterie. On n'en jugeait autrefois que par leur brillant; devenus plus difficiles depuis qu'on a senti le prix des convenances sur nos théâtres et la nécessité d'opérer la parfaite illusion, on examine les habits sur des principes plus honorables pour l'esprit des spectateurs et pour le raisonnement de ceux qui dirigent cette partie. L'habit d'Armide a été trouvé de la plus grande beauté, mais on a été surpris de voir des chevaliers français, armés de toutes pièces, avec cuirasses, brassards, cuissards de fer, avoir les jambes couleur de chair et des brodequins à l'antique; ces critiques ont pensé aussi que la mante volante attachée sur une épaule, telle qu'on la voit aux dieux et héros des anciens, ne s'assortissait pas bien à l'armure de la chevalerie. La comparaison des chevaliers croisés dans les représentations de *Tancrède*, dont l'habillement a été approuvé si généralement, à la Comédie-Française, a pu donner lieu à cette observation. On doit aussi, par justice, imputer ces petits contre-sens au joug qu'impose encore l'ancienne opinion du public, de croire que le théâtre de l'Opéra ne peut admettre que les choses qu'on y a toujours vues et serait moins pompeux s'il était plus exact sur toutes les vérités de représentations. »

Chevalier jouait Armide; mademoiselle Lemierre, Lucinde; Pillot, Renaud; Gélin, Hidraot et Ubalde; Larrivée, Aronte et la Haine.

Voilà la vérité. Cette opinion du public fut une des raisons qui s'opposèrent si longtemps à l'adoption de réformes catégoriques. Elle contribua beaucoup, en l'absence d'artistes assez audacieux pour rompre en visière au public, à laisser l'Opéra persister dans ses fâcheux errements pendant la première moitié du dernier siècle et au delà. Les héros, les guerriers grecs, romains ou dalmates, paraissaient encore en scène ornés de bas de soie à coins et de culottes vert-pomme ou rose-tendre, avec des tuniques, cuirasses ou cothurnes chargés de rubans, la tête couverte d'une énorme perruque bouclée, crêpée, poudrée et ornée de quatre queues à la conseillère, qui répandaient autour d'eux un nuage de poussière blanche. A peine rentrés dans la coulisse, les héros se livraient aux mains de deux ou trois perruquiers qui les repoudraient et les époussetaient en grande hâte. Les danseurs avaient toujours des costumes de fantaisie, taillés sans goût, lourds et massifs malgré leur jupe écourtée. Pâris pirouettait et gambadait sur le mont Ida, bien serré dans un corset lacé avec des rubans, en culotte courte avec un jupon de soie rose, soutenu et arrondi par des paniers élastiques. Mais Pâris aussi bien qu'Achille était gentilhomme : il importait dès lors de ne pas les confondre avec des soldats ou des bergers de vulgaire origine : aussi leurs chaussures étaient-elles ornées de talons rouges et leurs coiffures surchargées de hauts et brillants panaches.

Reines et princesses, nymphes ou fées, portaient des

robes de soie à grands ramages, avec taille longue et busquée, les manches serrées jusqu'au coude, d'où s'échappait un flot de dentelles. Elles étaient toujours escortées d'un petit page dont l'emploi était de remettre en ordre cette robe à traîne longue et embarrassante. Les reines avaient droit à deux queues et à deux pages pour les gouverner, même quand elles pleuraient et gémissaient au fond d'un cachot. La scène devenait-elle pathétique, les gamins couraient en tous sens et devaient suivre avec rapidité les évolutions de l'actrice. « Rien n'est plus plaisant, dit un témoin oculaire, rien n'est plus gai que le mouvement perpétuel de ces petits polissons pour courir après l'actrice quand elle se tourmente beaucoup. Leur activité les met en sueur; leur embarras, leur maladresse fait toujours rire. C'est assez souvent une farce qui distrait agréablement le spectateur dans les situations pathétiques. »

Legros et Larrivée faisaient alors les beaux jours de l'Opéra, Legros, le ténor à la voix flexible et séduisante, Larrivée, le baryton au timbre éclatant; mais ni l'un ni l'autre n'eut souci d'apporter la moindre correction dans sa garde-robe. Tels ils trouvèrent leurs costumes, tels ils les endossèrent et les remirent à leurs successeurs. Représentait-il Achille, Legros n'avait garde d'oublier son énorme perruque et ses talons rouges. Pour jouer Hercule dans *Alceste,* Larrivée paraissait avec un casque chargé de plumes de diverses couleurs, une culotte de satin vert à boucles d'acier taillées en pointes de diamant, des bas de soie couleur chair, à coins brodés en paillettes, des souliers à talons rouges, l'immense perruque ondoyante à deux queues, la massue en main et la peau du lion de Némée jetée sur l'épaule (1).

Les chefs d'emploi, en ne montrant aucun souci du mieux, laissaient à leurs suppléants, avides de bruit et de gloire, l'occasion de se signaler par leur initiative. Un jeune acteur, que ses succès dans de modestes rôles avaient désigné pour doubler Legros dans *Alceste* et dans *Armide*, sut en profiter pour donner une leçon de goût à son maître. Il conserva bien la perruque, mais il supprima ces déplaisants appendices qu'on appelait queues à la conseillère. Cette timide audace était un gage pour l'avenir. Et de fait, dès qu'il fut devenu chef d'emploi, Lainez se fit remarquer par une diction expressive, par une démarche noble et aisée, par une action dramatique pleine de chaleur, parfois même exagérée. L'acteur chez lui valait encore mieux que le chanteur : aussi s'efforça-t-il toujours de donner à ses rôles un caractère noble. Énée, de *Didon*, Dardanus, Rodrigue, de *Chimène*, Polynice, d'*Œdipe à Colone*, Licinius, de *la Vestale*, autant de personnages dont il sut faire des figures historiques : Lainez, et c'est là le plus bel éloge qu'on puisse lui décerner, était

(1) Un tableau dont il existe plusieurs copies, en tapisserie des Gobelins, a conservé ce singulier accoutrement dans toute sa bizarrerie (Castil-Blaze, *Académie de musique*, t. I, p. 524).

bien l'acteur qu'il fallait pour donner la réplique à la Saint-Huberty, et pour devenir son modeste mais utile auxiliaire dans l'exécution de ses hautes vues artistiques.

A cette grande artiste était réservé l'honneur d'assurer le triomphe définitif de la vérité sur la scène de l'Opéra, mais d'autres la précédèrent dans la voie du progrès, dont il sied de ne pas méconnaître les efforts. Vestris, les deux frères Gardel et surtout Noverre, poursuivirent la réforme des costumes tentée par mademoiselle Sallé, et firent alors dans la danse la même révolution que Gluck, Piccinni et Sacchini opérèrent, dix ans plus tard, dans la musique française. Le 10 décembre 1770 parut *Ismène et Isménias*, tragédie lyrique de Laujon et Delaborde, où l'on avait introduit un ballet-pantomime qui devait faire connaître à la princesse Ismène tous les malheurs que l'amour peut causer. Laujon se faisait honneur de cette idée dramatique et nouvelle pour la France, Laval père et fils, maîtres de ballets de l'Opéra, recevaient de bonne grâce les compliments qu'on leur adressait pour avoir mis en scène une composition s'éloignant de la route battue, quand on apprit que cet intermède si remarquable était un fragment pris à un ballet d'action de Noverre, *Médée et Jason*, que l'on représentait depuis six mois à Stuttgard et à Vienne. L'ouvrage, dans son entier, ennuya visiblement le public ; mais l'épisode mimé de Noverre, où Vestris figurait Jason, fut applaudi avec chaleur.

Vestris avait abandonné le masque pour jouer cette

pantomime, mais il le reprit dans les opéras où il ne figurait que comme danseur : il n'avait donc accompli qu'une moitié de la réforme, la plus facile. De nombreux amateurs de danse allaient alors faire leur partie à l'Opéra, et le masque favorisait ces fantaisies chorégraphiques : maint homme du monde, dont les spectateurs se répétaient discrètement le nom, se faisait un plaisir de figurer au milieu des danseurs sous les traits bouffis des Vents ou des Tritons, sous le masque des Ris ou des Jeux. Du jour où les premiers sujets auraient abandonné le masque, les figurants devaient s'en voir bientôt privés : aussi cette innovation, relativement facile tant qu'il ne s'agissait que de pantomime, devenait-elle très ardue pour les ballets ordinaires. Maximilien Gardel en vint heureusement à bout (1).

C'était un soir de janvier 1772 : l'affiche annonçait *Castor et Pollux*, que les amateurs se plaignaient de ne plus entendre. Aussi la foule était-elle énorme et l'assemblée des plus brillantes. « La recette, dit Bachaumont, avait monté à près de 2,000 écus sans compter les petites loges, ce qui est sans exemple. » Vestris devait danser l'entrée d'Apollon. C'était un de ses rôles préférés : il re-

(1) Maximilien Gardel, né à Manheim le 18 décembre 1741, débuta avec succès en 1765, puis fut nommé maître de ballets de l'Opéra en 1769 ; il mourut à Paris, le 11 mars 1787, âgé de 46 ans, d'une blessure qu'il se fit à l'orteil. Son frère cadet, Pierre Gardel, né à Nancy le 6 février 1754, lui succéda comme maître de ballets, fonction qu'il conserva jusqu'à sa retraite. Il se fit remarquer surtout comme chorégraphe ; la plupart de ses ballets obtinrent un vif succès, surtout *la Dansomanie*, où l'auteur exécutait un solo de violon. Il mourut à Montmartre, le 18 octobre 1840.

HIPPOMÈNE ET ATALANTE, AOUST 1769

PAS DE DEUX, DANSÉ PAR M. GARDEL ET MADEMOISELLE ASSELIN. — DESSIN A LA PLUME DE BOQUET

Corps et draperie en argent; Amadis (manches à l'), tonnelet et pièces bleus; ornements en gaze rayée blanche et bleue; nœuds de satin bleu.

présentait le blond Phébus avec une immense perruque noire, un masque et un grand soleil de cuivre doré sur la poitrine. L'heure approchait et Vestris n'arrivait pas. On pria Maximilien de le remplacer. Celui-ci consentit, mais à condition de paraître sur la scène avec ses longs cheveux blonds, sans masque ni aucun attribut. Le public approuva fort l'innovation et fit fête à l'intelligent artiste. De ce jour les premiers sujets abandonnèrent le masque, mais les choristes dansants le conservèrent pour représenter les Ombres, les Vents, les Furies, et l'on vit en 1787 les Vents, bien que débarrassés de leur soufflet allégorique, figurer encore avec leur masque bouffi dans le prologue de *Tarare*.

Un artiste de mérite, Noverre, avait depuis longtemps réclamé cette importante réforme. Cet illustre élève du célèbre danseur Dupré avait déjà rempli avec éclat les fonctions de maître de ballets à Berlin, à l'Opéra-Comique de Paris, à Londres, à Lyon, à la cour du duc de Wurtemberg, alors l'une des plus brillantes de l'Europe, et en dernier lieu à Milan et à Vienne, quand, en 1770, l'Opéra l'appela à lui et le chargea de la direction générale de la danse. Noverre arrivait à Paris précédé de la réputation de grand compositeur de ballets-pantomimes : il s'efforça de la justifier et y réussit par la création de ballets qui obtinrent pour la plupart un brillant succès, *Médée et Jason*, *la Fête chinoise*, *la Toilette de Vénus*, *Apelle et Campaspe*. Profitant des heureuses innovations de mademoiselle Sallé et poursuivant la réforme du costume tentée par cette virtuose de la danse, il fit tomber définitivement le masque des danseurs et supprima les paniers, le tonnelet et autres accessoires ridicules ; il eut enfin le mérite de mêler le premier au ballet-pantomime une action dramatique et de chercher à y introduire l'imitation vraie de la nature.

Comme tout homme qui propage un art nouveau, Noverre rencontra d'abord de sérieux obstacles dans l'exécution de ses vues artistiques. « Comme il a la vivacité d'un homme plein de ses idées, il a choqué presque tous ceux qui exécutent ses ballets, et l'on peut bien s'imaginer qu'ils n'en vont pas mieux. Vestris et Gardel, qui se croient faits pour régner sur le théâtre, ne s'accoutument pas à redevenir écoliers, et Noverre, qui apporte une science nouvelle, se plaint de n'être pas entendu. » A tout instant l'artiste novateur se heurtait contre le mauvais vouloir des danseurs ou contre les prérogatives des danseuses. Il lui fallait des acteurs, il ne trouvait que des baladins ; il lui fallait des visages, l'Opéra n'avait que des jambes. Voulait-il placer un groupe de figurantes au fond du théâtre : « Monsieur, nous sommes les anciennes, nous avons droit d'être sur le devant. — Mais mon ballet? — Votre ballet deviendra ce qu'il pourra ; il faut que le public nous voie ; c'est notre droit. » Voilà un homme de génie bien tombé ! s'écrie Laharpe en forme de morale. Noverre ne se rebuta pas, il résolut de lutter et de consacrer des réformes qu'il réclamait depuis longues années et qu'il avait mainte fois formulées dans ses ouvrages, notamment dans ses *Lettres sur la danse et sur les ballets*, publiées à Lyon en 1760.

Si l'action et la poétique du ballet forment l'objet principal de son livre, Noverre avait trop grand souci de tout ce qui concernait la représentation théâtrale pour ne pas s'inquiéter des décors et du costume. A son avis, « la poésie, la peinture et la danse ne doivent être qu'une copie fidèle de la belle nature. » Pour atteindre ce but élevé, il fait appel à tous les artistes. Maître de ballets, peintre, dessinateur, machinistes, tous doivent seconder l'imagination du créateur, et concourir à la perfection et à la beauté de l'ouvrage, en suivant scrupuleusement l'idée mère du poète. Ici Noverre a le bonheur de se rencontrer avec Diderot qui exprime absolument la même idée dans son deuxième entretien sur *le Fils de famille* : « Une danse est un poème. Ce poème devrait donc avoir sa représentation séparée. C'est une imitation par les mouvements qui suppose le concours du poète, du peintre, du musicien et du pantomime. Elle a son sujet; ce sujet peut être distribué par actes et par scènes. »

Qu'est-ce que le ballet pour Noverre? « Le ballet bien composé est une peinture vivante des passions, des mœurs, des usages, des cérémonies, et du costume de tous les peuples de la terre. » Que lui fallait-il pour réaliser cet idéal? L'union de toutes les intelligences. Que se passait-il à l'Opéra au lieu de cette entente si nécessaire à la création d'une œuvre d'art vraiment digne de ce nom? Chacun faisait sa tâche sans s'enquérir de l'idée générale, le décorateur sans connaître le drame ni même le pays où il se passait.

« Le dessinateur pour les habits ne consulte personne; il sacrifie souvent le costume d'un peuple ancien à la mode du jour, ou au caprice d'une danseuse ou d'une chanteuse en réputation. Le maître de ballets n'est instruit de rien; on le charge d'une partition, il compose des danses sur la musique qui lui est présentée; il distribue les pas particuliers, et l'habillement donne ensuite un nom et un caractère à la danse... Ce n'est cependant que d'après les connaissances exactes de l'action et des lieux qu'il devrait agir; sans cela, plus de vérité, plus de costume, plus de pittoresque. »

L'emploi du masque froissait au plus haut point la raison et le goût de l'artiste. C'est sur le visage que les passions s'impriment et que se peignent les mouvements et les impressions de l'âme. Le visage est l'organe de la scène muette, l'interprète fidèle des moindres mouvements de la pantomime. « Pourquoi donc substituer aux traits variables de la nature ceux d'un plâtre mal dessiné et enluminé de la façon la plus désagréable? Pourquoi éclipser la physionomie par un masque et préférer l'art grossier à la belle nature? Comment le danseur peindra-t-il, si on le prive des couleurs les plus essentielles? Comment fera-t-il passer dans l'âme du spectateur les mouvements qui agitent la sienne, s'il s'en ôte lui-même le moyen, et s'il se couvre d'un morceau de carton, d'un visage postiche?... Si l'art se perfectionne, ajoute Noverre, si les danseurs s'attachent à peindre et à imiter, il faut alors quitter la gêne, abandonner les masques et en briser les moules. »

La richesse et l'inexactitude des vêtements choquaient aussi cet esprit si droit. « Tous les habits, dit-il, grec, romain, faune, chasseur, etc., sont coupés sur le même patron, et ne diffèrent que par la couleur et les embellissements que la profusion bien plus que le goût jette au hasard. L'oripeau brille partout : le paysan, le matelot et le héros en sont également chargés ; plus un habit est garni de colifichets, de paillettes, de gaze et de réseau, et plus il a de mérite aux yeux de l'acteur et du spectateur sans goût. » Plus de ces tonnelets raides qui, dans certaines positions de la danse, placent la hanche à l'épaule ; plus de ces habits symétriquement arrangés sans grâce et sans goût ; plus de ces paniers ridicules qui gênent et déforment les danseuses, qui *enterrent*, pour ainsi dire, leurs grâces et les font s'occuper plus sérieusement du mouvement de leurs paniers que de celui de leurs bras et de leurs jambes. Des draperies simples et légères, des tuniques flottantes et drapées d'après l'antique : voilà ce que réclame Noverre, s'inspirant de l'exemple de Chassé, de mademoiselle Clairon, de Lekain, et leur rendant à tous trois un juste tribut d'éloges. « Voilà ce qui prêterait de l'agrément aux attitudes et de l'élégance aux positions ; voilà ce qui donnerait au danseur cet air leste qu'il ne peut avoir sous le harnais gothique de l'Opéra ; voilà enfin ce qui nous rapprocherait de la peinture et par conséquent de la nature. »

Noverre traite bientôt la question à un point de vue plus technique, où les expériences qu'il avait faites dans ses propres ballets lui donnaient une compétence indiscutable : il s'agit du judicieux agencement des décors et des costumes. Le mélange choquant des couleurs, la mauvaise dégradation des tons et des lumières blessent les yeux et font que les figures, bien que correctement dessinées, papillotent et paraissent confuses. Une habile distribution des couleurs et une juste dégradation des lumières produisent au contraire une heureuse harmonie qui séduit l'œil.

L'application de ces principes avait pleinement réussi à l'auteur dans son ballet des *Fêtes du sérail*. Il avait alors, dit-il, scrupuleusement observé la dégradation des lumières à l'exemple des grands peintres, plaçant au premier plan les couleurs fortes et entières, plus loin les couleurs moins vives et moins éclatantes, réservant enfin pour les fonds les teintes tendres et vaporeuses. Tout est-il riche au contraire et brillant en couleur, comme dans le ballet de *la Fête chinoise*, qu'il avait fait représenter à Lyon, tout éclate alors avec la même prétention, aucune partie n'est sacrifiée, et cette égalité dans les objets prive le tableau de tout son effet, parce que rien n'est en opposition et que, par suite, rien ne produit l'effet désirable. Bref, les habits tuèrent l'ouvrage, dit-il, parce qu'ils étaient dans les mêmes teintes que la décoration. La distribution des vêtements était telle que l'homme cessait de paraître dès qu'il cessait de se mouvoir : l'œil du spectateur fatigué ne distinguait aucune forme, et l'assemblage bizarre des couleurs éblouissait les yeux sans les satisfaire.

« Tout doit être d'accord, conclut Noverre, tout doit être harmonieux au théâtre ; lorsque la décoration sera faite pour les habits et les habits pour la décoration, le charme de la représentation sera complet... Si, dans une décoration représentant un temple ou un palais or et azur, les habillements des acteurs sont bleus et or, ils détruiront l'effet de la décoration, et la décoration à son tour privera les habits de l'éclat qu'ils auraient eu sur un fond plus tranquille. Une telle distribution dans les couleurs éclipsera le tableau, le tout ne formera qu'un camaïeu, genre froid et monotone, que les gens de goût regarderont toujours comme un enfant illégitime de la peinture. Les couleurs des draperies et les habillements doivent trancher sur la décoration : je la compare à un bon fond ; s'il n'est tranquille, s'il n'est harmonieux, si les couleurs en sont trop vives et trop brillantes, il détruira le charme du tableau. Il privera les figures du relief qu'elles doivent avoir ; rien ne se détachera, parce que rien ne sera ménagé avec art, et le papillotage qui résultera de la mauvaise entente des couleurs ne présentera qu'un panneau de découpures, sans goût et sans intelligence (1). »

(1) Rapprochons de cette page de Noverre une page de Gœthe. Il est intéres-

Si Noverre avait pu donner libre carrière à son esprit d'amélioration, il aurait sans doute amené la représentation théâtrale à un degré de perfection plus satisfaisant, et son goût nous laisse augurer des progrès qu'il aurait réalisés s'il eût été libre d'agir. Lorsqu'il avait donné à Lyon son ballet de *la Toilette de Vénus*, il avait absolument proscrit masques, tonnelets et paniers ; il avait fait dessiner de charmantes tuniques pour Vénus, pour les Nymphes et les Grâces ; il avait surtout surveillé de près les costumes des Faunes. « Une lassure et une espèce de chaussure imitant l'écorce d'arbre m'avaient semblé préférables à des escarpins. Point de bas ni de gants blancs, j'en avais assorti la couleur à la teinte de la carnation de ces habitants

sant de voir le grand poète confirmer par son jugement les idées du célèbre chorégraphe : « En général les décors doivent avoir une teinte favorable aux costumes qui se meuvent sur le premier plan, comme les décors de Beuther, qui se rapprochent toujours plus ou moins du brun et laissent ressortir dans toute leur fraîcheur les étoffes des vêtements. Si le décorateur est forcé de s'éloigner de ce ton indécis, si favorable, s'il lui faut peindre une salle rouge ou jaune, ou une tente blanche, ou un jardin vert, dans ce cas les acteurs doivent avoir la précaution d'éviter ces couleurs dans leurs costumes. Si un acteur, avec un uniforme rouge et un pantalon vert, marche dans une chambre rouge, la partie supérieure de son corps disparaît, on ne lui voit que les jambes ; s'il marche avec ce même costume dans un jardin vert, ce sont ses jambes qui disparaissent ; il n'a plus que le haut du corps. J'ai vu un acteur, en uniforme blanc et en pantalon très sombre, qui disparaissait ainsi tout à fait par moitié, en se projetant sur une teinte blanche, ou sur un fond obscur. Et même, lorsque le décorateur représente une salle rouge ou jaune, ou de la verdure, il doit toujours maintenir ses teintes un peu faibles et vaporeuses, pour que les costumes puissent s'harmoniser avec elles et produire leur effet. » (*Entretiens de Gœthe*, 17 février 1830). — Hoffmann a aussi laissé d'intéressantes observations sur ce sujet dans ses *Singulières tribulations d'un directeur de théâtre*.

LA PROVENÇALE, AOUT 1769. — PAS DE DEUX, DANSÉ PAR M. MALTER ET MADAME PITROT
DESSIN A LA PLUME DE BOQUET.

des forêts ; une simple draperie de peau de tigre couvrait une partie de leur corps, tout le reste paraissait nu ; et pour que le costume n'eût pas l'air trop dur et ne contrastât pas trop avec l'habillement élégant des Nymphes, j'avais fait jeter sur les bords des draperies une guirlande de feuillage mêlée de fleurs. » Mêmes scrupules quand il s'était agi de monter son ballet de *l'Amour corsaire*, mêmes soins minutieux pour costumer avec art nymphes et amazones, corsaires, brigantins et sauvages.

Il n'en fut malheureusement pas à Paris comme à Lyon. Il y rencontra des obstacles insurmontables dans l'insouciance des directeurs et des artistes, et lui, qui tenait tant à la vérité du costume, eut parfois le tort de tolérer dans ses propres ouvrages des invraisemblances qu'il avait justement condamnées. Son ballet des *Horaces*, notamment, bien qu'il offrît aux spectateurs des scènes émouvantes, telles que le combat des six champions et l'imprécation furieuse de Camille, rendue avec vigueur par mademoiselle Heinel, se signalait par de nombreux défauts de convenance, de costume, de vraisemblance. On fut choqué de voir Horace, un moment après avoir perdu ses deux frères et tué sa sœur, se marier avec sa maîtresse Fulvie, et danser à la noce; on s'étonna que les habits et les enseignes des Romains et des Albains fussent tout couverts d'or dans un temps où ces deux peuples arboraient du foin pour étendard; on plaisanta en voyant les soldats des deux camps ôter leurs casques dans le serment qu'ils font à genoux, quoique jamais les anciens guerriers n'aient ôté leur coiffure à la guerre (1).

Noverre dut être d'autant plus sensible à ces critiques qu'il comprenait mieux combien elles étaient fondées. On peut lui reprocher de n'avoir pas montré assez de fermeté pour la réalisation des réformes qu'il tentait; on ne saurait lui contester le mérite d'avoir produit dans ses traités des idées absolument nouvelles pour l'époque, et dont le temps devait démontrer toute la justesse. Il ne put triompher entièrement de la mode et de la routine, mais c'est pour lui un assez grand honneur d'avoir, dans ses ballets et par ses écrits, lutté avec conviction pour la cause de l'art et du vrai.

(1) Laharpe, *Correspondance littéraire*, lettre LXII. — Métra fait la même critique dans sa *Correspondance secrète* : « On s'est amusé beaucoup de l'ignorance du compositeur qui a orné la scène de tout l'appareil du luxe de Rome sous les empereurs... Je doute que, du temps des Horaces, la broderie, les galons et la dorure fussent beaucoup en usage sur les habillements et dans la décoration. » (T. IV, p. 145.)

CHAPITRE IX

LA RÉFORME DU COSTUME SUR LA SCÈNE ANGLAISE
MISTRESS BELLAMY — MACKLIN — KEMBLE

Au seizième et même au dix-septième siècle, décors et costumes étaient des plus pauvres sur la scène anglaise. Philip Sidney nous apprend, en termes railleurs, que le même lieu, sans changement de décorations, était censé représenter successivement un jardin, une caverne, un rocher, un champ de bataille. Shakespeare, dont les pièces changent de lieu cinq ou six fois par acte, était réduit à recourir aux écriteaux pour suppléer, par ce moyen primitif, à l'extrême insuffisance des décorations, comme cela se faisait en France dans les mystères ou aux théâtres de la Foire. La jolie scène du *Songe d'une nuit d'été*, où Quin et ses camarades mettent en commun leur imagination pour représenter le lion, le clair de lune et le mur avec sa fente, qui doivent figurer dans leur représentation de *Pyrame et Thisbé*, peut être prise pour un tableau comique, mais point trop exagéré, des ressources dont disposaient alors certains théâtres.

L'amélioration matérielle des théâtres d'Angleterre fut lente à s'accomplir. Chappuzeau donne, dans son *Théâtre-François* (liv. I, chap. xxiii), de naïfs et bien insuffisants détails sur la mise en scène anglaise à son époque (1674). Il nous apprend seulement que les acteurs du pays visent avant tout au naturel dans l'appareil théâtral; que, lorsqu'un roi paraît sur la scène, plusieurs officiers marchent devant lui, criant : *Place! place!* comme lorsque leur souverain passe à Whitehall; qu'ils aiment à remplir la scène de personnages muets (ce qui satisfait la vue et cause aussi quelquefois de l'embarras); que, dans un drame, Mustapha se défendait vigoureusement contre les muets qui voulaient l'étrangler, toujours par amour du naturel. Tout cela scandalise fort Chappuzeau et lui prête à rire. « Les Anglais sont très bons comédiens pour leur nation, conclut-il, ils ont de fort beaux théâtres et des habits magnifiques... Il ne se peut souhaiter d'hommes mieux faits ni de plus belles femmes que j'en vis dans les deux troupes. »

Encore au commencement du dix-huitième siècle, on ne se souciait pas plus en Angleterre qu'en France de la convenance des costumes. Tout au plus y songeait-on pour les décors. Et quand un directeur se résignait à faire la moindre dépense dans ce but, il avait grand soin de s'en prévaloir auprès du public. C'est ainsi que nous trouvons dans le *Spectateur* (n° 201, 20 octobre 1711) une annonce fort tentante de *Macbeth*, qui devait être joué à Drury-Lane « avec tous les décors convenant à la pièce et tous les principaux rôles habillés de neuf. »

La célèbre actrice anglaise, Anne-George Bellamy, fille reconnue de lord Tirawley et d'une comédienne, a laissé d'intéressants *Mémoires* où se trouvent de curieux renseignements sur l'état du théâtre en Angleterre, au milieu du siècle dernier. Cette actrice remporta les plus grands succès sur la scène de Covent-Garden; elle conquit la faveur du public et l'amitié de puissants protecteurs, grâce aux avantages d'une figure expressive, d'un jeu plein de chaleur, d'une voix touchante et mélodieuse. Après avoir atteint à l'apogée de la gloire, après avoir égalé le succès des plus grands acteurs du temps, tour à tour ses rivaux ou ses amis, mistress Woffington, Sheridan, Quin, Garrick; après avoir été honorée des plus hautes protections et des amitiés les plus illustres, mistress Bellamy, qui avait prodigué sa fortune en bienfaits, tomba dans la misère. Elle se vit seule alors, livrée aux obsessions de ses créanciers, rebutée des directeurs de théâtre, souvent exposée aux cruautés de la justice anglaise et manquant parfois du nécessaire; elle mourut misérablement en 1788, à peine âgée de cinquante-sept ans, laissant après elle le souvenir d'un talent hors ligne et d'une bienfaisance inépuisable (1).

(1) *Notice sur mistress Bellamy*, par Adolphe Thiers.

Elle était née en 1731, à Fingal, en Irlande. Elle avait quatorze ans quand elle débuta sur le théâtre de Covent-Garden, grâce à la protection du directeur Rich, par le rôle de Monimia dans la tragédie d'Otway, *l'Orpheline*. A son entrée en scène, éblouie par l'éclat des lumières et par le bruit des applaudissements, la pauvre enfant perdit subitement la voix et la mémoire, et resta en place, immobile, le regard fixe. Elle ne put retrouver ses esprits jusqu'au quatrième acte : c'était là qu'il fallait tomber ou réussir. Tout à coup, à l'étonnement du public et des acteurs, elle brilla d'un feu soudain et joua admirablement la fin de son rôle aux bravos enthousiastes de toute la salle, de ses camarades et même de l'illustre acteur Quin, qui régnait sur le théâtre en véritable despote et qui ne lui avait d'abord témoigné que du dédain. Avec une aimable modestie, l'actrice attribua la faveur que lui montra le public en cette soirée périlleuse « à quelque pitié de sa jeunesse, à quelque prévention favorable inspirée par sa figure, ou par son costume extraordinaire, parce qu'il était élégant et simple. »

S'il en fut ainsi, elle reçut ce soir-là la récompense de son goût et de sa précoce intelligence. Le directeur Rich, qui l'avait prise en amitié et qui fut toujours pour elle un zélé protecteur, presque un père, lui avait témoigné une complaisance qu'il n'avait jamais montrée même à ses meilleures actrices. Il l'avait menée chez son marchand et lui avait permis de choisir un costume à son gré. De la part d'un homme tel que Rich, c'était là une grande faveur, et la jeune actrice pouvait à bon droit s'en vanter dans l'état où le théâtre se trouvait alors.

« Les costumes des princesses de théâtre étaient en ce temps très différents de ce que nous les voyons ; les reines et les impératrices étaient bornées au velours noir ; dans les occasions extraordinaires, elles mettaient une jupe brodée ou tissue d'or. Les jeunes princesses paraissaient en général vêtues de la robe réformée de quelque femme de qualité ; et comme alors les personnes de la cour, avec moins de goût qu'on n'en a aujourd'hui, avaient beaucoup plus d'économie, la parure des jeunes héroïnes était, pour l'ordinaire, une robe passée ou tachée... Le costume des hommes était alors aussi ridicule que celui des actrices. Avec des reines en velours noir et des princesses en robes sales se montraient des héros en vieux habits galonnés, en perruques à trois marteaux, et en bas de laine noire (1). »

En Angleterre, comme en France, il surgissait souvent de bruyantes rivalités entre actrices, et les amateurs assistaient volontiers à ces luttes plus ou moins courtoises de beauté, de talent, et surtout de toilette. Mistress Bellamy donne à ce sujet des détails très frivoles par eux-mêmes, mais qui peignent bien les mœurs, le goût, les usages du temps, et qui nous apprennent aussi quel était déjà l'empire de la France dans les arts de luxe.

Sheridan, ayant entrepris la direction d'un théâtre à

(1) Mistress Bellamy, *Mémoires*, lettre VIII.

Dublin, l'avait engagée peu après son brillant début à Covent-Garden. Il s'agit un jour de remettre en scène *All for love* (*Tout pour l'amour*) de Dryden. Barry et Sheridan tenaient les rôles d'Antoine et de Ventidius, où ils étaient fort remarquables. Mistress Bellamy devait jouer Cléopâtre, et mistress Furnival, une jeune actrice de talent qu'elle avait éclipsée dans plusieurs rôles et qui lui en tenait rigueur, Octavie. Le directeur, dans un voyage qu'il avait fait durant l'été à Londres, avait acheté un superbe vêtement ayant appartenu à la princesse de Galles et qu'elle avait porté une seule fois, pour l'anniversaire de la naissance du roi : il le fit arranger pour le rôle de Cléopâtre. Mistress Furnival qui, en observant de temps à autre les costumes de mistress Bellamy, très différents de ceux des héroïnes du temps, avait acquis assez de goût pour dédaigner le velours noir qui formait la parure habituelle des princesses de théâtre, s'empara par surprise du beau costume de sa rivale et le revêtit pour jouer Octavie, sans se douter de l'inconvenance qu'il y avait à orner une matrone romaine de la parure d'une reine voluptueuse. Mistress Bellamy fut forcée de s'habiller en satin blanc, n'ayant que le diadème comme symbole indispensable de la royauté ; le contre-sens n'en était que plus complet, puisqu'elle parut aussi simple dans le rôle de la reine d'Égypte qu'aurait dû l'être la vertueuse femme d'Antoine (1).

(1) Mistress Bellamy, *Mémoires*, lettre XX.

A cette vue, tout le monde fut frappé de surprise, le public, les acteurs, le directeur, et surtout mistress Butler, une obligeante protectrice de Bellamy, qui lui avait prêté ses diamants pour compléter son riche costume, et qui, en les retrouvant sur les épaules de la Furnival, s'écria en plein théâtre : « Hé, bon Dieu ! cette femme a pris mes diamants ! » Il s'ensuivit un tumulte indescriptible. Le parterre crut que l'actrice avait volé mistress Butler ; il se contint jusqu'à la fin de l'acte, mais alors les cris : « Plus de Furnival ! » éclatèrent de toutes parts, et la malheureuse femme n'eut rien de mieux à faire que de se trouver mal. On l'emporta, et une autre comédienne, mistress Elmy, qui se trouvait là par hasard, s'habilla à la hâte pour finir le rôle d'Octavie.

Cette première dispute n'était que le prélude de bien d'autres. Quelques années plus tard, Bellamy était de retour à Londres. Mistress Woffington et elle étaient alors les deux principales actrices de Covent-Garden, mais leur amitié première s'était changée en une animosité sourde que le temps et les succès de Bellamy n'avaient fait qu'accroître. La remise au théâtre de la tragédie de Lee, *Alexandre*, fit éclater l'orage. Les deux ennemies y remplissaient précisément les rôles de reines rivales. « J'avais chargé pendant l'été, dit mistress Bellamy, madame Montete, femme d'un coiffeur alors célèbre, qui partait pour Paris, de m'apporter deux costumes propres à la tragédie, et de choisir les plus élégants qu'il fût possible de trouver

Mon ambassadrice devait s'adresser à madame Bonnefoi, la première marchande de modes du temps; celle-ci devait s'entendre avec madame Brillant, laquelle consulterait mademoiselle Dumesnil; elle avait ordre même de prendre l'avis de tous les gens de goût sur une affaire si importante. La remise d'*Alexandre* me fournit une belle occasion d'étaler ma magnificence dans le rôle de la princesse persane (1). » Mistress Bellamy était mieux traitée que ses camarades : le directeur Rich lui allouait une certaine somme, à charge de se pourvoir d'habillements, tandis qu'il fournissait de costumes le reste de la troupe. Cette fois il avait acheté pour la Woffington, qui jouait le rôle de Roxane, un habillement de la princesse douairière de Galles, très frais et très beau au jour, mais qui, étant de couleur paille, semblait, à la lumière, être d'un blanc sale. Ce fut bien pis quand la Bellamy parut vêtue d'un costume jaune éclatant que rehaussait un manteau de pourpre. A cette vue, mistress Woffington se leva furieuse et lui dit d'un air hautain : « Je vous prie, madame, de ne plus porter ce costume dans la pièce que nous devons jouer ce soir. » Le lendemain, mistress Bellamy parut avec son autre vêtement plus élégant encore; puis, le jour suivant, elle remit le costume jaune et le manteau pourpre. La Woffington ne put contenir sa colère : « Prête à crever de dépit, elle me dit que j'étais bien heureuse d'avoir un ministre pour

(1) Mistress Bellamy, *Mémoires*, lettre LIII.

fournir à mon extravagance en bijoux et en parures. Choquée d'un reproche injuste, je répondis avec aigreur que j'étais bien fâchée que la moitié de la ville ne suffît pas à lui donner l'équivalent de ce que, selon son impertinente supposition, me donnait un ministre. Je m'enfuis après avoir dit ces mots, car j'aurais couru risque de paraître dans la scène suivante avec des yeux noirs, quoique la nature me les eût donnés bleus (1). » La coquette Bellamy en fut quitte pour la peur, grâce à sa façon alerte d'esquiver le courroux de sa vindicative rivale.

Ces récits montrent assez quel mauvais goût régnait

(1) Mistress Bellamy vivait alors avec un nommé Calcraft, homme bas et perfide, qui s'était engagé, sous dédit de 50,000 livres, à la prendre pour femme au bout de quelques années. Cet amant, qui l'abandonna indignement après lui avoir dépensé toute sa fortune, était le protégé de Henri Fox; et le célèbre secrétaire de la guerre honorait mistress Bellamy de son amitié, sans pourtant donner prise à la moindre critique. L'attaque de miss Woffington tombait donc à faux, mais non la réplique de sa rivale. « Mistress Woffington, actrice célèbre, douée de tous les talents, et dans la fleur de la jeunesse et de la beauté, avait une intelligence supérieure... Le rôle de sir Harry Wildair mit le comble à sa réputation. Wilkes s'y était distingué avant elle; elle s'en chargea douze ans après lui, et le joua si bien que tous les acteurs, et même Garrick, y renoncèrent en sa faveur; elle fut le seul sir Harry Wildair pendant tout le reste de sa vie. Elle racontait quelquefois avec enjouement l'anecdote suivante : un soir qu'elle venait de jouer « sir Harry » et qu'elle avait reçu des applaudissements encore plus bruyants que de coutume, elle entra dans le foyer, où Quin était en ce moment : « Monsieur Quin, lui dit-elle, j'ai joué ce rôle si souvent, que la moitié de la ville croit que je suis véritablement un homme. — Rassurez-vous, madame, répondit Quin avec le ton caustique qui lui est familier, l'autre moitié sait le contraire. » (*Mémoires de Garrick*, par Murphy, chap. II.) — M. Dumas fils a transcrit cette réplique, en l'atténuant, dans *le Demi-Monde* : c'est M. de Jalin qui l'adresse à madame de Santis.

alors sur les théâtres de Dublin et de Londres. Là, comme à Paris, les nobles se faisaient un plaisir de donner ou de prêter leurs vêtements aux comédiens, et quand le directeur n'avait pas acheté à bas prix quelque costume de cour un peu défraîchi, les grandes dames mettaient à la disposition des actrices leurs robes et leurs parures. Dès son début, mistress Bellamy avait rompu avec la mode : elle n'avait pris conseil que de son goût et s'en était bien trouvée. Elle persista dans cette façon d'agir et ne cessa durant toute sa carrière d'observer autant que possible la vérité et la convenance. Dans le temps qu'elle donnait des représentations à Glasgow, elle perdit toutes ses robes dans un incendie qui réduisit le théâtre en cendres. Aussitôt les dames de la ville lui font offrir leurs vêtements, et elle reçoit des présents de toute espèce qui la dédommagent. Mais ces habits bourgeois ne convenaient pas à beaucoup de personnages, et, bien que cet accident fût un cas de force majeure, la consciencieuse artiste s'excuse avec instance d'avoir représenté alors lady Macbeth vêtue d'un costume peu conforme à son rôle.

« *Macbeth* et *Douglas* étaient fort demandés ; mais on ne pouvait jouer ces pièces que nous n'eussions fait venir d'Édimbourg les habits nécessaires. Parmi tant de vêtements de toutes couleurs que m'avaient envoyés les dames de la ville, il n'y avait pas un seul vêtement noir. J'observai que c'était une des raisons qui m'empêchaient de jouer le rôle de lady Macbeth. Sur cela, un des habitants m'assura que milady se promenait tous les soirs au château de Dunsinane vêtue en satin blanc. Je ne pus m'empêcher de sourire; mais on m'assura très sérieusement que c'était un fait, et qu'il me serait aisé de m'en convaincre en passant seulement une nuit au château. J'aimai mieux en croire la personne qui me le racontait, que d'aller m'assurer de la vérité de son assertion; en conséquence, je jouai le rôle, contre l'usage, en satin blanc (1). »

L'actrice qui donnait tant de preuves de goût et de sens ne pouvait que déplorer l'état actuel du théâtre. Elle prétendit l'améliorer, elle osa innover et réformer à la fois le costume des femmes et celui des hommes, rejeta le panier et fit tomber la perruque. Lorsqu'elle fut chargée de jouer le rôle de Cléone dans la tragédie de Dodsley, comprenant que le succès dépendait entièrement de l'héroïne, elle résolut de tenter un coup d'audace, et elle vainquit. « La simplicité de mon costume, dit-elle, répondit à celle que je me proposais de mettre dans mon jeu; je quittai même le panier, qui m'a toujours paru extrêmement incommode. La nouveauté a quelquefois des charmes irrésistibles. Je réussis dans ces deux points au delà de mes espérances (2). »

Quelques mois après la dispute de mistress Woffington et de notre héroïne, le directeur Rich, lassé des mauvaises recettes qui se succédaient, imagina de reprendre, avec

(1) Mistress Bellamy, *Mémoires*, lettre LXXVII.
(2) Id., *ibid.*, lettre LXIII.

un grand luxe de machines et en y introduisant des chaises dansantes, la pièce de Beaumont et Fletcher, *la Prophétesse*. Un acteur de la troupe, Ross, s'en fut consulter la Bellamy sur le costume d'empereur romain qu'il devait adopter. Celle-ci lui expliqua ses idées et lui recommanda surtout d'avoir une perruque qui ressemblât autant que possible à la chevelure naturelle.

« — M. Rich, répondit-il, avait pensé qu'elle devait être à larges faces.

— En ce cas, reprit l'actrice, s'efforçant de cacher son envie de rire sous un air grave, prenez-la la plus étoffée que vous pourrez, et pour faire encore plus d'effet, à votre place, je mettrais un panier sous ma tunique. »

« Le sérieux avec lequel je lui débitai ces folies, ajoute-t-elle, trompa mon héros; il me quitta, résolu à se conformer à mes avis. Quand il parut ainsi affublé, ce fut la figure la plus grotesque que l'on eût jamais vue sur le théâtre; le brouhaha ne finissait pas; mais personne ne jouit de cette scène ridicule plus que moi, à qui le public en avait, sans le savoir, l'obligation. Elle eut au moins le bon effet de faire tomber un des usages les plus absurdes qui se fussent jamais introduits sur le théâtre anglais, et qui n'est pas rare sur la scène française, celui de costumer les héros grecs et romains en perruques in-folio (1). »

---

(1) Mistress Bellamy, *Mémoires*, lettre LVIII.

GEORGE-ANNE BELLAMY, ACTRICE DU THÉATRE DE COVENT-GARDEN.

Mistress Bellamy réalisa ses progrès à l'heure même où Lekain et mademoiselle Clairon tentaient en France une amélioration semblable, mais l'actrice anglaise ne mit pas à son œuvre une égale ardeur ; l'instinct seul la guidait, tandis que les artistes français firent de cette réforme l'objet de mûres réflexions et de sérieuses études : aussi eut-elle en France un caractère plus sérieux et une plus grande portée.

David Garrick et Charles Maklin illustraient à cette époque la scène anglaise. Le premier, né en 1716 à Hereford, était le petit-fils d'un négociant français nommé La Garrique, qui s'était réfugié en Angleterre lors de la révocation de l'édit de Nantes. Renonçant au commerce et au droit, que sa famille voulait lui faire apprendre, David débuta en province, sous le nom de Lyddal, en jouant sous le masque le rôle du nègre Abonn, dans la tragédie *Oroonoko*, de Southern. Ayant reçu bon accueil, il abandonna le masque et osa bientôt venir jouer sur le théâtre Goodman's-fields, à Londres. Son début dans *Richard III* fut un triomphe, et sa renommée, franchissant les portes de la ville, s'étendit rapidement dans toute l'Angleterre et jusqu'en Irlande.

L'art du théâtre, à cette époque, n'était pas très florissant en Angleterre. Maklin avait réussi dans le rôle de Shylock ; Quin était sans contredit un excellent acteur ; on goûtait mistress Pritchard et la Woffington dans la haute comédie ; mistress Clive s'était vouée aux rôles de gaieté, et cependant l'art du comédien était encore en enfance. Rien n'était naturel dans la déclamation théâtrale; les passions s'exprimaient par des hurlements; un ton pleurard était l'accent de la douleur, une voix traînante l'expression de l'amour; et c'était par des vociférations qu'on essayait d'inspirer la terreur. D'une autre part, la comédie s'était dégradée jusqu'à la bouffonnerie. Garrick vit que la nature était bannie du théâtre; il résolut de l'y rappeler, et se flatta d'y réussir en l'imitant avec vérité (1).

Acteur de génie, également supérieur dans le tragique et dans le comique, admiré de tous, et surtout de ses rivaux, surnommé d'une voix unanime le « Roscius anglais », Garrick, dans le voyage qu'il fit sur le continent de 1762 à 1765, rencontra à Paris une aussi grande faveur qu'en Angleterre. Il excita l'admiration de tous ceux qui eurent le bonheur de l'entendre, des comédiens comme des critiques, de Préville et de mademoiselle Clairon, qui l'embrassa dans un élan d'enthousiasme, comme de Grimm, qui s'écrie : « Garrick est réellement au-dessus de tous les éloges qu'on peut lui donner. Il faut le voir pour le comprendre, et qui ne l'a pas vu ne peut avoir aucune idée de l'art dramatique. Cet acteur est le seul qui ait rempli tout ce que mon imagination attendait et exigeait d'un comédien et il m'a démontré, à ma grande satisfaction, que les idées qu'on se forme de la perfection ne sont pas aussi chimé-

(1) *Mémoires de Garrick*, par Murphy, chap. I.

riques que certaines gens à tête étroite voudraient nous le persuader. Il n'y a point de limite que le génie ne franchisse. »

Et pourtant cet acteur sans rival avait un côté faible. Pas plus que Baron ou que Sheridan, il ne se soucia jamais de l'exactitude de ses costumes. Un jour, il s'avisa de jouer Othello en habit moresque, ce qui offusqua les gens désireux de voir Othello, général vénitien, se vêtir à la vénitienne, et ce qui était surtout défavorable à un acteur de petite taille. Après la pièce, quelqu'un vint raconter le fait à Quin, l'acteur préféré de Covent-Garden, alors en lutte ouverte avec le théâtre de Drury-Lane, où régnaient Garrick et miss Cibber. « Le petit bonhomme, dit-il en riant, au lieu de représenter le Maure, devait avoir l'air du petit nègre chargé de porter la queue de Desdémone. » Ce propos, méchamment rapporté à Garrick, lui donna à penser qu'il s'était trompé, et il se garda de reprendre ce costume, sinon par bon goût, du moins par crainte de la verve railleuse de son antagoniste (1).

(1) Mistress Bellamy, *Mémoires*, lettre IX. — Contrairement à l'avis de Quin et de mistress Bellamy, nous regardons cette innovation de Garrick comme un progrès d'un jour dû au hasard et dont on ne saurait tenir compte au comédien, puisqu'il y renonça si vite. On peut défendre également bien les deux manières de se vêtir. La vérité demande qu'Othello endosse un habit vénitien, la nature et la raison veulent qu'il en prenne un moresque. Nous préférons ce dernier. En effet, si Othello a fait à sa patrie d'adoption le sacrifice de son costume, c'est qu'il est devenu tout à fait Vénitien, et, en dépouillant aussi complètement le Maure, il rend invraisemblables ses transports de fureur folle et le dénoûment de la pièce.

Lorsqu'il fut devenu directeur de Drury-Lane, Garrick fit preuve d'un rare absolutisme dans ses goûts et dans ses idées. Bellamy nous apprend que la moindre improbation de son opinion sur les affaires du théâtre suffisait pour faire encourir son inimitié, et qu'un très petit incident contribua beaucoup à lui donner des préventions contre une comédienne de talent, mistress Clive. « Lorsqu'on monta la pièce de *Barberousse*, dit-elle, le costume qu'avait choisi Garrick était si étrange, que mistress Clive, entrant au foyer, ne put s'empêcher de dire : « Eh, bon Dieu ! qu'est-ce que ceci ? Je déclare que c'est le royal allumeur de lampes (1). » Ce mot, qui excita le rire des assistants, suffit pour faire perdre à l'actrice la bienveillance du directeur-acteur, qui, blessé dans sa vanité, ne laissa plus échapper une seule occasion de mortifier et d'abaisser la trop spirituelle Clive.

Dans sa *Vie de Garrick*, Davies rapporte encore un trait qui montre bien que les grands seigneurs d'Angleterre, comme ceux de France, se plaisaient à protéger les comédiens, à leur donner ou prêter de riches costumes. Fleetwood, le directeur de Drury-Lane, était un homme sans conduite et toujours criblé de dettes. Ses créanciers firent un jour saisir le mobilier du théâtre. Quand les gens de justice mirent la main sur un chapeau orné de plumes et de pierres fausses, dont se servait Garrick dans le rôle de

---

(1) Mistress Bellamy, *Mémoires*, lettre LXXX.

Richard, son domestique, un Irlandais plein de vivacité qui se trouvait au théâtre par hasard, s'écria : « C'est le chapeau du roi ! » Les alguazils s'imaginèrent que ce chapeau avait été prêté au théâtre par ordre de George II et lâchèrent leur proie (1).

Il appartenait au rival de Garrick, à Macklin, d'affermir l'innovation tentée par la Bellamy. Macklin était Irlandais. Né bien avant Garrick, il mourut après lui : il ne vécut pas moins de cent sept ans, de 1690 à 1797. Tour à tour écolier, bateleur, hôtelier, histrion ambulant chargé des rôles d'Arlequin et de Scaramouche, Macklin dut passer par mille aventures et subir maints déboires avant de conquérir la faveur publique. Il débuta enfin à Drury-Lane en 1733, et acquit bientôt dans la capitale la même réputation que dans les provinces. De ce jour, le grand acteur eut des égaux, il ne compta plus de maîtres.

Durant sa longue carrière, Macklin reçut souvent de précieux témoignages d'estime et d'admiration. C'était au commencement de 1772 : cédant aux instances de George Dawson, successeur de Barry, Macklin venait de s'associer avec lui pour diriger le spectacle de Crow-street,

---

(1) «... Malgré l'ingénieuse description que Lichtenberg fait du jeu de Garrick; malgré l'enthousiasme spirituel avec lequel il parle du petit pli que faisait au-dessous de l'épaule gauche de Garrick son habit de gala, habit noir coupé à la française, lorsque, dans *Hamlet*, il lutte avec Laërte sur le tombeau d'Ophélia; malgré toutes les anecdotes qui racontent les merveilles de Garrick, je ne peux, si je pense à toute sa personne, me faire une juste idée de son jeu tragique. » (Hoffmann, *Singulières tribulations d'un directeur de théâtre*.)

dans la capitale de l'Irlande. Il y donna alors la reprise du *Véritable Écossais*, un de ses meilleurs ouvrages, qu'il avait composé, en 1764, pour la scène rivale de Smock-Alley, où il jouait les premiers rôles. Cette jolie comédie n'eut pas moins de succès alors qu'à l'origine, et, le lendemain de cette représentation, un jeune lord écossais envoya à Macklin un habit de théâtre de grand prix, pour lui marquer quel plaisir il avait éprouvé en le voyant tracer un portrait si fidèle de son grand-père.

A l'âge de quatre-vingt-deux ans, Macklin proposa à Colman, le directeur de Covent-Garden, de reparaître sur la scène ; mais il posa comme condition de sa rentrée qu'il jouerait les rôles de Richard III, du roi Lear, de Macbeth, et tels autres que bon lui semblerait dans de nouvelles tragédies comme dans celles qu'on viendrait à reprendre. Le grand artiste n'était connu à Londres que comme acteur comique; mais il avait rempli ces rôles en province quarante ans auparavant et il voulait ajouter à ces bravos ceux de la capitale. A cette annonce, le public se partagea en deux camps, les uns soutenant le comédien dans sa tentative, les autres décriant cette hardiesse comme un trait d'amour-propre ridicule. Macklin parut d'abord dans Richard; puis, le 23 octobre 1773, il joua Macbeth. La première représentation fut assez bruyante, sans rien offrir d'extraordinaire; mais, aux deux suivantes, une cabale formidable, organisée contre la pièce et contre l'acteur, ne cessa d'interrompre le spectacle par des sifflets et des huées. A la quatrième, enfin, dès qu'il parut sur la scène, les vociférations devinrent telles, qu'il fut obligé de se retirer ; la pièce ne put être jouée.

Le théâtre de Drury-Lane était alors dirigé par Garrick, et deux acteurs de ce théâtre, Sparks et Reddish, s'étaient signalés parmi les plus ardents tapageurs. On soupçonna fort Garrick d'avoir secrètement médité la perte de son ancien camarade, avec lequel il s'était brouillé pour une question d'intérêt, et qui, après avoir été son ami, était resté son rival de gloire. Et pourtant Garrick n'avait guère à craindre qu'on lui préférât le vieux comédien dans le rôle de Macbeth, un de ses plus grands triomphes. Mais mistress Bellamy a révélé que Garrick ne souffrait pas de contradiction à ses façons de voir ou d'agir, et Macklin avait introduit dans son rôle un changement qui critiquait directement la manière dont Garrick avait coutume de le jouer. Jusqu'à cette époque, Macbeth avait toujours paru sur la scène en perruque à queue, en habit écarlate galonné d'or, bref, en uniforme de général moderne ; et jamais Garrick n'avait pris d'autres vêtements. Macklin sentit le ridicule de donner à un général écossais qui vivait avant la conquête de l'Angleterre par les Normands, le costume du dix-huitième siècle. Il prit celui du temps et du pays où l'action se passait, il le fit prendre pareillement aux autres acteurs ; et cette innovation, à laquelle Garrick n'avait jamais pensé, fut de ce jour définitivement adoptée (1).

(1) *Mémoires sur Charles Macklin*, par J.-Th. Kirkman.

C'en était assez pour exciter le courroux du grand acteur et pour qu'il tentât de faire tomber son rival sous une belle cabale. Macklin fut forcé de céder et de quitter la ville, mais l'homme seul était vaincu : l'idée allait triompher.

Mistress Bellamy et Macklin avaient joué en Angleterre le rôle de novateurs, qu'avaient rempli en France Lekain et mademoiselle Clairon. Le célèbre tragédien Kemble, le plus grand acteur dont s'enorgueillisse la scène anglaise, joua à son tour, au delà de la Manche, le rôle de Talma. Kemble était né le 1ᵉʳ février 1757, à Preston, dans le comté de Lancastre. C'était le fils d'un directeur parcourant la province, qui aurait bien souhaité que ni ses filles ni ses fils ne missent le pied sur les planches. Il n'en fut rien, heureusement pour l'art théâtral. Ses deux fils, Jean-Philippe et Charles, se firent acteurs, et sa fille Sarah devint, sous le nom de mistress Siddons, une des plus illustres tragédiennes anglaises. Bravant les ordres de son père, Jean courut d'abord la province à la suite de troupes nomades, vivant au jour le jour, ici bien accueilli, là forcé, pour attirer le public, de faire des tours d'escamotage. C'est de son séjour à Manchester et à Liverpool que date sa réputation. Plein d'amour pour son art, travaillant à la fois sa voix, son geste, ses poses, son costume, il cherchait à être toujours plus saisissant, plus profond, plus vrai. Les deux années (1782-1783) qu'il passa à Dublin furent pour lui un temps plein d'honneurs et de bonheur. Le théâtre de Smock-Alley lui dut de belles recettes, et l'auteur tragique Jephson le succès colossal de son *Comte de Narbonne*. Enfin sa sœur, qui ne perdait aucune occasion de le protéger, lui fit avoir un engagement à Drury-Lane, où elle-même était en possession des premiers rôles.

Il y débuta le 1ᵉʳ septembre 1783, dans le rôle d'Hamlet, qu'il avait rempli avec éclat à Dublin, et qui resta toujours un de ses triomphes. Jamais acteur n'avait rendu avec plus de vérité la profonde terreur religieuse, qui obsède le prince royal, qui enveloppe toute sa vie ; et, bien que quelques vieux amateurs du théâtre murmurassent le nom de Garrick, le public classa d'emblée Kemble, sur ce début, au rang des premiers tragédiens. C'était son rôle favori, et, à force de le travailler, il lui avait donné un degré de puissance tel, que par la suite il y aurait eu risque pour un acteur à s'écarter le moins du monde des traditions de Kemble. Et ce triomphe n'était que le prélude de bien d'autres, car le grand tragédien compta ses succès par ses créations et sut s'incarner aussi bien dans tous les personnages qu'il dut représenter.

Bientôt la retraite de son rival Smith, avec lequel il partageait les premiers rôles, et celle du directeur King ouvrirent une carrière plus vaste à son génie. La même année 1788 vit Kemble remplacer l'un comme chef d'emploi et l'autre comme directeur de Drury-Lane. Le théâtre, sous son administration, prit une face nouvelle. La mise en scène y fut plus soignée, les décors devinrent plus variés, plus vrais ; le machiniste, largement rétribué, opéra des miracles ; les anachronismes de costume, Macbeth en uniforme de général anglais, Caton en ailes de pigeon, disparurent à jamais de Drury-Lane, et successivement de toutes les scènes importantes. Grâce à lui et à sa généreuse influence, les innovations tentées par mistress Bellamy et Macklin furent adoptées et approuvées de tous. De ce jour, le mauvais goût fit place sur la scène anglaise au bon goût et à la vérité.

Cette réforme artistique, qui donna lieu chez nous à une lutte prolongée entre l'esprit d'initiative et la routine, ne fut donc pas plus facile à accomplir sur la scène anglaise. Il en coûta de longs efforts aux acteurs qui s'étaient faits les patrons de cette juste cause : ici et là, mêmes modes à combattre, mêmes résistances à vaincre. Il n'était que juste, dès lors, de rapprocher les noms de mistress Bellamy, de Macklin et de Kemble de ceux des artistes français qui défendirent les mêmes idées et qui les firent triompher.

CHAPITRE X

MADAME SAINT-HUBERTY A L'OPÉRA
- DIDON, 1783

C'était au commencement du mois de septembre 1777. On préparait à l'Opéra l'*Armide* de Gluck et il régnait par tout le théâtre cette animation, cette fièvre qui précède les grands combats dramatiques, ceux d'où doit découler la gloire d'un artiste, le triomphe d'une idée ou la fortune d'un directeur. Et l'ouvrage qu'on allait représenter avant quinze jours était précisément de ceux d'où dépendaient ces trois choses ordinairement disjointes, inconciliables même en plus d'un cas, et que le génie d'un homme avait su subordonner toutes ensemble à la réussite de son opéra. La répétition n'était pas encore commencée, et c'était un remue-ménage indescriptible sur la scène où se coudoyaient tous les gens qui étaient de la maison ou qui croyaient en être : d'abord les artistes des deux sexes, puis les parents de ceux-ci et les protecteurs de celles-là. Les femmes surtout étaient au grand complet, les reines du chant et les étoiles de la danse : Durancy, Beaumesnil, Rosalie Levasseur, Sophie Arnould, La Guerre, Duplant, Heinel, Peslin, Guimard, Allard, Cécile, Asselin, Dorival; les unes s'apprêtant à roucouler, les autres à tournoyer; d'autres enfin, celles qui ne déclamaient ni ne sautaient, à entendre, à voir et à médire.

L'assemblée était des plus brillantes et des plus bruyantes; c'était à qui rirait et babillerait le plus fort parmi les demoiselles du ballet ou les dames des chœurs et dans le camp des fillettes du magasin, toutes jeunes beautés à peine écloses qui devaient se faire rapidement un nom dans les annales de la galanterie. Dans un coin retiré du théâtre se tenait modestement assise une jeune femme à l'aspect souffreteux, et dont la tenue presque misérable formait un contraste attristant avec les toilettes fastueuses qui l'entouraient. Si petite qu'elle se fît dans la foule, elle n'avait pu passer inaperçue, et plus d'une souriait de pitié en la regardant lorsqu'une voix moqueuse s'écria : « Tiens, voilà madame La Ressource ! » — Et Gluck se retournant: « Vous l'avez bien nommée, dit-il très haut, car elle sera un jour la ressource de l'Opéra. »

Cette pauvre femme ainsi raillée par le vice, ainsi défendue par le génie, s'appelait de son nom de théâtre madame Saint-Huberty, et si l'auteur d'*Orphée* avait pressenti en elle une artiste de race en la voyant opiniâtrément travailler, il était loin de soupçonner, tant s'en faut, quels succès, quels triomphes Paris et la France entière réservaient, avant peu d'années, à cette simple coryphée, encore vouée aux rôles de confidente ou de divinité secondaire. Antoinette-Cécile Clavel était née à Toul, en 1756, d'une famille fort pauvre. Son père l'avait emmenée à Varsovie où il vivait misérablement de ses appointements de répétiteur dans une troupe d'opéra français au service de l'Électeur palatin. Par bonheur, la petite Clavel rencontra là-bas un bienfaiteur et un maître dévoué dans la personne du chef d'orchestre Lemoine, un compositeur que Paris devait plus tard applaudir.

Au bout de quatre années de travail, Cécile était engagée à Berlin et y remportait quelques succès, mais elle fit la folie d'épouser un certain chevalier de Croisy, ou Croisilles, spirituel, galant, excellent garçon et enragé joueur. Il perdit. Il fallut tout vendre, linge, vêtements, bijoux. Il se battit en duel. Il fallut fuir Berlin en toute hâte. Le ménage fugitif se sauvait vers Paris, mais il dut, faute d'argent, s'arrêter à Strasbourg, et, pour vivre, madame de Croisy se fit recevoir au théâtre de la ville à condition de jouer tous les rôles.

Elle faisait depuis trois ans cet ingrat métier, quand, au mois de juin 1777, elle reçut un ordre de début pour l'Académie de musique; et, le 23 septembre, elle paraissait à l'Opéra, sous le nom de Saint-Huberty (1), dans le petit

(1) C'est là la véritable orthographe de ce nom de guerre. Dans la plupart

rôle de Mélisse, d'*Armide*. On ne fit guère attention à la nouvelle venue au milieu d'un événement aussi important que l'était l'apparition d'un nouvel ouvrage de Gluck. Qu'était-ce que cette modeste débutante auprès de personnes aussi marquantes que celles de Legros, de Larrivée, de Gélin, de Lainez et surtout de mesdemoiselles Rosalie Levasseur et Durancy, deux actrices de grand talent? Aussi bien, peu de spectateurs prirent intérêt à la pauvre Mélisse, et l'on déclara tout haut que la débutante « était fort laide, très mauvaise, et qu'elle ne pouvait se maintenir longtemps sur la scène tragique. »

C'est avec tous ces désavantages qu'elle entreprit de réussir. Sans amis, sans protecteur, mais fière en sa détresse, et soutenue par l'ambition qui la mordait au cœur, madame Saint-Huberty vivait seule en son pauvre logis, situé dans un quartier assez éloigné de l'Opéra, rue Sainte-Croix de la Bretonnerie. Du soir au matin, elle travaillait, s'étudiait à corriger ses défauts de nature, ne sortait guère que pour aller tenir au théâtre son modeste emploi. Tant de persévérance ne fut pas perdue : en 1779, elle fut définitivement reçue à l'Opéra, moins encore pour son talent qu'en raison de sa bonne volonté à toute épreuve.

des pièces originales des Archives, rapports du comité, lettres du directeur, du ministre, etc., ce nom est écrit par un *i*; mais l'actrice l'écrivait par un *y*. Le parafe qu'elle ajoutait à sa signature empêche de bien distinguer la dernière lettre, mais, pourtant, c'est plutôt un *y*, et j'en ai trouvé la preuve dans quelques pièces où elle signa sans parafe : il faut donc écrire, comme elle, Saint-Huberty.

L'année suivante enfin (novembre 1780), elle recueillit le prix de ses efforts : elle fut appelée à jouer le rôle d'Angélique dans *Roland* de Piccinni. Personne ne s'attendait à la voir réussir dans un personnage où brillait le souvenir de la Levasseur, et chacun de blâmer à l'avance sa présomption. Vaines paroles : cette soirée fut un nouveau succès pour le compositeur, et pour la cantatrice un véritable triomphe. « Où est Saint-Huberty ? demandait Piccinni les yeux mouillés de larmes, où est-elle ? je veux la voir, je veux l'embrasser, la remercier, lui dire que je lui dois ma gloire. » Cette soirée doit compter dans les fastes de l'Opéra : une nouvelle actrice s'était révélée, qui devait faire la gloire de la scène française.

A un mois de là, madame Saint-Huberty assurait avec Laïs le succès d'un médiocre ouvrage de Rochon de Chabannes et Floquet, *le Seigneur bienfaisant*, où elle rendit d'une façon saisissante le désespoir de la pauvre Lise. Puis vinrent le *Thésée*, de Quinault, remis en musique par Gossec, où elle joua Églé, princesse d'Athènes, *Ariane dans l'île de Naxos*, d'Edelmar, et ce misérable ouvrage de Grétry, *l'Embarras des Richesses* (1) où elle fit preuve d'une rare

(1) Voici le jugement le plus vrai qu'on ait porté sur la pièce :

> Embarras d'intérêt,
> Embarras de paroles,
> Embarras de ballet,
> Embarras dans les rôles ;
> Enfin de toute sorte
> On n'y voit qu'embarras ;
> Mais allez à la porte,
> Vous n'en trouverez pas.

souplesse de talent en rendant avec beaucoup de charme le rôle gracieux de Rosette. Enfin, elle mit le sceau à sa réputation en enlevant un second rôle à sa célèbre rivale. *Renaud*, de Sacchini, venait de voir le jour (28 février 1783). A la quatrième représentation, elle reprit le rôle d'Armide confié d'abord à mademoiselle Levasseur, qui le rendait avec un rare talent de tragédienne, mais sans autorité comme chanteuse. L'artiste de génie releva l'ouvrage près de sombrer et fit accorder pleine justice à cette partition, trop vite jugée, qui renferme des pages de premier ordre. Elle sauva du même coup le pauvre musicien qui débutait à Paris, te l'honneur de l'Opéra, qui, en résiliant son traité avec Sacchini (comme il en avait été question avant ce premier essai, et comme on n'eût pas manqué de le faire après un tel échec), aurait perdu deux chefs-d'œuvre : *Dardanus et Œdipe à Colone* (1).

Mais voici venir *Didon*, le triomphe de la grande tragédienne. Lorsqu'il avait accepté l'engagement que lui offrait M. de Breteuil, notre ambassadeur à Naples, Piccinni avait cru trouver enfin une position à la fois honorable et tranquille. Il vint à Paris et s'aperçut, aussitôt débarqué, qu'on n'avait songé à lui que pour donner un rival au compositeur qui révolutionnait alors notre scène lyrique. Le pauvre artiste fut tout troublé de cette découverte, mais il

(1) Voir, dans notre ouvrage : *La Cour et l'Opéra sous Louis XVI* (Paris, Didier, 1878), la première partie : *Marie-Antoinette et Sacchini*, et en particulier le chapitre consacré à l'opéra de *Renaud*, p. 23 à 62.

avait signé : il fallait accepter la position telle qu'elle était, non telle qu'il l'eût souhaitée. D'un caractère doux et timide, ennemi des brigues et des cabales, Piccinni était l'homme du monde auquel convenait le moins cette existence de lutte et de discussion. Qu'était-ce donc que cette guerre des gluckistes et des piccinnistes ? Une simple querelle de mots. Elle se fût apaisée d'elle-même si les hommes de lettres et les philosophes, tous gens qui n'entendaient pas grand'chose à la musique, ne l'eussent envenimée par leurs quolibets, leurs théories en l'air et aussi leurs injures. Il a fallu la fureur de disputer, si terrible au siècle dernier, pour troubler l'esprit de tous ces gens de goût, au point qu'ils aient préféré entamer des discussions sans fin et sans profit, qu'ils aient voulu à tout prix immoler l'un des deux musiciens à la gloire de son rival, plutôt que d'admirer tout ensemble les chefs-d'œuvre de Gluck et ceux de Piccinni, et de rendre un double hommage à ces deux artistes de génie. « Voilà vingt ans, disait un jour Gœthe à ses amis, que le public dispute pour savoir quel est le plus grand, de Schiller ou de moi. Ils devraient être bien contents qu'il y ait là deux gaillards sur lesquels on peut discuter. » Cette sage parole du poète s'applique au mieux à la guerre des gluckistes et des piccinnistes : elle est la condamnation absolue de ces querelles de parti pris qui nuisent tant aux intérêts de l'art.

Roland et *Atys* avaient réussi, en dépit des efforts du parti gluckiste qui en avait combattu le succès avec rage, mais *Iphigénie en Tauride* succomba. La lutte était inégale : Piccinni pouvait bien lutter avec Gluck, il ne pouvait pas le vaincre. Découragé, avide de repos, il résolut alors de garder le silence, mais il avait compté sans son ami et fidèle allié Marmontel, qui tenta de relever son courage et y réussit. Le maréchal de Duras, gentilhomme de la Chambre en exercice, avait demandé à Marmontel un opéra absolument nouveau pour jouer à Fontainebleau. « Monsieur le maréchal, répondit l'auteur, tant que mon musicien Piccinni sera consterné comme il l'est, je ne puis rien vous promettre..... et vous seul pouvez le relever de son abattement. — Que faut-il faire pour cela? — Une chose très facile et très juste : changer en pension la gratification annuelle qui lui a été promise lorsqu'on l'a fait venir en France, et lui en accorder le brevet. — Très volontiers, reprit le maréchal. Je demanderai pour lui cette grâce à la reine et j'espère l'obtenir. »

« Il la demanda, et l'obtint, — écrit Marmontel dans ses *Mémoires*, — et lorsque Piccinni alla avec moi l'en remercier : « C'est à la reine, lui dit-il, qu'il faut marquer votre reconnaissance, en composant pour elle cette année un bel opéra. — Je ne demande pas mieux, me dit Piccinni, en nous en allant, mais quel opéra ferons-nous? — Il faut faire, lui dis-je, l'opéra de *Didon*; j'en ai depuis longtemps le projet dans la tête. »..... Le temps nous pressait; j'écrivis très rapidement le poème; et, pour dérober Piccinni aux distractions de Paris, je l'engageai à venir travailler près de moi dans ma maison de campagne ; car j'en avais acquis une très agréable, où nous vivions réunis en famille dans la belle saison. En y arrivant, il se mit à l'ouvrage : et, lorsqu'il l'eut achevé, l'actrice qui devait jouer le rôle de Didon, Saint-Huberty, fut invitée à venir dîner avec nous. Elle chanta son rôle d'un bout à l'autre à livre ouvert, et l'exprima si bien, que je crus la voir au théâtre. »

Au moment même où Marmontel et Piccinni lui proposèrent de jouer *Didon*, madame Saint-Huberty allait entreprendre un voyage en province ; elle accepta leur offre avec empressement et voulut emporter son rôle pour l'étudier en route, assurant qu'elle serait prête avant tout le monde. Pour ne pas perdre de temps, les auteurs firent mettre la pièce à l'étude et chargèrent une choriste de lire le rôle de la reine de Carthage. La véritable reine revint enfin ; elle avait tenu parole, elle était la première prête. La cour était à Fontainebleau et le jour de la représentation approchait. La grande actrice résolut d'apporter quelques changements à son costume. Elle pensait, en femme de goût, que, pour représenter au vrai les personnages de l'antiquité, il faut se bien pénétrer de leurs mœurs, de leur caractère, et connaître exactement les vêtements qui leur étaient propres ; elle regardait le théâtre comme un tableau qui ne peut produire d'illusion que par l'heureux accord de toutes ses parties, et elle était loin de rencontrer cet accord dans une tragédie dont les vers vous transportaient à Rome ou à Sparte, mais où l'on voyait paraître des Grecs couverts d'un robe de brocart, la tête chargée d'un turban galonné, et des Romaines affublées de toutes les petites parures de la coquetterie française.

Une fois déjà, dans un ouvrage dont la scène se passait en Thessalie, elle avait paru vêtue d'une longue tunique de lin attachée sous le sein, les jambes nues et chaussée d'un brodequin antique ; de sa tête libre descendaient plusieurs nattes faites de ses cheveux qui jouaient sur ses épaules. Ce costume, neuf pour les spectateurs et aussi vrai que gracieux, fut accueilli avec faveur. Les auteurs et le public gagnaient à ce changement, les uns d'être mieux représentés, les autres d'éprouver des jouissances plus vives ; mais il vint des ordres supérieurs qui défendirent à madame Saint-Huberty de reparaître sous ce costume et, le second soir, elle fut obligée de se remontrer avec l'attirail lourd et ridicule des élégantes du jour (1). Pour *Didon*, elle réussit mieux : sacrifiant jusqu'aux moindres avantages de la coquetterie, elle prétendit que son costume fût exactement copié sur un modèle envoyé de Rome par Moreau, dessinateur du Cabinet du roi, alors en Italie. La tunique était de toile de lin, les brodequins lacés sur le pied nu, la couronne entourée d'un voile qui retombait par derrière, le manteau de pourpre, la robe attachée par une ceinture au-dessous de la gorge.

(1) Levacher de Charnois, *Recherches sur les costumes et sur les théâtres de toutes les nations*, t. I, p. 35.

Madame Saint-Huberty avait choisi, pour la conseiller dans cette réforme, un véritable artiste, que choquaient vivement le mauvais goût et le luxe à contre-sens qui régnaient à l'Opéra, et qui avait déjà offert d'y porter remède si l'on voulait lui en donner mission. Deux ans auparavant, Moreau avait en effet adressé au ministre Amelot un court mémoire, où il demandait que le spectacle de l'Opéra cherchât à obtenir une illusion plus complète, en observant mieux les lois des arts du dessin en peinture et en architecture. « Les artistes, disait-il, qui font journellement l'étude des habits des différens peuples dans les différens siècles, sont, on ose le dire, peut-être les seuls à consulter sur cet article, et ceux que l'on consulte le moins. Ils sont en état de surmonter par degré les anciens préjugés d'habitude, et de façonner en quelque sorte et les acteurs et le public au vrai costume. Par exemple, dans le spectacle de l'Opéra, où sont toujours représentées des actions héroïques, et par conséquent des tems reculés, les vrais artistes baniroient l'usage des *gands*. Ce seroit déjà une épargne considérable. Ils ne souffriroient pas que les habits des divinités infernales et des démons fussent bordés en paillette ni galonnés d'or et d'argent. Ils se garderoient bien d'habiller Jupiter et Apollon en habits romains très riches, et couverts d'un casque garni de diamant. Apollon et Jupiter seroient toujours la tête découverte, vêtus d'un habit couleur de chair, avec un beau manteau. Et certainement, ce vêtement seroit moins coûteux, plus noble et plus conforme aux idées reçues. Il seroit trop long d'entrer dans mille détails, où les artistes apporteroient en même temps et le goût et l'économie (1). »

Qu'advint-il de ce mémoire? Amelot l'adressa à l'intendant des Menus-Plaisirs, M. de la Ferté, en ajoutant : « Il me paroît contenir, au sujet des habits de costumes, de premières observations qui peuvent mériter l'attention, je vous invite à engager le sieur Moreau de venir chez vous pour causer avec lui, et me faire part ensuite de vos réflexions à cet égard (2). » M. de la Ferté se donna-t-il la peine d'écouter les théories novatrices de cet esprit chagrin? C'est peu probable. Le rapport fut déposé en lieu sûr; quant à l'auteur, on l'éconduisit sans doute avec les paroles les plus flatteuses, mais en lui refusant le poste qu'il demandait : il était beaucoup plus simple de laisser les choses aller leur train; on y gagnait de ne rien dépenser et de ne pas discuter.

Qu'on juge de l'étonnement du comité, de l'intendant des Menus et du ministre, quand ils virent madame Saint-Huberty exiger, un dessin de Moreau à la main, qu'on lui fît un costume absolument pareil à ce modèle antique! Elle osait patronner ces idées novatrices, naguère condamnées, et prétendait introduire à l'Opéra un costume dessiné par ce réformateur qu'on croyait avoir vaincu. Toutes les

(1-2) Archives nationales. Ancien régime, O¹, 629. Lettre d'Amelot, du 26 janvier 1781, jointe au mémoire de Moreau.

D'APRÈS UN DESSIN GRAVÉ PAR LEMOINE.

autorités résistèrent à ces prétentions exorbitantes, mais que servait de batailler contre une artiste toute-puissante par le droit du génie? Il fallut céder et en passer par où elle voulait. Mais ses exigences sur ce point renaissaient presque chaque jour, et son goût, encore bien hésitant, trouvait toujours quelque chose à reprendre dans ses costumes. « Je viens de commander l'habit de madame Saint-Huberty, mais cela est terrible! » écrit M. de la Ferté au ministre, le 10 décembre 1783. Et le lendemain : « J'ay tâché de satisfaire à la fantaisie de madame Saint-Huberty, au meilleur marché possible, en la faisant déterminer à se contenter de quelques changements dans son habit de Didon (1). » Madame Saint-Huberty et Moreau remportaient là de concert un avantage signalé sur le goût du jour (2).

La *Chimène* de Sacchini et la *Didon* de Piccinni furent représentées à la cour durant l'automne de 1783. Malgré

(1) Archives nationales. Ancien régime, O¹,626.

(2) Un an plus tard, quand elle dut jouer le rôle d'Armide dans une représentation donnée en l'honneur du roi de Suède, madame Saint-Huberty envoya encore au comité le dessin d'un costume qu'elle désirait adopter, et le comité consentit, après avoir réfléchi que « cet habit servirait dans la suite aux actrices qui la remplaceraient, et aussi parce que la prise de ce rôle par madame Saint-Huberty pouvait donner à l'ouvrage le charme d'une nouveauté, et à l'Opéra des recettes avantageuses pendant plusieurs représentations. » Le ministre approuva cette délibération en ces termes : « Bon pour cette fois seulement et sans tirer à conséquence pour l'avenir, tous les sujets indistinctement devant se servir des habits qui leur sont fournis par l'administration de l'Opéra lorsqu'ils auront été reconnus et jugés en état de servir. » (Archives nationales, O¹,626. *Rapport que fait le comité au ministre de ce qui s'est passé en son assemblée extraordinaire du vendredi 12 novembre 1784.*)

de grandes beautés, *Chimène* essuya un échec immérité qui fut, du reste, réparé par le succès qu'elle obtint plus tard à l'Opéra. *Didon* et sa sublime interprète remportèrent au contraire un véritable triomphe. Jamais la cour n'avait laissé éclater un tel enthousiasme; le roi lui-même, que la musique ennuyait assez d'ordinaire, déclara que « cet opéra lui avait fait autant de plaisir qu'une belle tragédie. » Il décida aussitôt qu'une pension de 1,500 livres serait donnée à la cantatrice et il envoya le maréchal de Duras la complimenter et lui témoigner toute sa satisfaction.

« Ce fut, écrit un des assistants, la plus belle scène de la soirée. Lorsque M. le maréchal de Duras entra dans les coulisses, suivi d'une foule de courtisans en habit de gala, madame Saint-Huberty n'avait pas encore eu le temps de changer de costume. Elle était debout, sa couronne sur la tête, drapée dans le manteau de pourpre de la reine de Carthage. Marmontel et Piccinni, ivres de bonheur, s'étaient jetés à ses genoux, et lui embrassaient les mains. On aurait dit deux coupables à qui elle faisait grâce de la vie. Ils ne se relevèrent pas quand M. de Duras s'approcha pour répéter les paroles du roi. L'actrice écoutait le maréchal, et son visage, encore animé par l'inspiration, s'illuminait de la joie du triomphe, le rouge de l'orgueil montait à son front; c'était un spectacle admirable. Elle avait tant de grandeur, de noblesse, de majesté, avec ces hommes à ses pieds, que, mieux encore que sur le théâtre, elle donnait l'idée de la reine de Carthage ; tous les grands seigneurs présents avaient l'air d'être ses courtisans. »

Quelques jours après cette glorieuse soirée et peu avant la représentation de *Didon* à Paris, madame Saint-Huberty écrivait à un de ses amis d'Aix la lettre suivante (18 novembre), où elle lui raconte ses succès avec une modestie assez bien jouée :

Enchantée de votre souvenir ; vous ne pouvez me flatter davantage qu'en me faisant accroire que l'on peut désirer me revoir à Aix et à Marseille. Jugez combien je suis sensible au succès que j'ai obtenu dans votre pays, puisque je me propose d'y retourner.

La chaleur de votre aimable pays m'a gratifiée d'un rhume si violent, que je m'en ressens encore. Mais il m'a fallu aller à Fontainebleau jouer *Didon*, qui a eu un succès fou. Le roi a bien voulu penser lui-même à augmenter ma pension d'après la satisfaction qu'il a témoignée en me voyant jouer le rôle.

On donne aujourd'hui *le Cid*, de Sacchini ; c'est une musique enchanteresse. Vous qui la cultivez et qui l'aimez, vous allez achever de devenir fou (de la musique s'entend), j'y joue ce soir.

Le rôle de Didon étant fait pour moi, pour mes moyens, et étant le seul rôle très intéressant dans cette pièce, il sera impossible de la donner (en province) sans l'avoir vu représenter (à Paris). Cela a l'air de l'amour-propre, mais je vais vous expliquer ce qui en est. Le rôle de Didon *est tout jeu ;* le récitatif en est si bien fait, qu'il est impossible de le chanter (1).

Un monde infini avait entendu les répétitions générales de *Didon*,

(1) « Vous aurez de longues scènes à mettre en musique, avait dit Marmontel à Piccinni en lui proposant le sujet de Didon, et dans ces scènes je vous demanderai un récitatif aussi naturel que la simple déclamation. Vos cadences italiennes sont monotones ; la parole est plus variée, plus soutenue dans ses accents, et je vous prierai de la noter comme je vous la déclamerai. » Et le musicien avait accepté.

et avait jugé que c'était un des plus mauvais ouvrages de Piccinni. Cet homme se consolait en disant : « Laissez arriver ma Didon. » A la première répétition que j'ai faite, on dit : « Ah! ah! mais il a refait la majeure partie de son opéra ! » (et il n'y avait que quatre jours d'intervalle). Piccinni entendit cela et dit : « Non, Messieurs, je n'ai rien changé au rôle, mais on jouait *Didon* sans Didon. » Enfin, c'est la seule pièce jusqu'à présent, à Fontainebleau, qui ait fait plaisir au roi. Il l'a fait jouer trois fois, lui qui avait l'opéra en horreur.

Je répondrais presque que *Chimène* fera aussi grand plaisir. Le poème n'est pas aussi intéressant, vu que la chevalerie française n'est plus à grand degré d'enthousiasme ; mais la musique est délicieuse en général.

J'écris cette lettre pour vous ; j'espère qu'on n'en saura que ce que votre prudence vous dictera. Vous savez qu'il ne m'est pas permis de juger, ou plutôt que je ne me le permets que très rarement.

A propos, vous avez un frère qui peint comme un ange ; rappelez-moi à son souvenir, vous m'obligerez.

Votre très humble servante,
De Saint-Huberty.

A Paris la pièce et la cantatrice obtinrent un succès encore plus grand qu'à la cour. La soirée du 1er décembre 1783 fut une soirée de transports et de délire. Après le grand air : *Ah! que je fus bien inspirée*, tout le public se leva en masse, interrompant la représentation par des applaudissements frénétiques. L'air si beau : *Ah! prends pitié de ma faiblesse*, fit couler des larmes de tous les yeux. Quel plus glorieux avait jamais triomphe pu rêver la pauvre artiste en ses jours de misère et de travail !

Grands seigneurs, artistes, philosophes, tous s'unirent dans un concert de louanges à l'adresse de *Didon* et de la tragédienne inspirée. « Madame Saint-Huberty, dit Bachaumont, a joué avec un talent supérieur ; elle s'est élevée au-dessus d'elle-même. — C'est la voix de Todi, c'est le jeu de Clairon! s'écrie Grimm. C'est un modèle qu'on n'a point vu sur le théâtre, et qui longtemps en servira. »

« Le talent de cette sublime actrice, dit Ginguené, prenait sa source dans son extrême sensibilité. On peut mieux chanter un air, mais on ne saurait donner aux airs, au récitatif un accent plus vrai, plus passionné. On ne peut avoir une action plus dramatique, un silence plus éloquent. On se rappelle encore son terrible jeu muet, son immobilité tragique, et l'effrayante expression de son visage pendant la longue ritournelle du chœur des prêtres dans *Didon*, vers la fin du troisième acte, et pendant la durée de ce chœur même. Elle ne fit aux représentations que se replacer dans la position où elle s'était trouvée naturellement à la première répétition générale. Quelqu'un lui parlait de cette impression qu'elle paraissait éprouver et qu'elle avait communiquée à tous les spectateurs. « Je l'ai réellement éprouvée, répondit-elle ; dès la dixième mesure, je me suis sentie morte. »

Cette réponse révèle tout le secret du talent de la tragédienne lyrique. Actrice de génie, elle savait garder sa tête, mais elle livrait son âme et son cœur. Le succès de *Didon* ne se ralentit pas de longtemps : chaque représentation était pour la Saint-Huberty l'occasion d'un nouveau triomphe. Un jour, on dépose une couronne aux pieds de l'artiste qui, hésitante, troublée au point d'en

16

perdre la voix, ne peut que remercier du geste. La salle entière se lève et demande que Didon se couronne. L'artiste fait un geste négatif, mais mademoiselle Gavaudan, qui jouait Élise, ramasse la couronne et la met sur le front de la reine aux acclamations de la foule qui lit, brodée en or entre les feuilles, cette inscription prophétique. « Didon et Saint-Huberty sont immortelles (1). »

Cette soirée mémorable fut une revanche éclatante pour le compositeur, pour le chantre inspiré des amours de Didon et d'Énée. *Didon* n'est pas seulement le chef-d'œuvre de

(1) Voici l'extrait d'une lettre adressée par M. de la Ferté au ministre, le 18 janvier 1784, et qui jette un jour nouveau sur cet incident, et aussi sur l'empire que madame Saint-Huberty exerçait à l'Opéra. « ..... Autre embarras, monseigneur, je ne sçai si vous êtes informé que vendredi dernier, on a jeté du parterre sur le théâtre une couronne qui portoit pour devise : « A l'immortelle Saint-Huberty. » L'actrice qui jouait avec elle l'a ramassée et l'a mise sur la tête de madame Saint-Huberty. Ce jeu, qui paroît un arrangement concerté peut-être avec la dame Saint-Huberty, n'est pas indifférent, car ceux qui donnent ainsi des couronnes (chose sans exemple au théâtre pour un acteur) pourroient bien s'accoutumer aussi à jetter des pommes cuites ou oranges, comme en Angleterre, aux acteurs qui leur déplairoient, alors il n'y auroit plus moyen de se mêler du spectacle. Cette espèce de triomphe n'a cependant pas rendu madame Saint-Huberty plus reconnoissante, car elle refuse de jouer mardi prochain son rôle de Didon ; comme la recette de ce jour-là seroit médiocre, si l'on ne donnoit pas cet opéra, j'ai pensé que vous approuveriez, monseigneur, que je donnasse des ordres pour bien faire remplacer la dame Saint-Huberty par la demoiselle Maillard, à laquelle M. Piccini a montré le rôle de Didon, et qu'il désire lui voir jouer. Si, comme elle est fort jeune, elle n'a pas autant de finesse de jeu que madame Saint-Huberty, elle s'en tirera toujours assez bien, malgré la cabale qu'il pourra y avoir, pour plaire au public, d'autant plus qu'elle a une voix qui peut faire envie à la dame Saint-Huberty ; mais M. Piccini, qui forme des vœux pour cette jeune actrice, n'ose se montrer à découvert, de peur de déplaire à madame Saint-Huberty. » Archives nationales. Ancien régime. O^1,627.

Piccinni, c'est encore un des chefs-d'œuvre de notre Académie de musique; c'est une de ces créations qui, non plus que *les Danaïdes*, qu'*Œdipe à Colone*, que *la Vestale*, *Fernand Cortez*, *Olympie* et que tous les opéras de Gluck, n'aurait jamais dû disparaître du répertoire de notre première scène lyrique. Piccini, Salieri, Sacchini, Spontini ont, comme Gluck, illustré à jamais notre Opéra par leurs admirables ouvrages; leurs noms devraient toujours briller au premier rang et ne jamais s'éclipser devant des gloires qui, pour être plus récentes, ne sont pas plus pures.

Quelle belle partition que toute cette tragédie lyrique! Quelle fierté dans l'air d'Énée : *Régnez en paix sur ce rivage*; quels remords et quelle douleur dans sa scène : *Au noir chagrin qui me dévore!*... Comme Iarbe montre bien son féroce orgueil dans l'air : *Je veux les voir réduire en cendres!* et quelle hauteur superbe dans le défi des deux princes! Mais c'est au rôle de Didon que le compositeur a prêté le plus de noblesse et de grandeur; par l'air : *Ah! que je fus bien inspirée*, ou celui : *Ni l'amante ni la reine*, par cet ardent duo d'amour, par la grande scène, enfin, où Énée s'engage à vaincre pour la reine, où les fières paroles de Didon se mêlent aux chaleureuses acclamations de son peuple, aux sourds murmures des Troyens, aux remords du fils d'Anchise. Tour à tour ardente, inquiète, passionnée, jalouse, accablée par le désespoir, telle nous apparaît Didon en ces pages d'un admirable sentiment.

Cependant la grande actrice poursuivait le cours de ses succès. La *Chimène* de Sacchini parut à l'Opéra le 9 février 1784 : ce fut un double triomphe pour le compositeur et pour la cantatrice. Cette musique simple et large convenait bien à la nature de madame Saint-Huberty, qui rendit son rôle avec une expression des plus pathétiques. Deux ans après le grand succès de leur *Didon*, Marmontel et Piccini reparurent sur la scène de l'Opéra avec *Pénélope*. Malheureusement, la vogue de leur précédent ouvrage avait fait trop espérer de cette nouvelle tentative, et bien que l'opéra fût loin d'être sans valeur, la soirée du 3 décembre 1785, que tout le monde croyait devoir être un triomphe, ne fut qu'une réception froide et cérémonieuse. Et pourtant la grande artiste avait mis tout son art dans le rôle de la vertueuse épouse d'Ulysse. Mais à quoi sert le plus rare talent s'il est mal secondé et s'il rencontre autour de lui de la négligence ou du mauvais vouloir? C'est ce qui arriva cette fois : aussi Marmontel se reproche-t-il dans ses *Mémoires* de n'avoir pas surveillé d'assez près la mise en scène de son ouvrage, et fait-il humblement retomber sur lui toute la responsabilité de cette défaite.

« J'écrivis de verve cet opéra, dit-il, et dans toute l'illusion que peut causer un sujet pathétique à celui qui en peint le tableau. Mais ce fut cette illusion qui me trompa. D'abord je me persuadai que la fidélité de l'amour conjugal aurait sur la scène lyrique le même intérêt que l'ivresse et le désespoir de l'amour de Didon, je me persuadai encore que, dans un sujet tout en situations, en tableaux, en effets de théâtre, tout s'exécuterait comme dans ma pensée, et que les convenances, les vraisemblances, la dignité de l'action y seraient observées comme dans les programmes que j'en avais tracés à de mauvais décorateurs et à des acteurs maladroits. Le contraire arriva; et, dans les moments les plus intéressants, toute illusion fut détruite. Ainsi la belle musique de Piccini manqua presque tous ses effets. Saint-Huberty la releva, aussi admirable dans le rôle de Pénélope qu'elle l'avait été dans celui de Didon; mais quoiqu'elle y fût applaudie toutes les fois qu'elle occupait la scène, elle fut si mal secondée que, ni à la cour, ni à Paris, cet opéra n'eut le succès dont je m'étais flatté, et c'est à moi qu'en fut la faute. Je devais savoir de quels gens ineptes je faisais dépendre le succès d'un pareil ouvrage, et ne pas y compter après ce que j'ai dit de *Zémire et Azor.* »

Du reste, si le public ne fit pas bon accueil à cet ouvrage, les musiciens et les gens éclairés lui accordèrent plus d'attention et d'estime. Une étude tant soit peu suivie leur fit apprécier de fort belles pages qu'ils avaient tout d'abord dédaignées : entre autres, les deux airs de Pénélope : *Je la vois, cette ombre errante.....* et : *Il est affreux, il est horrible!* puis la grande scène d'orgie des prétendants entrecoupée des douces plaintes de Pénélope, et la scène où Télémaque vient annoncer à sa mère le retour d'Ulysse dans un air de superbe allure, auquel répondent les défis des prétendants riant du fol espoir de la reine et du peuple d'Ithaque.

Ce fut encore madame Saint-Huberty qui sauva d'un désastre complet le *Thémistocle* de Philidor, que la cour avait assez bien accueilli, mais que la ville reçut avec une défaveur marquée : ce ne fut pas un de ses moindres succès que d'avoir animé la pâle figure de Mandane. Mais quelle dut être la joie de la tragédienne quand elle put acquitter la dette de reconnaissance qu'elle avait contractée envers son premier maître, Lemoine ! Lui aussi, de retour à Paris, prétendait arriver à la célébrité. Il avait déjà fait représenter en 1782 une *Électre* qui n'avait eu qu'un succès d'estime. La partie qu'il allait jouer était de beaucoup plus importante : aussi madame Saint-Huberty usa-t-elle de tout son crédit pour faire passer la *Phèdre* de son maître avant l'*Œdipe* de Sacchini, qui attendait son tour avec une égale impatience.

Elle réussit, — malheureusement! Sacchini avait la promesse de la reine que son ouvrage serait le premier représenté à Fontainebleau, devant la cour. Il avait bien cru remarquer un peu de froideur de sa part, mais il attendait avec une entière confiance, quand un jour la reine l'aborda et lui dit avec émotion : « Monsieur Sacchini, on dit que j'accorde trop de faveur aux étrangers. On m'a si vivement sollicitée de faire représenter, au lieu de votre *Œdipe*, la *Phèdre* de M. Lemoine, que je n'ai pu m'y refuser. Vous voyez ma position, pardonnez-moi. » Ce fut le coup de grâce pour le malheureux compositeur. Il revint à Paris désespéré et tomba malade le soir même : trois mois après, il mourait à l'âge de cinquante-deux ans, dans toute la force de son talent et sans avoir pu assister à la naissance du chef-d'œuvre qui devait rendre son nom immortel. La *Phèdre* de Lemoine ne réussit guère à la cour non plus qu'à la ville, et ce fut en vain que la grande artiste fit appel à tout son génie dramatique pour sauver l'œuvre de son maître : dès la troisième représentation la salle restait vide (1).

Madame Saint-Huberty n'avait pas assez des applaudissements de Paris, de l'admiration de toute la cour; il lui fallait les acclamations de la France entière. Elle les obtint, et l'enthousiasme qu'elle souleva en province touche à la folie. Pour elle Lyon, Toulouse, Marseille, Strasbourg organisent de véritables réjouissances publiques; partout la population entière lui fait cortège, lui décerne trophées et couronnes. Marseille fait tirer le canon

---

(1) La pièce se releva bientôt, grâce à l'intervention d'un ami de l'auteur. Cet ami était l'inspecteur de police Quidor, qui avait certaines dames sous sa surveillance : il les invita d'une façon qui ne souffrait pas de refus à suivre et à faire suivre les représentations de *Phèdre*. La salle, déserte le premier soir, se remplit de monde les jours suivants : des toilettes éblouissantes s'étalaient dans toutes les loges. Et il fallait voir comme on claquait! C'est que Quidor avait placé au parterre et dans les hauts ses escouades de policiers avec ordre de frapper fort. Cette tactique fit merveille : à la dixième représentation le vrai public arrivait et applaudissait de concert. La farce était jouée. (*Mémoires secrets*, 20 décembre 1786.)

à son arrivée et lui donne le spectacle d'une fête en mer (1); puis les dames grecques établies dans la ville lui font hommage d'un superbe vêtement grec, présent bien digne de l'artiste qui avait tant fait pour la restauration du costume. Enfin madame Saint-Huberty revint à Paris après avoir accompli à travers la France un voyage triomphal tel que n'en eût pas fait une reine véritable. Elle reparut à l'Opéra dans le rôle de Didon et les ovations recommencèrent de plus belle : à la fin du spectacle, elle fut de nouveau couronnée sur la scène. Dans ces dernières années, les rôles nouveaux avaient manqué qui fussent à la hauteur de son talent : elle soutint sa réputation en redisant d'anciennes pièces, notamment les ouvrages de Gluck, et, à chaque reprise, elle faisait remarquer de nouvelles beautés au moyen de nuances et d'intentions dramatiques qui dénotaient une science profonde et parfaite.

En 1790, madame Saint-Huberty donna sa démission. Depuis quelque temps déjà, elle était tourmentée, inquiète; sa pensée n'était plus à Paris, elle suivait de loin, en exil, l'homme qu'elle aimait d'un ardent amour et dont elle était pareillement aimée, le comte d'Antraigues. Elle rejoignit l'émigré à Lausanne, et, le 29 décembre, elle devenait sa femme. Homme d'initiative et d'action, le comte était profondément dévoué à la cause des Bourbons; sa

(1) Voir dans l'*Académie de Musique*, de Castil-Blaze (I,471) la lettre datée de Marseille (15 août 1785), où l'on rend compte tout au long des honneurs rendus à la grande cantatrice.

femme embrassa ses convictions et partagea ses fatigues et ses dangers. Elle n'abandonna pas son mari d'une minute, et cependant, chargé de missions diplomatiques tantôt pour l'Espagne, tantôt pour la Russie, il traversait à tout moment l'Europe. Le comte quittait Venise pour se rendre à Vienne quand ses papiers furent saisis : lui-même fut arrêté et enfermé dans la citadelle de Milan dont il parvint à s'échapper avec l'aide de sa courageuse compagne. A la suite de cet événement, M. d'Antraigues publia son union avec la célèbre cantatrice, et le comte de Provence, devenu roi de France en Allemagne, fit remettre à l'actrice, avec qui il s'était lié jadis de bonne amitié, le cordon de l'ordre de Saint-Michel. Une seule femme jusqu'alors avait été honorée de cette distinction, et c'était encore une comédienne, mademoiselle Quinault. Successivement, nous retrouvons le comte à Dresde, à Berlin, à Vienne, partout où se trame quelque ligue contre Napoléon, partout où l'on espère la restauration des Bourbons. Enfin en 1812, M. et madame d'Antraigues s'étaient retirés en Angleterre dans un charmant cottage : ils s'apprêtaient à jouir de la vie qui s'ouvrait si belle devant eux, qu'ils s'étaient promise si pleine de tranquilles félicités. Le 22 juillet, au moment où ils allaient monter en voiture pour se rendre à Londres, ils furent assassinés par un de leurs domestiques. Cet homme avait livré à des agents de Fouché la correspondance de son maître avec lord Canning : craignant de voir sa trahison découverte, il résolut et accomplit froidement ce double meurtre. Après, il se fit sauter la cervelle.

Ainsi périt la plus grande tragédienne lyrique qu'ait eue la France. Mais elle ne mourut pas tout entière : son souvenir demeura gravé dans l'esprit de ses admirateurs et elle laissa après elle une trace éclatante de son passage à l'Opéra. Son heureuse influence se fit sentir encore durant de longues années : ses triomphes excitèrent bien des ambitions, enflammèrent bien des courages. Elle resta un objet d'admiration et d'émulation pour tous les artistes, pour ceux qui l'avaient vue comme pour ceux qui, plus tard, ne la connurent que de renommée. Elle réunit en effet au plus haut degré deux qualités ordinairement disjointes : le plus rare talent de cantatrice et le plus grand art de tragédienne. Elle fut dans toute la force du mot une artiste de génie.

CHAPITRE XI

LARIVE ET Mlle RAUCOURT AU THÉATRE FRANÇAIS

L'histoire a parfois des négligences singulières et d'inexplicables oublis. Elle revient toujours aux mêmes événements, aux mêmes personnalités absorbantes, et néglige presque entièrement les époques intermédiaires, celles où n'a paru aucun homme exceptionnel, où ne s'est produit aucun fait d'importance capitale, sans que la marche des idées se soit arrêtée un seul instant pour cela. Au lieu d'aller de l'avant par l'initiative hardie d'un seul individu, les idées de progrès se propagent alors et s'imposent par les efforts communs de tous. De même que le génie, dès qu'il se manifeste, absorbe en quelque sorte toutes les volontés autour de lui, de même il attire exclusivement sur lui seul l'attention de la postérité, au détriment d'hommes de moindre valeur, à coup sûr, mais de grand talent, qui n'ont peut-être pas moins fait pour le bien de leur art, mais qui ont travaillé avec moins d'élan que de constance, avec plus de ténacité que d'éclat.

Cette indifférence routinière des descendants à l'égard des temps où n'a pas surgi quelque artiste exceptionnel, n'est nulle part plus sensible que dans l'histoire dramatique, où l'attention de la critique et du public se reporte invariablement sur les points les plus lumineux, sur les artistes les plus illustres, célébrant toujours les mêmes noms, et négligeant, par insouciance et non de propos délibéré, des périodes tout aussi intéressantes, mais plus difficiles à explorer, des acteurs ou des auteurs doués d'un talent de premier ordre, et que le génie seul a pu reléguer dans l'ombre.

Dans notre histoire théâtrale même, il n'est peut-être pas de période où cette indifférence soit plus injuste que pendant le temps, assez long, qui s'écoula entre la disparition de Lekain et la venue de Talma. Cela fait près d'une quinzaine d'années, pendant lesquelles l'Opéra, où s'agite alors la grande querelle musicale de Gluck et de Piccini, attire à lui toute l'attention des contemporains, comme il absorbera celle de la postérité, au détriment du Théâtre-Français. Tout le système du monde dramatique gravite alors autour de l'astre de la grande tragédienne lyrique, la Saint-Huberty, comme il gravitait naguère autour de celui de Lekain, comme il tournera bientôt autour de l'astre naissant de Talma.

Alors même que l'Académie de musique, grâce à l'influence souveraine d'une artiste de génie, primait tellement la Comédie Française dans les préférences du public, ce dernier théâtre comptait cependant des artistes de valeur, dignes héritiers de Lekain et de Clairon; mais c'étaient seulement des acteurs de grand talent, et qui ne pouvaient dès lors entrer utilement en lutte avec leur invincible rivale de l'Opéra. Et pourtant, cette période intermédiaire de l'histoire du Théâtre-Français eut une importance décisive pour les progrès de l'art dramatique. C'est à ce moment, en effet, que devaient fructifier les idées nouvelles lancées par Lekain et mademoiselle Clairon au milieu de comédiens que leur audace étonnait et que leurs innovations dans le costume et la déclamation déroutaient de tout point. Ces deux grands artistes disparus et la troupe se recrutant peu à peu d'éléments nouveaux, il s'agissait de savoir si leurs successeurs allaient adopter leurs idées, surtout celles sur le costume, les faire progresser et les mener à ce point, qu'un artiste supérieur n'eût plus qu'à paraître pour consacrer cette réforme en la marquant du sceau de son génie. Talma, en effet, succédant sans intermédiaire à Lekain, n'aurait peut-être été ni aussi grand ni autant applaudi qu'il le fut en venant dix ou quinze ans plus tard, car son succès et son génie proviennent, en grande partie, sans méconnaître nullement ses facultés exceptionnelles, des efforts de ses devanciers immédiats, des progrès tentés par eux et réalisés par toutes ces volontés indépendantes, visant au même but; volontés d'autant plus efficaces qu'elles ne subissaient plus la secrète domination d'un artiste supérieur et qu'elles pouvaient, dès lors, se manifester en toute liberté.

En unissant leurs efforts et en concluant comme une alliance artistique, Lekain et mademoiselle Clairon avaient entrepris de prouver à la fois aux acteurs que le respect de la vérité ne pouvait qu'aider à leur succès, et aux spectateurs que l'exactitude des costumes et de la mise en scène leur apporterait un surcroît de jouissances. Ils y avaient réussi. Le public sentit renaître en lui le sentiment du vrai, et, s'il ne blâma pas trop vivement d'abord, du moins il n'accepta plus avec autant de facilité les fantaisies des acteurs, et il témoigna une faveur marquée à quiconque semblait quitter le chemin battu pour suivre l'exemple des deux artistes. La Comédie vit bientôt où était son véritable intérêt et elle se rendit aux vœux des gens de goût. La représentation des *Mœurs du temps*, de Saurin (22 décembre 1760), se fit remarquer par une légère amélioration de la mise en scène. On y vit paraître des filles de chambre sans habits de satin et sans diamants; mais comment savoir le nom de ces artistes, qui n'étaient que simples figurantes? «... Pendant ces scènes, dit le *Mercure* avec une plaisante admiration, la toilette est apportée par des gens de livrée; et deux actrices, habillées en vraies femmes de chambre, sont occupées à préparer tout ce qui est nécessaire pour l'ajustement de la comtesse... »

Le célèbre Sarrazin, qui remplissait depuis longtemps avec succès les rôles de roi et de père, et qui n'avait jamais pensé qu'un habit pût être exact ou faux, se montrait tout troublé de ces changements ; mais il y souscrivait volontiers lorsqu'ils devaient favoriser le luxe de la mise en scène, qu'il aimait par-dessus tout. Il était fort zélé pour la recette, ce brave Sarrazin. Se sachant lui-même irréprochable, il ne pardonnait aucune négligence à autrui, et réclamait vivement contre tant d'abus ou de manquements tolérés par faiblesse à la Comédie. Certain jour qu'on faisait le répertoire pour la semaine et qu'on avait déjà proposé plusieurs pièces où différentes actrices refusaient de jouer, celle-ci pour tel prétexte, celle-là pour tel autre, Sarrazin s'écria tout en colère : — « Eh bien, mesdames, il faudra donc fermer boutique et mourir de faim ? — Eh quoi ! monsieur, répondirent-elles, serez-vous plus à plaindre que nous ? Quand vous manquez une recette, ne la manquons-nous pas comme vous ? — Oui, mesdemoiselles ; oui, certes ! Mais je n'ai pas d'autres ressources, moi ! »

Au mois de mai 1762, un nouvel acteur, du nom de Dufresnoy, qui avait débuté, le 26 avril, par le rôle d'Oreste d'*Iphigénie en Tauride*, parut avec succès dans le *Gustave* de Piron : on fut surtout content de son nouveau costume. « Jusqu'ici, dit Bachaumont, ce héros avait paru sur la scène en habit galonné et en brillante toilette. Ce jour-là il se montra en Charles XII, dans le vêtement simple et grossier d'un soldat qui ne veut pas se faire remarquer. Le public saisit l'intention de l'acteur et l'applaudit tant et plus. »

Parfois pourtant la Comédie retombait dans ses anciens errements. C'est ainsi qu'elle donna vers ce temps une représentation de *l'Andrienne*, qui ne différait pas sensiblement de celle qui avait eu lieu avec madame Dancourt, juste soixante ans auparavant. « On donnera jeudi prochain *l'Andrienne*, écrit Favart au comte Durazzo le 7 février 1764. Cette pièce sera remise avec le plus grand soin ; on a fait de nouveaux habits, et le costume grec sera observé exactement. » Favart fait preuve ici d'une indulgence qu'on est tout étonné de rencontrer chez lui en pareille matière (1). Cette représentation de *l'Andrienne* fut blâmée de tous les gens de goût, et le rédacteur du *Mercure* se fit leur interprète. « Nous devons, écrit-il, renouveler les justes murmures d'un public éclairé sur l'habitude de jouer toujours cette pièce en habits français. Cette habitude, digne des temps obscurs de notre théâtre, ne peut avoir son excuse dans le défaut d'habillement : 1° parce

(1) Pour certains esprits, il est vrai, les timides progrès accomplis étaient le *nec plus ultra* de la vérité et de la convenance ; mais Favart ne devait pas être de ces gens-là. La Dixemerie dans sa *Lettre sur l'état présent des spectacles*, qui date de 1760, se montre pleinement satisfait de ces réformes et se garde bien d'en demander davantage. « .... C'était aussi avec des gants très blancs qu'Horace poignardait sa sœur. On eût pris (autrefois) Andromaque pour la veuve d'un colonel français. Tout, enfin, était à contre-sens, tout visait à détruire l'illusion que le poète cherchait à faire naître. Cette illusion, je le répète, ne laisse aujourd'hui rien à désirer. »

qu'on en a fait la dépense pour des pièces fort inférieures à celle-ci, qui deviendrait par là toute nouvelle ; 2° parce qu'on voit journellement sur la scène tragique des habits simples, dont la forme conviendrait fort à ce genre de comique. Croit-on que, les habits militaires exceptés, les anciens changeassent de vêtements pour les situations tragiques qui pouvaient traverser le cours de leur vie ? L'erreur de croire n'avoir pas d'habillements propres à jouer des comédies grecques ne peut venir que d'une autre erreur, qui est de rapporter la forme d'habillements de l'ancienne Grèce à celle des vêtements modernes du Levant. Que l'on consulte les monuments antiques, et l'on trouvera bien plus de rapport dans ces vêtements entre les habitants d'Athènes et ceux de Rome qu'entre les Grecs modernes et les anciens. En un mot, le plus désagréable de tous les inconvénients, et le plus absurde de tous les disparates, est de voir, au milieu d'Athènes, Cimon en vieux seigneur de notre cour, son fils Pamphile en petit-maître, les esclaves en laquais. »

Brizard et Préville figurent avec honneur parmi les artistes qui s'efforcèrent de poursuivre l'œuvre commencée par Lekain et mademoiselle Clairon. Brizard, ayant senti se développer chez lui un goût assez vif pour la peinture, avait été admis comme élève dans l'atelier de Vanloo, et y avait fait des progrès si rapides, qu'à dix-huit ans il était, de l'aveu de son maître, en état de concourir pour le grand prix (1). Un incident imprévu lui fit abandonner la peinture pour le théâtre. S'étant rendu au camp de Valence, il s'était décidé, vu le manque d'acteurs, à tenir quelques rôles de tragédie pour rendre service à une directrice de spectacle de sa connaissance. Ce devint sa carrière. Il joua longtemps en province et n'arriva à Paris que grâce à l'appui de mesdemoiselles Clairon et Dumesnil, qui avaient conçu une idée avantageuse de son talent. Il débuta en 1757 par le rôle d'Alphonse dans *Inès de Castro*, fut reçu l'année suivante, et tint dignement sa place pendant vingt-neuf ans qu'il resta au théâtre. Brizard avait apporté dans l'art théâtral sa science de la peinture et il observait avec un soin scrupuleux les modèles de l'art antique. La vérité de costume était pour lui une règle immuable ; il en donna une preuve éclatante lors de la première représentation d'*Œdipe chez Admète* à Versailles. La cour, qui fournissait les habits des comédiens, lui fit remettre pour jouer son rôle d'Œdipe un vêtement de satin bleu céleste ; mais l'acteur, choqué, le refusa et se couvrit d'un vulgaire sarrau de laine. Brizard était à la fois un acteur de talent et un homme de bien. « Nos deux âmes s'étaient unies sur la scène, écrivit Ducis à sa veuve. Je ne puis songer sans attendrissement à notre Œdipe, à notre roi Lear, où il fut inimitable. »

(1) *Extrait des registres de la paroisse Saint-Victor, à Orléans* : « Le septiesme d'avril mil sept cent vingt et un, a été, par moi, curé de cette paroisse, baptisé Jean-Baptiste, né d'aujourd'hui, du légitime mariage d'honnêtes personnes François Britard, bourgeois d'Orléans, et d'Élisabeth Hulot. *Signé* : Lenormant. »

Le grand comédien Préville, l'acteur sans rival dans *le Mercure galant*, avait moins d'occasions qu'un acteur tragique de défendre les saines opinions; mais il leur apportait l'appui de son nom, et il a écrit dans ses *Réflexions sur l'art du comédien* quelques lignes qui montrent comment il comprenait ces judicieuses réformes et combien il les approuvait : « En parlant de la rigide observation des convenances, j'ai entendu, comme on l'a vu, généraliser ce mot et le faire porter sur les costumes comme sur les caractères des rôles. Grâce à la révolution opérée sur la scène française par mademoiselle Clairon et Lekain, on ne voit plus de contre-sens outré dans la manière de se vêtir. Mais quelquefois un jeune homme s'écarte un peu de la vérité; il craint de lui trop accorder, et voilà sur quoi porte mon observation. On ne saurait être trop rigoureux sur ce point pour rendre l'illusion complète. »

N'avait-il pas raison ici, le sage Préville, tout autant que dans cette lettre si pleine de sens et de philosophie, par laquelle il détournait un jeune garçon, fils de magistrat, d'abandonner l'étude des lois pour se donner à la comédie? Le grand acteur s'efforçait alors de dissiper le prestige de parité mal fondé que l'imagination du jeune homme s'était plu à créer entre l'auteur et l'acteur : « Les productions du génie, disait-il non sans une nuance d'amertume, passent à la postérité, et le public ne se souvient plus le lendemain des tons de vérité que l'acteur lui a fait entendre la veille; ils se sont perdus dans le vague de l'air, sans laisser le moindre vestige auquel on puisse les reconnaître. »

Lorsque mademoiselle Clairon, obéissant aux scrupules de sa dignité blessée, s'était retirée du théâtre, elle n'avait pas su rester dans l'inaction à laquelle elle s'était elle-même condamnée. Son amour de l'art, le désir d'être encore utile et l'ambition bien légitime de revivre à la scène au moins en pensée lui avaient conseillé de former des élèves. De ceux-ci, deux au moins continuèrent dignement la tradition de leur maître : Larive et mademoiselle Raucourt.

L'un était un grand et beau garçon, qui s'était échappé de Saint-Domingue, où ses parents l'avaient envoyé pour apprendre le commerce, et qui avait bientôt regagné la mère patrie (1). Cédant au goût irrésistible du théâtre, il s'était présenté d'abord chez Lekain, qui l'avait reçu assez froidement, puis chez mademoiselle Clairon, qui, frappée de son rare instinct dramatique, l'avait instruit, guidé de ses conseils, et enfin l'avait fait débuter, en 1770, par le personnage de Zamore. Une figure régulière, une taille bien prise, une voix sonore et flexible, tels étaient les dons que Larive tenait de la nature. Il ne fit pourtant pas grande impression sur le public, bien qu'il eût été encouragé

---

(1) *Extrait des registres de la paroisse Saint-Sauveur, à la Rochelle* : « Le septiesme août mille sept cent quarante sept, par moy, curé soussigné, a été baptisé Jean, né le jour précédent, fils de M. Isaac Mauduit, marchand, et de Marie Butel, sa femme. »

dans quelques scènes du rôle de Zamore ; finalement, les comédiens ne l'admirent pas parmi eux, et, après s'être essayé dans *Alzire,* dans *Œdipe,* dans *le Comte d'Essex* et dans les deux *Iphigénie,* il fut forcé de retourner en province (1).

L'autre élève de mademoiselle Clairon avait eu une existence presque aussi aventureuse. Née à Paris, fille d'un nommé Saucerotte, homme de mœurs douteuses, qui se fit comédien sous le nom de Raucourt, et qu'elle suivit dans ses voyages en France et en Espagne, mademoiselle Raucourt s'appelait Marie-Antoinette-Josèphe de tous ses prénoms, qu'elle masculinisait parfois pour plus de vraisemblance, mais jamais elle n'avait eu pour père un chirurgien-barbier de village, appelé Clairien (2). Elle venait de jouer à Rouen, avec quelque éclat, le rôle d'Euphémie, dans le *Gaston et Bayard* de Du Belloy, lorsqu'elle reçut un ordre de début pour la Comédie Française. Elle parut pour la première fois dans la *Didon* de Lefranc de Pompignan : c'était le 23 décembre 1772.

---

(1) « Si de prime abord Larive n'obtint pas plus de succès, ce ne fut pas la faute de mademoiselle Clairon. Placée dans le trou du souffleur, de là elle avait dirigé son élève des yeux, de la voix et du geste. » (A.-V. Arnault, *Souvenirs et regrets d'un vieil amateur dramatique,* lettre X.)

(2) Cette erreur, très répandue et accréditée par le savant M. De Manne, ne tient pas contre l'extrait de baptême que M. Jal a reproduit dans son *Dictionnaire critique de biographie et d'histoire* d'après les registres de la paroisse Saint-Séverin. Elle était née, rue de la Vieille-Boucherie, le 3 mars 1756, de François Saucerotte, bourgeois de Paris, et d'Antoinette de Laporte ; elle ne s'appelait donc pas Françoise Clairien et n'était pas née à Dombasle en 1753.

Elle excita dès l'abord un enthousiasme voisin du délire par tout le public et jusque chez le roi, qui lui fit compter une gratification de 50 louis. Elle devait cet accueil empressé moins encore à son talent qu'à sa beauté et à sa renommée de vertu, qui lui formait comme une brillante auréole. Mademoiselle Raucourt s'était levée pauvre et inconnue, le soir elle était riche et célèbre. Ce succès sans pareil devait être le prélude de toute une existence de triomphes et de scandales, de gloire et de honte, de bravos et de huées.

Si, en dépit de ses défaillances et de son manque de travail, mademoiselle Raucourt devint une des reines de la tragédie, si elle fut la digne rivale de celle dont elle avait reçu les conseils, si elle fut vraiment admirable dans Agrippine, dans Jocaste, dans Sémiramis, c'est que, à défaut de sensibilité, de tendresse, d'amour même, elle avait une passion brûlante, des violences terribles, des emportements à briser toute autre qu'elle.

Mais sa réputation de vertu s'évanouit trop vite, bien que défendue par un père matamore; et la courtisane éhontée remplaça la pudique jeune fille. Elle aima le bruit, le faste, les prodigalités folles; toute jeune encore, elle fut comme saisie de vertige et s'adonna à des licences sans nom; elle eut tous les égarements des sens, du cœur et de la tête. En moins d'une année elle vit tomber son prestige. Avec son renom de vertu s'en était allée sa réputation de tragédienne. On avait applaudi jusqu'à ses défauts, on alla jusqu'à nier ses qualités les plus brillantes. Le rôle d'Hermione, dans *Andromaque*, fut son premier échec ; c'était à la clôture de 1774. Au premier signal de désapprobation du public, ses rivales humiliées, madame Vestris et les sœurs Sainval, relevèrent la tête, se redressèrent plus terribles pour jeter à bas l'idole reniée du public. Bientôt enfin, huée, bafouée dans *Britannicus*, outragée par ses ennemis, sifflée par le parterre, traquée par ses créanciers, la belle tragédienne disparut subitement un beau jour de 1776, laissant camarades et créanciers dans l'inquiétude et l'embarras (1).

Au milieu de cet orage grossissant de jour en jour, mademoiselle Raucourt avait eu un instant de trêve et remporté un nouveau triomphe. Les deux élèves de Clairon, qui avaient débuté presque de concert sur la scène française, et qui devaient se rencontrer encore au Théâtre Louvois à la fin de leur carrière, se trouvèrent jouer ensemble, en 1775, une œuvre des plus bizarres, le *Pygmalion*

(1) « L'éclipse de mademoiselle Raucourt, dit Grimm, a tout à coup interrompu les représentations de *Zuma*, de M. Lefèvre. Si subite qu'ait été cette disparition, elle n'a causé aucune surprise. » C'est dans cette tragédie, dont l'action se passe au temps de la conquête du Mexique, que le metteur en scène de la Comédie montrait au public étonné des soldats avec des fusils armés de aïonnettes. (*Corresp. secrète*, IV, 145.) C'est du même ouvrage que parle Andrieux dans sa notice sur mademoiselle Clairon : « J'ai vu dans ma jeunesse Jocaste en grand panier, en corps de robe busqué, la tête coiffée d'un chignon et de boucles droites derrière les oreilles, le tout pommadé et frisé à blanc. J'ai vu dans la tragédie de *Zuma*, un jeune sauvage enjuponné, le tonnelet à la ceinture, une massue à la main et les cheveux poudrés, épars sur ses épaules. »

de Rousseau (1), et tous deux y obtinrent un brillant succès, l'un par sa passion, l'autre par sa beauté, que son léger vêtement faisait ressortir à merveille. « Il est impossible, écrit La Harpe, d'imaginer une perspective plus séduisante que cette actrice en attitude sur son piédestal, au moment où l'on a tiré le voile qui la couvrait. Sa tête était celle de Vénus, et sa jambe, à moitié découverte, celle de Diane; mais ses mouvements, à l'instant où elle paraît s'animer, n'ont été ni faciles ni gracieux; tout était forcé, comme son jeu l'est toujours. Un Grec lui aurait conseillé de sacrifier aux Grâces; le bon goût devait lui conseiller aussi de ne pas jouer la statue en panier : un panier n'est pas antique (2). »

C'était Larive qui avait eu l'idée de faire jouer pour lui le mélodrame de Rousseau, qui lui avait valu à Lyon un brillant succès. Durant son exil loin de la Comédie Française,

(1) Tel était l'avis de Gœthe, qui écrit dans *Vérité et Poésie*, livre XI : « Je ferai encore mention d'un petit ouvrage qui fit une grande sensation, c'est le *Pygmalion* de Rousseau. Il y aurait beaucoup à dire sur ce sujet, car cette production étrange flotte également entre la nature et l'art avec la fausse prétention de résoudre l'art dans la nature. Nous voyons un artiste qui a produit une œuvre parfaite et qui ne se trouve pas satisfait pour avoir présenté, selon les règles de l'art, son idée, et lui avoir donné une vie supérieure; non, il faut qu'elle descende jusqu'à lui dans la vie terrestre; ce que l'esprit et la main ont produit de plus sublime, il veut le détruire par l'acte le plus vulgaire de la sensualité. »

(2) Mademoiselle Clairon avait la plus haute idée du talent de Larive, mais il n'en était pas de même pour mademoiselle Raucourt. Pensant que « c'est à la nature seule qu'il faut demander les grands sujets dans tous les genres », elle écrit dans son article *École* : « Il n'est point de peines que je ne me sois données pour former mesdemoiselles Dubois et Raucourt : j'en appelle à tous ceux qui les ont vues. Mes charmantes écolières ont-elles été de grands sujets? »

LARIVE ET MADEMOISELLE RAUCOURT DANS LE PYGMALION DE ROUSSEAU
D'APRÈS UNE GRAVURE DE 1775.

Larive s'était tellement distingué à Versailles, dans la troupe de mademoiselle Montansier, que les gentilshommes de la Chambre l'avaient rappelé à Paris, où il reprit le cours de ses débuts, le 29 avril 1775, par le rôle d'Oreste dans l'*Iphigénie en Tauride*, de Guimond de la Touche. Oreste ne lui avait été qu'à moitié favorable, Pygmalion lui avait valu un premier succès; Montaigu, du *Roméo et Juliette* de Ducis, acheva de lui concilier la faveur du public. Ce rôle n'était pas dans son emploi; il s'en chargea pourtant, l'étudia avec amour, et le rendit avec une telle énergie qu'il produisit l'impression la plus profonde en montrant ce malheureux vieillard torturé de douleurs inouïes et altéré de vengeance. C'était mieux qu'un succès, un véritable triomphe, et triomphe des plus mérités, car, à travers le pastiche de Ducis, Larive avait comme deviné et traduit la sublime conception de Shakespeare. Dès lors les auteurs n'hésitèrent plus à lui confier leurs ouvrages; et, à la mort de Lekain, il eut l'honneur de l'emporter sur Molé, Monvel et Ponteuil pour l'héritage des grands rôles tragiques. « A eux quatre, ils formaient la monnaie de Lekain, dit agréablement La Harpe, comme douze maréchaux avaient formé la monnaie de Turenne. »

L'événement qui livra les premiers rôles à Larive ne tourna pas d'abord à son avantage, et le souvenir d'un acteur tel que Lekain lui fut longtemps plus redoutable que n'avait été sa présence. On ne sifflait pas Larive, mais peu de personnes allaient l'applaudir, et beaucoup le jugeaient sans l'entendre, d'une épigramme ou d'un bon mot :

> Qui me consolera du malheur qui m'arrive ?
> Disait Melpomène à Caron.
> Lorsque tu fis passer à Lekain l'Achéron,
> Que ne déposait-il ses talents sur *Larive* ?

Heureusement que tout a un terme en ce monde, et que les affections les plus vives comme les douleurs les plus profondes se modifient avec le temps. Gagnant petit à petit dans l'estime publique, Larive finit par l'obtenir presque au même degré que Lekain, mais non pas au même titre : au plus fort de la faveur dont il jouit, son talent fut toujours plus applaudi qu'estimé, alors même qu'il se fut fait admettre à la longue dans les beaux rôles de Lekain et qu'on eut fini par le louer d'une audace qualifiée d'abord de témérité. Depuis ce jour jusqu'à l'année 1788, époque à laquelle les intrigues de foyer le décidèrent à quitter la Comédie Française, Larive fut constamment l'idole des jeunes gens et surtout des femmes, qui le portaient aux nues. Sans avoir reçu en partage une intelligence aussi sûre et un instinct aussi profondément tragique que son devancier, il possédait de brillantes qualités (1), et

(1) Au moins faut-il nommer ici madame Larive, mademoiselle Servandoni-d'Hannetaire, la fille du directeur de ce nom, qui l'avait formée pour le théâtre avec une sollicitude toute paternelle. Elle devint à son tour le maître de son mari, qui lui fut, en grande partie, redevable de ses succès : elle le conseillait, le guidait et développait chez lui les brillantes qualités qu'il n'aurait peut-être pas découvertes lui-même. Par malheur, Larive perdit trop tôt sa femme, et ce

par intervalles même, alors que sa tête s'enflammait et qu'il se laissait enlever par le feu de l'action, il devenait surprenant de force et de passion. « Larive est reçu, écrit La Harpe. Il a joué deux fois *Warwick* en dernier lieu. Il y a des moments où sa tête s'échauffe et où il semble porté par la scène; mais qu'il est loin de saisir l'esprit général d'un rôle! Je me suis souvenu à son occasion de ce mot de Garrick, qui, voyant une actrice s'emporter beaucoup dans un moment et se refroidir tout de suite, dès qu'elle eut fini le morceau où elle était préparée à s'emporter, dit assez plaisamment : « Voilà une femme qui a de la colère, mais qui n'a pas de rancune. »

Nul acteur de son temps ne possédait à un tel degré le ton du commandement, de l'ironie, du dédain ou de la menace. De là son succès dans les personnages de Rodrigue, d'Horace, de Ladislas, de Spartacus, de Rhadamiste, de Bayard, de Guillaume Tell ou de Tancrède; mais, en tête des rôles qui lui ont fait le plus d'honneur, il faut placer Coriolan, et surtout Philoctète, où il se montrait vraiment admirable, tant il exprimait avec vérité la douleur physique à laquelle succombe ce héros abandonné de tous et trahi par ses forces dans un suprême effort (1).

fut une perte presque irréparable pour l'artiste ; car, s'il se remaria, il ne rencontra chez sa nouvelle épouse ni un esprit aussi élevé ni un aussi vif sentiment de l'art.

(1.) A.-V. Arnault, *Souvenirs et regrets d'un vieil amateur dramatique*, lettre X.

Cependant mademoiselle Raucourt était revenue à la Comédie Française, rappelée par madame Vestris, qui, dans sa haine contre mademoiselle Sainval, préférait entraîner celle-ci dans une défaite commune plutôt que d'être vaincue et humiliée par elle. Qui ne connaît cette fameuse guerre des « tragédiennes ennemies » ? Secondée par son amant, le duc de Duras, et protégée par les gentilshommes de la Chambre, madame Vestris avait réussi à faire exiler l'aînée des Sainval ; cette victoire causa sa perte. Le public prit alors sous sa protection la sœur de l'exilée et força la maîtresse du duc de Duras à se retirer devant la manifestation du mépris général. C'est alors que le duc rappela mademoiselle Raucourt, malgré les démarches, les délibérations et les intrigues des Comédiens, qui représentèrent en vain que l'inconduite et le libertinage de cette actrice nuisaient à la considération de leur compagnie : un ordre du roi fit taire toutes les résistances, et mademoiselle Raucourt fut rétablie dans son rang de sociétaire à demi-part.

C'est le rôle de Didon que la tragédienne choisit pour sa rentrée : Didon, souvenir de ses triomphes passés et de sa plus glorieuse apothéose. Didon parut et l'orage éclata : injures, vociférations, huées détonaient et se croisaient par toute la salle. Abreuvée d'injures et de dégoûts, mademoiselle Raucourt voulait se retirer ; elle resta, conseillée par quelques rares amis, Sophie Arnould en tête, mais elle eut alors la fâcheuse idée de vouloir jouer le personnage de Phèdre. Le rôle entier se retourna contre la femme, et au vers :

> Et moi, triste rebut de la nature entière,

« Oui, oui, cria-t-on de toute part ; à l'hôpital, le rebut (1) ! » Cette fois, la courageuse actrice n'osa plus braver l'orage. Elle fit soumission à celle qu'on lui donnait pour rivale et fit insérer dans le *Journal de Paris* (15 septembre 1779) une lettre bien humble où elle déclarait que, loin d'ambitionner les rôles de mademoiselle Sainval cadette, elle n'était revenue que pour doubler tout le monde.

Du jour où, contraignant son caractère altier, mademoiselle Raucourt se fut humblement réduite à l'emploi des suivantes et qu'elle eut accepté de tenir en double les rôles où elle brillait naguère, elle chercha et trouva une consolation momentanée dans les travaux de l'esprit. Elle écrivit alors une comédie dont le sujet était emprunté à certain ballet qu'elle avait dû voir à Varsovie au temps de ses « caravanes dans le Nord ». Le 1er mars 1772, *Henriette* fut jouée et jamais chef-d'œuvre de Corneille ou de Racine n'attira pareille affluence : très grand succès malgré les cabales. Les critiques ne manquèrent pas, comme de raison ; on alla jusqu'à contester la paternité de cette œuvre à l'auteur, mais rien n'y fit : des bravos frénétiques accueil-

---

(1) Hâtons-nous de le dire, tous les critiques, La Harpe et Grimm en tête, protestèrent contre de tels excès. « Ni sa beauté, ni son titre de femme, dit ce dernier, ne la protégeaient plus, et jamais le public ne poussa si loin l'oubli de sa propre dignité. »

lirent l'actrice, qui, de l'aveu de tous, était charmante sous son uniforme de soldat prussien, et tout Paris courut voir et revoir la jolie femme qui portait avec une telle désinvolture le costume masculin.

Deux ans après (mars 1784), elle saisit avec empressement l'occasion de reprendre l'uniforme et elle obtint un succès fou dans *le Jaloux*, de Rochon de Chabannes, en représentant l'amazone qui devient ensuite capitaine de dragons. Et tout le monde d'aller applaudir son élégance, son ton cavalier, ses façons aisées sous l'uniforme ; et mademoiselle Sainval la cadette, qui ne manquait pas d'esprit, de dire avec un méchant sourire : « Quel acteur que cette Raucourt, et quel dommage qu'elle s'obstine à vouloir jouer des rôles de femme ! »

La belle Raucourt reconquérait ainsi peu à peu son influence perdue et, se trouvant alors dans tout l'éclat du talent et de la beauté, elle essayait de réparer par l'étude le temps perdu dans l'orgie et le plaisir. La reprise de la *Médée* de Longepierre, en 1786, marque l'apogée de sa carrière théâtrale ; elle obtint dans cette tragédie sans valeur, qu'on ne jouait plus depuis le départ de mademoiselle Dumesnil, un triomphe comparable à celui de ses premiers débuts. « Elle fit le rôle de Médée avec tant de noblesse, d'énergie et de vérité, qu'elle fut applaudie à tout rompre. Elle était superbe jusque dans son costume. » A dater de ce jour, sa carrière ne fut plus qu'une longue suite de succès très rarement contestés ; le scandale cessa autour de son nom et, sans que ses mœurs eussent précisément changé, elle reconquit la faveur des premiers jours, elle retrouva l'oreille du public. Raucourt n'aimait guère Clairon, et elle vécut assez longtemps, étant morte seulement le 15 janvier 1815, pour voir que sa devancière la traitait assez mal dans ses *Mémoires*. Mademoiselle Clairon avait, à l'entendre, deux grands reproches à faire à son élève : sa véhémence excessive, qui tombait parfois dans l'exagération, et sa complète insouciance du costume. Il en coûtait sans doute à la vieille tragédienne de reconnaître qu'elle avait vainement prodigué ses conseils à la jeune Raucourt et de la voir dédaigner le savoir qu'elle, la grande Clairon, n'avait obtenu qu'au prix de longues études; mais, malgré ces défauts et en dépit du sévère jugement de Clairon, mademoiselle Raucourt n'en fut pas moins une des plus remarquables tragédiennes de la scène française.

Larive quitta la Comédie en 1788, à la suite d'une aventure où son double amour-propre d'artiste et de professeur fut singulièrement froissé. Il portait le plus vif intérêt à son élève, mademoiselle Fleury, qu'il soutenait contre mademoiselle Desgarcins; or, certain jour qu'il jouait Orosmane, au lieu de son élève pour laquelle il avait réclamé le rôle de Zaïre, il vit entrer en scène sa rivale. Surpris d'abord, il ne tarda pas à se convaincre que cette méprise était le résultat d'une puissante cabale dirigée contre lui, car des coups de sifflet partirent de divers côtés. Outré d'une pareille injustice, il se troubla davantage et joua de plus en plus mal. Immédiatement après cette soirée, il abandonna la Comédie Française pour aller jouer dans les principales villes de France. Il parcourait ainsi depuis deux ans la province, où il était toujours accueilli avec enthousiasme, lorsque, à la demande du public, il fut rappelé au Théâtre-Français : il revint, mais refusa de redevenir sociétaire. Sa rentrée dans le rôle d'Œdipe (4 mai 1790) fut un triomphe si éclatant que tous les journaux en parlèrent comme d'un événement digne d'être consigné dans les fastes du théâtre, mais cette faveur ne fut pas de longue durée et s'évanouit devant le succès croissant d'un nouveau venu. Larive eut, en effet, le malheur de rencontrer deux rivaux invincibles au début et à la fin de sa carrière : autant il avait eu de peine à vaincre le souvenir de Lekain, autant il en éprouva à lutter contre la faveur naissante de Talma. Le secret chagrin de se voir préférer son jeune rival et aussi le dérangement de sa santé amenèrent dès lors dans son jeu de fréquentes inégalités. Bientôt éclata la Révolution : emprisonné en septembre 1793 avec ses camarades et libéré comme eux après le 9 Thermidor, Larive reparut sur la scène sans vouloir prendre d'engagement avec la Comédie; puis, après de nouvelles tournées en province, il s'attacha au Théâtre Louvois, alors administré par sa camarade Raucourt, mais qui fut bientôt fermé par ordre du Directoire.

C'est alors qu'il occupa ses loisirs à la composition d'un

ouvrage sur l'art théâtral et qu'il ouvrit à Paris un cours
dont il recueillit ensuite les leçons pour en former un livre,
son *Cours de déclamation*, publié seulement en 1810. Il
en faut citer ici le dernier chapitre, celui où Larive expose
ses idées sur le costume, où il raconte ses efforts et les
obstacles contre lesquels il eut à lutter pour faire prévaloir
les idées nouvelles, qu'il se vante d'avoir défendues après
Lekain et Clairon.

Je ne puis me dispenser, en terminant ce ouvrage, de dire un mot des costumes et de leur origine.

On sait que, du temps des Corneille et des Racine, les acteurs étaient vêtus d'une manière barbare. Les Grecs, les Romains, les Spartiates, toutes les nations qui se présentaient sur la scène, n'avaient qu'un costume, le costume français. Les grandes perruques, les chapeaux à plumes, les gants à frange, étaient la seule parure de tous les héros tragiques. Corneille et Racine, si parfaitement instruits des passions, des mœurs et des usages de tous les personnages de leurs tragédies, ne songèrent point à établir les costumes. Si des témoignages incontestables ne nous l'assuraient pas, nous ne pourrions concevoir aujourd'hui que, dans ce siècle des grands peintres, des grands sculpteurs, des grands artistes en tout genre, les comédiens n'avaient recueilli aucune idée sur la vérité des costumes. Les Poussin, les Lesueur, les Sarrazin, devaient donner aux Corneille et aux Racine ce qui manquait au perfectionnement de leurs chefs-d'œuvre; c'était aux arts à fournir aux lettres leur dernière parure.

Cette négligence s'est prolongée jusqu'à nos jours. Mademoiselle Clairon et Lekain furent les premiers qui franchirent l'ancien usage. Les grands paniers et les chapeaux disparurent de la tragédie, et l'on vit enfin des costumes; mais qu'ils furent loin encore de la vérité! Gengiskan resta coiffé à la française, avec des boucles frisées et de la poudre; Zamore, Tancrède, etc., avec des cadenettes couleur de rose. Les hanches et les colliers couleur de chair furent rétablis. Les Romaines se montrèrent en longs cheveux poudrés, avec un vêtement de satin blanc, avec des corsets lacés, des hanches postiches et des écharpes. Les franges s'employèrent indistinctement dans tous les costumes. Je fus le premier qui osai paraître en vrai Romain; j'osai le premier supprimer les grands cheveux et la poudre. Je dis que j'osai, car un changement aussi heureux trouva beaucoup de contradicteurs. Je fus traité alors comme un novateur à systèmes, comme un frondeur audacieux. Je déplus à la cour et à la ville : tout le monde convint que ce premier pas vers le bien était le chef-d'œuvre du ridicule. Un intendant des Menus-Plaisirs me fit des reproches et me dit qu'il était indécent de montrer un Romain à la cour sans être poudré. Je supprimai les hanches (1), et l'on trouva que j'avais l'air d'une guêpe; je portai les premières tuniques, et l'on trouva que j'avais l'air d'un homme en chemise. Je fis des recherches sur le vrai costume des Spartiates, et j'osai montrer Agis tel qu'il devait être vêtu. Ce nouveau costume parut si extraordinaire, et tout le monde m'en fit tant de reproches, que je crus devoir, pour me justifier, m'appuyer de l'autorité d'un peintre célèbre que j'avais consulté. Je dis naïvement que c'était lui qui m'avait drapé, et que j'étais d'après l'antique. Je n'échappai pas à la critique dans la parodie de cette pièce, où l'acteur qui représentait Agis arrivait avec une grande nappe sur la poitrine; on lui dit en entrant : « Comme te voilà fait! » Il répondit en chantant :

> C'est un peintre qui m'a drapé,
> Je suis d'après l'antique.

Tout cela ne me rebuta point, et j'ai toujours cherché à me rapprocher de la vérité des costumes. Ceux de Guillaume Tell, de Philoctète, celui d'Achille, que l'on jouait avant comme beaucoup d'autres, ont eu un grand succès; mais je dois à la vérité de dire que j'ai été parfaitement secondé par les acteurs qui m'ont succédé. Ils trouvèrent, il est vrai, plus de facilité que moi sur cet objet : l'ouvrage qui parut en 1790, intitulé : *Recherches sur les costumes et sur les théâtres de toutes les nations*, dessiné par M. Chéry, leur donna de grandes lumières. J'ai eu la satisfaction de voir conserver les premiers casques que j'ai fait modeler. Nous ne faisions usage avant que d'un seul, portant un dragon ou un aigle,

---

(1) Les hanches étaient composées de deux paquets remplis de crin qui les grossissaient d'un pied de chaque côté. (*Note de Larive*.)

couvert de grandes plumes, qui était extrêmement lourd. Nous devons l'invention des maillots (1) au sieur Maillot, qui leur a laissé son nom.

Enfin, aujourd'hui, on n'a rien à désirer sur cet objet. Les comédiens ont un soin très louable à cet égard, et j'avouerai qu'ils en ont établi, depuis ma retraite, dont personne avant n'avait fait usage, comme celui de Mahomet et de quelques autres. Aujourd'hui, sous ce rapport du moins, les chefs-d'œuvre des grands maîtres ne sont pas, comme ils le furent, honteusement défigurés.

Larive avait donc voulu former des élèves, à l'exemple de son maître, et il prétendait revivre dans ses successeurs, comme mademoiselle Clairon revivait en lui-même. Le beau et le vrai : tel est le double but qu'il proposait d'atteindre aux jeunes artistes. Et il les encourageait de son exemple, car jamais, durant sa longue carrière, il n'avait fléchi ou plutôt il n'avait cru fléchir sur ce point. Grâce à lui, pensait-il, le costume antique avait paru pour la première fois sur la scène française, et il se piquait d'avoir revêtu le premier la tunique et le manteau des anciens ; cependant il n'eut jamais assez de volonté pour rejeter la coiffure du siècle. Un casque trop brillant et trop empanaché suffisait à déparer ses costumes, d'ailleurs assez fidèlement copiés sur l'antique, de Philoctète et de Pygmalion.

Un trop beau casque, et surtout une perruque trop bien

(1) Les maillots sont un vêtement complet de tricot de soie couleur de chair, qui se place sur la peau, et qui l'imite parfaitement, en conservant toutes les formes. On portait auparavant un vêtement de taffetas couleur de chair, et j'ai vu des acteurs mettre des boucles de jarretières de diamant qui semblaient incrustées dans la peau. (*Note de Larive*.)

peignée ; car ce vieux comédien parlait d'or, qui, voyant un jeune acteur, chargé de jouer le valet mal vêtu du *Glorieux,* s'amuser à poudrer et à ajuster avec le plus grand soin sa chevelure, lui dit sèchement : « Tu peignes ta perruque, mon enfant? Tu ne feras jamais rien ! » Que ce fût ignorance ou faiblesse, manque d'étude ou manque de décision, on ne peut que regretter cette erreur persistante d'un artiste aussi éclairé que Larive ; mais, malgré cette lacune fâcheuse, il faut l'approuver fort d'avoir poursuivi avec autant de zèle et de goût la réforme tentée par Lekain. Larive tint donc brillamment sa place, comme acteur et réformateur, entre Lekain et Talma ; ce fut un artiste de grand talent entre deux artistes de génie.

Les camarades de Larive et de mademoiselle Raucourt étaient partagés en deux camps bien distincts : les routiniers et les progressistes. C'étaient les dames qui formaient surtout le premier parti ; elles suivaient en cela l'avis de mademoiselle Raucourt, et pensaient avec elle que tout allait pour le mieux du moment qu'elles pouvaient étaler sur la scène de belles toilettes, des diamants et des bijoux, des plumes et des aigrettes. Madame Vestris et les sœurs Sainval, ces ennemies jurées, étaient sur ce seul point d'un avis identique, et l'entente la plus cordiale régnait entre elles sur la question du costume (1). Madame

---

(1) Voici le portrait des deux rivales tracé par La Harpe : « Madame Vestris a seule une intelligence sûre et une décence toujours tragique. Mais malheureusement la nature de son organe ne la sert pas si bien que son esprit ; sa voix

Bellecour, la plus joviale et la plus effrontée des soubrettes, la Nicole et la Dorine sans pareille, qui, n'ayant encore que treize ans, jouait déjà avec esprit à la Foire le joli rôle de Gogo dans *le Coq de village* et qui tint avec éclat son emploi au Théâtre-Français durant trente-sept ans, était seule du bord opposé. Non seulement elle partageait les idées de Lekain, de mademoiselle Clairon, mais, ce qui vaut mieux, elle les mettait en pratique. « Madame Bellecour observait avec un grand soin le costume de son emploi, et elle apportait dans l'observation de cette partie de l'art, si nécessaire au complément de l'illusion, cette même vérité qui était la base de son talent. Jamais on ne lui a vu jouer un rôle de soubrette avec un bouquet et des plumes, ni un rôle de paysanne avec de la gaze et du taffetas... Une coiffure modeste, un tablier uni, et dans les villageoises, des cornettes, souvent des robes de laine : voilà l'excellent exemple qu'elle donnait aux actrices qui jouaient son emploi, exemple dont bien peu malheureusement ont eu le courage de profiter (1). »

Les acteurs, à son exemple, se rapprochaient davantage des idées de Larive : Brizard et Dufresnoy avaient déjà

---

s'épaissit dans la passion et dans les larmes, elle sent plus qu'elle ne communique. Élève de Lekain et pleine de ses leçons, elle rend mieux ce qui est fort que ce qui est doux. Mademoiselle Sainval l'aînée, faite pour le grand pathétique, l'atteint quelquefois jusqu'à faire excuser les disgrâces de sa figure et de son organe; mais elle manque absolument de noblesse, de raison et de décence, et multiplie trop les gestes. » (*Correspondance littéraire*, lettre LVII.)

(1) *Almanach des spectacles*, an VIII.

adopté en partie les modes nouvelles, bientôt Saint-Prix les défendra à son tour. Pour le moment, c'étaient les deux successeurs de Préville, Dugazon et Dazincourt, qui s'efforçaient d'apporter la plus grande vérité dans leur jeu et dans leur costume : l'un, remarquable par sa physionomie mobile, par sa chaleur et sa verve mordante, mais se laissant souvent emporter par l'envie d'exciter le rire et tombant alors dans le mauvais goût ; l'autre, observant toujours le bon ton dans l'emploi des valets, et sacrifiant parfois la verve à l'élégance, à la distinction. Dazincourt avait écrit des réflexions sur l'art théâtral, qui, à en juger par le résumé subsistant, devaient être des plus intéressantes. Il n'en reste que de courts fragments, dont quelques lignes montrent qu'il était sur ce point en parfaite conformité de vues avec Larive : « Il serait à désirer, dit-il, que l'homme qui se destine à la scène eût de l'instruction, qu'il eût étudié avec attention les maîtres dont il se dispose à représenter les chefs-d'œuvre, et surtout qu'il eût appris à lire dans le grand livre du monde, pour connaître les divers caractères de la société, si sa vocation ne l'appelle qu'à jouer la comédie : il lui faut une étude plus profonde, s'il se destine en même temps au tragique. C'est dans l'histoire de tous les temps qu'il se familiarisera avec les personnages auxquels il doit donner la vie. »

Le goût se formait peu à peu, et dans cette lutte ininterrompue, la routine et la mode perdaient chaque jour du terrain ; la persistance intelligente des rares comédiens qui s'étaient voués au triomphe des idées nouvelles faisait plus pour l'art que n'aurait fait un coup d'éclat passager. Lekain et mademoiselle Clairon avaient tracé la route : ceux de leurs contemporains et de leurs successeurs qui s'y étaient engagés de plein gré étaient bien décidés à aller jusqu'au bout ou, s'ils n'y pouvaient atteindre, à frayer la voie à ceux qui les suivraient. C'est ainsi que, malgré le mauvais vouloir de plusieurs, cette cause si juste remportait de jour en jour un nouvel avantage et gagnait de nouveaux partisans : le temps était proche où ces idées devaient arriver à pleine maturité et donner tous leurs fruits.

L'honneur de cette rénovation doit revenir à tous ceux qui y ont aidé le moins du monde, aux acteurs qui l'ont tentée, comme aux auteurs qui l'ont provoquée : à Lekain, comme à Rémond de Sainte-Albine ; à mademoiselle Clairon, comme à Favart ; à Larive, comme à Marmontel et surtout à Diderot, à Diderot si passionnément épris de vérité au théâtre et dans la vie, à Diderot qui écrivait à mademoiselle Jodin : « Mademoiselle, il n'y a rien de bien dans ce monde que ce qui est vrai ; soyez donc vraie sur la scène, vraie hors de la scène ; » à Diderot enfin qui s'exclamait à propos de son *Fils naturel* : « Je ne me lasserai pas de crier à nos Français : la vérité ! la nature ! les Anglais ! Sophocle, Philoctète ! Le poète l'a montré sur la scène, couché à l'entrée de sa caverne, et couvert de lambeaux déchirés. Il s'y roule ; il y éprouve une attaque de douleur; il y crie; il y fait entendre des voix inarticulées. La décoration est sauvage; la pièce marchait sans appareil. Des habits vrais, des discours vrais, une intrigue simple et naturelle. Notre goût serait bien dégradé, si ce spectacle ne nous affectait pas davantage que celui d'un homme richement vêtu, apprêté dans sa parure. »

CHAPITRE XII

LA COMÉDIE FRANÇAISE ET L'OPÉRA
A LA FIN DU SIÈCLE DERNIER

Larive quitta la Comédie Française juste comme Talma venait d'y entrer. Nous devrions donc parler immédiatement du grand tragédien, mais il nous faut auparavant examiner plusieurs questions, signaler les essais ou les écrits de maint acteur et auteur, modestes partisans de la cause du beau et du vrai. De là un intervalle factice que nous créons entre la retraite de Larive et l'apparition de Talma, pour parler de gens et de faits qu'ont bien connus Larive et Talma, mais sans plus nous occuper du premier que du second.

Après le double effort de Lekain et de Clairon on avait vu enfin à la Comédie Française des costumes assez étudiés, mais encore bien loin de la vérité. Gengis-Kan était toujours coiffé à la française avec des boucles frisées et de la poudre; Zamore et Tancrède avec des cadenettes couleur de rose. De cette époque date l'introduction des hanches, des colliers couleur chair, et presque tous les habits étaient surchargés de franges. Les Romaines se pavanaient en longs cheveux poudrés, en vêtements de satin blanc, avec corsets lacés, hanches postiches, écharpes flottantes. En somme, la réforme de ces deux artistes s'était à peu près bornée à exclure les paniers des actrices, les chapeaux à plumes des acteurs et à introduire la peau du tigre dans les rôles de Scythes ou de Sarmates, l'habit turc dans les pièces asiatiques et l'habit français du xvie siècle dans les ouvrages relatifs à la chevalerie. Ils avaient fait subir une modification notable à la coupe des habits, mais ils s'étaient bien gardés de renoncer aux étoffes chatoyantes, toujours à la mode.

Après eux on continua à vêtir les princesses grecques, romaines, françaises, polonaises, de ce long manteau de velours carré qu'on appelait doliman, et la principale différence dans les autres habits pour les acteurs consistait dans le vêtement court ou long, ce qu'ils appelaient être vêtus à *la longue*. On jouait Mérope, Cléopâtre, Pauline avec une robe de pou-de-soie noir et une ceinture de brillants, Médée, Phèdre avec la coiffure française et des girandoles de diamants, usage qui subsista jusqu'après la Révolution par la persistance aveugle de madame Vestris. Le costume des hommes avait fait de plus rapides progrès et Larive, en endossant un costume copié sur l'antique, à la coiffure près, avait amené l'art de se vêtir à un point assez rapproché de la perfection.

Une simple question d'habillement provoqua, à la fin du siècle, une contestation sérieuse entre les comédiens et les auteurs : guerre d'argent à l'origine, qui, vigoureusement menée par Mercier et par Palissot, puis par Beaumarchais (1), en tête de tous les auteurs coalisés contre la Comédie, se termina par leur victoire complète. Cette lutte de plus de vingt années avait eu pour origine une discussion assez légère, qui s'était rapidement envenimée. Au mois de février 1773, le *Mercure* annonçait comme prochaine l'apparition d'un « drame nouveau dans lequel on s'est attaché à peindre le contraste des mœurs de Sparte et d'Athènes. » Il s'agissait d'une pièce imprimée depuis huit ans et reçue jadis par les Comédiens qui avaient fait attendre l'auteur durant dix longues années. Lonvay de la Saussaye allait donc enfin voir jouer son *Alcidonis* ou *la Journée Lacédémonienne*, et il avait recommandé avec insistance qu'on ne mît ni or ni argent sur

---

(1) Peu d'auteurs ont porté aussi loin que Diderot et Beaumarchais le souci de la mise en scène. On sait avec quelle minutie l'auteur de *Figaro* décrit les vêtements de ses personnages et combien Diderot chargeait ses drames des indicationss les plus détaillées sur les mouvements et les gestes des acteurs. Précisément à cette époque, — voyez l'ironie du sort, — le célèbre acteur allemand, Brandes, devenu co-directeur avec Kloss du théâtre de Hambourg, y faisait représenter *le Mariage de Figaro* en costume actuel de l'Allemagne, faute de costumes espagnols convenables ; « ce qui heureusement rendit l'ouvrage très intéressant », ajoute-t-il avec une satisfaction plaisante. (*Mémoires de Brandes*, t. II, p. 284.)

les costumes, pour en mieux accuser la couleur et le caractère historique. Les actrices réclamèrent; l'auteur résista si bien que, la colère s'en mêlant, les Comédiens poussèrent aussi loin qu'ils purent le luxe de la mise en scène. « Quoiqu'à la lecture, écrit naïvement Bachaumont, ce drame romanesque soit froid et ennuyeux, les histrions en ont sans doute eu bonne opinion, puisqu'ils ont fait pour deux mille écus de dépense environ, en habits, décoration, ballets et musique. » Cette représentation avait eu lieu le 13 mars. Mais ce n'était rien encore que d'avoir ainsi défiguré l'ouvrage : de plus en plus irrités de l'aigreur que Lonvay mettait dans ses récriminations, et donnant une interprétation normande à un article de leur règlement, les Comédiens lui présentèrent un mémoire à payer lorsqu'il vint toucher ses droits, et voulurent lui prouver qu'il était débiteur de 101 livres 8 sous et 6 deniers, pour fourniture de décors, galons, broderies, marbre, pierres précieuses, etc. La question fut portée au conseil de la Comédie, où elle resta enterrée comme toujours; mais elle renaquit deux ans plus tard, en même temps que s'élevait l'affaire de Mercier, qui fut le véritable chef de la révolte, et cette fois il n'y eut plus moyen d'étouffer la discussion. Il fallut que la lumière se fît et ce ne furent heureusement pas les sociétaires qui eurent l'avantage dans cet interminable procès entre petits et grands, entre auteurs et comédiens.

Si le bon goût ne régnait pas encore absolument sur

la scène française, on peut dire que, dès 1780, la révolution était faite dans les idées ; le monde acceptait et défendait ces innovations, et la plupart des auteurs prenaient chaudement parti pour cette réforme qui avait été comme le premier signal de leur émancipation. Jadis, en 1772, dans la préface de son *Art de la comédie*, Cailhava avait bien pu décocher en passant un trait « aux jeunes actrices que le méchanisme de leur coiffure occupe bien plus que le méchanisme d'une pièce » ; mais le goût avait notablement changé en moins de quinze ans, et l'on traitait enfin les questions d'art avec quelque sérieux. L'abbé Desfontaines, par exemple, et Lefuel de Méricourt n'avaient pas manqué, dès le premier volume de leur *Histoire universelle des théâtres*, publié en 1779, de chercher à corriger le goût de leurs contemporains et de les diriger vers le bien en mettant sous leurs yeux des vêtements imités de l'antique. Ils firent mieux encore à partir du quatrième volume en ayant toujours soin de donner le dessin et la description par écrit des costumes des héros de Sénèque, pour démontrer aux moins clairvoyants quelle distance séparait encore le costume de convention, alors à la mode, du vrai costume ancien. « Avant de passer à la tragédie suivante, disent-ils après l'examen des *Phéniciennes*, il est nécessaire de jeter un coup d'œil sur l'habillement de Jocaste, et d'en détailler toutes les parties : c'est une des branches principales de notre ouvrage, et les pièces de Sénèque vont nous fournir l'occasion d'offrir au public tout ce qui concerne les vêtements adoptés par les Grecs..... Voilà quel était le véritable habit des reines grecques, et nous sommes bien loin de le retrouver dans ceux de nos actrices qui, non contentes de prendre, ou des satins, ou des étoffes brochées de différentes couleurs, les font couper et draper, soit d'après leur goût, soit d'après la fantaisie de leur tailleur. Que signifient ces larges broderies nuancées avec le plus grand soin et prodiguées sur toutes les parties de leur ajustement, ces boucles d'oreilles et ces colliers de diamants, ces diadèmes et ces bracelets du même genre, ces riches agrafes qui attachent leur manteau, ces gazes en or qui leur servent de voile, cette coiffure élevée et garnie de pierreries, ces chaussures brodées, et mille autres parures qu'il serait trop long de détailler ? Nos actrices se plaignent tous les jours du prix qu'elles sont obligées de mettre à leur garde-robe de théâtre, nous n'en sommes point étonnés, et c'est payer beaucoup trop cher le plaisir de s'éloigner de la vérité à laquelle nous nous efforcerons de les ramener par nos gravures et nos remarques. Nous serons sûrs d'y réussir, lorsque nous parviendrons à leur persuader que rien sur la scène n'est aussi beau que la simplicité, et qu'en s'y conformant, elles seront beaucoup plus intéressantes qu'avec cette foule d'ornements superflus qui détruisent l'illusion des rôles dont elles sont chargées. »

La critique prit aussi cette réforme à cœur et prévint,

par de sages observations, le retour de fantaisies pareilles à celles qui avaient signalé les époques précédentes. Il suffit de parcourir les journaux du temps pour voir avec quelle vigilance les juges littéraires surveillaient l'exactitude de la mise en scène et des costumes, bien différents en cela de leurs devanciers qui n'en avaient aucun souci. « Les costumes sont magnifiques, — dit le critique du *Moniteur* à propos de la *Lodoïska* de Cherubini, jouée en juillet 1791 au Théâtre Feydeau, — mais nous osons croire qu'ils offrent plus de luxe que d'intelligence et de vérité. Les Polonais font plus d'usage de fourrures que de dorures, et il n'est pas probable qu'en Pologne, ni un homme qui voyage inconnu à travers des forêts, ni un seigneur enfermé tout seul dans son château, ni un chef de Tartares qui va cherchant la guerre à la tête de sa troupe, soient tous chamarrés d'or et de brocards. » Et le journaliste officiel ne disait rien là que ses confrères ne pensassent comme lui.

De tous les écrivains d'alors, c'est Levacher de Charnois qui travailla le plus à répandre dans le public de saines idées sur le costume des anciens, en étudiant les monuments de l'antiquité, en publiant de sérieux ouvrages où il donnait d'excellents modèles de costumes, non sans indiquer où il avait puisé les éléments de ces dessins. Cet écrivain distingué était gendre de Préville : il avait commencé sa carrière littéraire au *Journal des Théâtres*, fondé par Lefuel de Méricourt, puis il avait collaboré au *Mercure* et enfin au *Modérateur*. Les doctrines qu'il y défendait lui furent fatales ; son attachement à la cause royale, et l'indignation qu'il manifesta lors des premiers excès révolutionnaires le perdirent ; sa maison fut pillée, et lui-même, emprisonné à l'Abbaye, fut massacré le 2 septembre. Deux grands ouvrages, *Costumes et Annales des grands théâtres de Paris* et *Recherches sur les costumes et sur les théâtres de toutes les nations*, ont fait vivre le nom d'un auteur qui ne s'en était pas tenu à l'antiquité, mais qui avait embrassé dans ses travaux toutes les époques, tous les pays. Il avait fait de ces volumes une riche galerie historique où les acteurs soucieux de la vérité purent trouver d'utiles renseignements sur le caractère, le costume, la tenue qu'il convenait de prêter à leurs personnages : Talma et mademoiselle Mars avaient fait une place dans leur bibliothèque à ces livres de savoir, celle-ci pour la forme et celui-là pour le fond, l'un pour les souvent consulter, l'autre pour ne les jamais ouvrir.

Levacher n'eut malheureusement pas le temps d'achever son dernier ouvrage, mais il avait déjà rédigé, en guise d'introduction, d'excellentes réflexions qui font bien connaître quel esprit l'avait guidé dans tout le cours de ses travaux. « ... Si l'observance des costumes, dit-il, est nécessaire aux peintres d'histoire, elle ne l'est pas moins à l'auteur tragique. Pour bien représenter les héros de l'antiquité, il faut en même temps et se bien pénétrer de l'esprit de leur caractère, et les couvrir des vêtements qui leur étaient propres, soit au civil, soit au militaire, tant par rapport aux pays où ils vivaient que relativement à l'adoption qu'ils avaient personnellement faite de quelques accessoires de costume... On a observé plus d'une fois que ces gaucheries insupportables qui, au théâtre, blessent l'œil et le goût, étaient entretenues par quelques mauvais esprits qui, répandus dans le public, en général assez peu éclairé sur les notions de l'antiquité, cherchent à y faire passer pour ridicule tout ce qui est hors de leur obscure intelligence. Cette observation peut être très juste : ce qui ne l'est pas moins, c'est qu'avec le courage de s'assujettir aux costumes vrais et de les conserver, en dépit de l'ignorance et de la bêtise, les comédiens accoutumeraient insensiblement le public à toutes les formes, à toutes les coupes, à toutes les divisions de costumes, et que le théâtre, absolument redressé en cette partie, en acquerrait un nouveau degré d'intérêt. L'histoire existe; qu'on l'ouvre, on y remarque la différence ou les rapports qui ont existé entre les habillements des différents peuples qui ont habité la terre, entre leurs armes, leurs cérémonies, leurs usages et les marques distinctives de leurs dignités; on connaîtra ce qui convient à chaque nation, et par conséquent à chaque personnage d'un drame tragique. » C'était bien parler que de rédiger ce judicieux programme, et c'était bien agir que de le réaliser.

Du reste, ces écrivains ne prêchaient pas dans le désert, et la Comédie, aussi bien que l'Opéra, comptait alors quelques artistes tout dévoués aux idées nouvelles. Lorsque le Théâtre-Français avait représenté la comédie de Goldoni, traduite par Mercier, *la Maison de Molière* (20 octobre 1787), madame Petit-Vanhove avait eu l'heureuse idée de se vêtir et coiffer à la mode du siècle précédent pour son rôle de Grésinde Béjart, et elle n'en avait paru que plus charmante. Cette jeune actrice, fille du brave Vanhove, avait débuté non sans succès en 1785 par le rôle d'Iphigénie, de la tragédie de Racine. Pendant quelque temps, elle avait été reléguée au second plan dans la tragédie, mais la retraite prématurée de mademoiselle Desgarcins lui avait permis de reprendre l'emploi qu'elle s'était vue contrainte d'abandonner, et c'est ainsi qu'elle créa avec bonheur les personnages d'Obéide dans *Abufar* et de Cassandre dans *Agamemnon*. En revanche, elle avait fait ses preuves depuis longtemps dans la comédie, et ce fut toujours dans ce genre qu'elle obtint ses plus grands triomphes : bien que sa petite taille laissât à désirer pour l'emploi des « grandes coquettes », elle tint brillamment sa place à côté de madame Contat, et sut porter sans faiblir le grand nom de madame Talma (1).

(1) Voici le portrait que Bouilly nous a laissé de cette charmante actrice : « Véritable sirène qui, par sa voix, opérait un enchantement dont il était impossible de se défendre, c'est là la plus touchante Andromaque et la plus parfaite Iphigénie qu'ait jamais possédée le Théâtre Français. Inimitable dans l'*Eugénie* de Beaumarchais, et surtout dans *la Jeunesse de Richelieu*, elle joignait à la figure la plus expressive le geste et le maintien d'une femme de qualité. » *Récapitulations*, t. II, p. 242.)

La situation était à peu près identique à l'Opéra : nulle entente générale, mais de louables efforts isolés. On y représenta par exemple, en décembre 1791, l'*OEdipe à Thèbes*, du comte Duprat de la Touloubre, musique de Méreaux, qui s'intitula plus tard *OEdipe et Jocaste*, et ce fut pour un jeune acteur du nom d'Adrien, l'occasion de se révéler dans un rôle qui ne comptait qu'un seul vers. OEdipe règne et cherche à découvrir le meurtrier de Laïus ; Phorbas comparaît devant lui, Phorbas qui était avec Laïus au moment du meurtre, Phorbas emprisonné depuis dix ans, comme accusé d'avoir tué le roi, mais qu'on n'a pu condamner faute de preuves. OEdipe lui ordonne de désigner l'assassin.

L'assassin ! et c'est vous qui me le demandez !

s'écrie le vieillard en fuyant d'épouvante. Rien qu'en poussant ce cri, le nouvel acteur produisit un effet indescriptible : jeu, costume, accent, tout contribua à produire un effroi général. C'est qu'Adrien avait reçu les leçons de Talma et que Talma avait combiné lui-même le costume de son élève : barbe inculte, de longs cheveux blancs en désordre, vêtements en lambeaux et pieds nus, le vieil esclave sortant de prison au bout de dix ans, n'était plus qu'une ombre pâle et terrible. Bientôt on confia à l'heureux débutant les meilleurs rôles écrits pour voix de basse, à commencer par celui d'OEdipe dans le bel opéra de Sacchini. Doué d'un goût sûr et imbu d'idées justes, que lui avait données l'étude de la peinture, Adrien sut s'incarner de la façon la plus touchante dans le personnage du vieux roi proscrit. Comme il était dans sa loge en train de s'habiller, le coiffeur entre, tenant d'une main une perruque à boucles soigneusement poudrée, de l'autre une barbe frisée en tire-bouchons ; puis arrive le costumier qui lui apporte un habit tout flambant neuf, exactement copié sur celui de Chéron, le créateur du rôle : riche tunique à galons d'or, manteau écarlate recouvert d'étoiles scintillantes. « Se moque-t-on de moi ? s'écrie l'acteur, quels oripeaux sont-ce là ? Enlevez-moi ces paillettes et ces galons ! » Le tailleur refuse de mutiler son chef-d'œuvre, le coiffeur jette les hauts cris, mais Adrien s'empare des habits, foule aux pieds la perruque, lacère robe et manteau, revêt ces loques, s'approprie la perruque et la barbe de Phorbas, et se précipite en scène. Grande surprise d'abord dans la salle, puis grande approbation qui se traduisit bientôt par de vifs applaudissements. Mais le tailleur se plaignit, et l'administration de l'Opéra, sourde aux réclamations de l'acteur aussi bien qu'aux bravos du public, fit payer cher au comédien ses velléités d'indépendance, et l'obligea à rembourser le prix des dégâts : le tailleur et le perruquier triomphaient (1).

(1) Adrien était un ancien élève de la maîtrise de Liège et des Menus-Plaisirs. Il avait débuté en 1785 avec assez de succès, et avait été reçu l'année suivante pour jouer en partage avec Chéron les rôles de basse. Il réussit comme acteur parce qu'il avait de la chaleur et de l'intelligence, mais sa voix était dure et

La Révolution ne tarda pas à importer au théâtre la langue et les modes républicaines. Les chefs-d'œuvre de la tragédie ou de la comédie, les opéras consacrés par le succès furent alors soigneusement revus afin d'en extraire tout ce qui pouvait blesser les oreilles du peuple souverain : les rois devinrent des chefs ; les princes, les ducs, des représentants du peuple ; les mots de *trône, couronne, sceptre, roi, reine, prince*, tous ceux enfin qui rappelaient la tyrannie à jamais détruite, furent supprimés ; et le moindre vers qui aurait mal sonné devant un auditoire trop inflammable, fut biffé d'un trait de plume. Les costumes n'échappèrent pas à cette folie égalitaire, et la cocarde devint l'attribut indispensable de tout acteur : nul n'aurait pu paraître en scène sans affirmer ainsi son civisme. « Marquis, barons, — je veux dire Cléon, Damis, — tout le monde ci-devant a arboré la large cocarde tricolore. Le petit-maître, habit doré, manchettes de point, en cocarde ! En cocarde, Tartufe ! en cocarde, les femmes ! en cocarde, les valets ! en cocarde, tout le monde ! jusqu'aux sauvages, en cocarde dans la pièce des *Illinois !* — Il ne croyait pas si bien prédire, *le Petit Gautier*, le 16 août 1790 : « Les démons et les zéphyrs auront des cocardes, et les nymphes ne pourront porter des habits blancs, qu'à

---

ingrate, et il était épris d'un système de déclamation exagérée auquel il ne put résister et qui le força à abandonner la scène avant l'âge. Il fut alors nommé chef du chant à l'Opéra et succéda à Laïnez (mars 1822) dans sa place de professeur de déclamation lyrique à l'École royale de musique : il mourut le 19 novembre de la même année.

la condition d'être noués avec les couleurs nationales. On la verra sur la robe d'Andromaque et sur le casque de Minerve (1). » Et personne qui osât protester contre cette mascarade : il en eût coûté la tête au plus timide censeur.

Après Thermidor, la critique reconquit peu à peu ses droits, mais elle en usa d'abord avec une sage modération : ainsi le voulait la plus vulgaire prudence. Grimod de la Reynière a consacré au costume quelques pages de son journal *le Censeur dramatique*. Il y défend bien le bon goût contre les modes républicaines, il s'indigne à bon droit de voir le berger Pâris danser en bonnet rouge et les Romains porter des perruques à boudins comme les amis de Robespierre; mais il s'égare quand il présente les réformes opérées par Lekain, Clairon et Larive comme atteignant le beau absolu, quand il déclare que ceux qui les voudront compléter ne feront que détruire l'illusion en ressemblant trop à des figures antiques, quand il refuse aux héros tragiques le droit de porter la barbe, quand il regrette que les comédiennes aient abandonné leurs paniers majestueux et leurs brillantes parures pour prendre des robes plus simples et de couleur blanche, quand il s'étonne enfin de voir les hommes conserver les habits brodés, seulement pour les pièces anciennes, et jouer les modernes en frac et le chapeau sur la tête. Bref, la Reynière conclut à l'abandon « de ces innovations funestes

(1) Edmond et Jules de Goncourt, *Histoire de la société française pendant la Révolution*, chap. XII.

pour rendre aux représentations théâtrales l'éclat, la splendeur, la dignité et la décence qu'il n'aurait jamais fallu leur faire perdre (1). » Il a raison sur ce point, à n'en pas douter, mais le moyen proposé ne tendait qu'à assurer le triomphe de la routine sur le progrès : ce qu'il fallait rendre alors aux représentations théâtrales, c'était bien moins l'éclat que la vérité.

Si Grimod de la Reynière exprime ici des idées dont l'adoption eût été bien funeste pour l'art, il porte ailleurs des jugements plus sains et présente de justes observations sur le même sujet. C'est ainsi qu'à propos d'une reprise du *Festin de Pierre*, il s'élève contre la ridicule tradition qui fait que Don Juan change de costume entre chaque acte, qu'il endosse au quatrième un vêtement magnifique pour dîner seul chez lui et qu'au cinquième il paraît en grand deuil, sans qu'on sache pourquoi : peut-être, ajoute-t-il en riant, est-ce pour que les flammes de l'enfer ne noircissent pas son costume de gala. Un autre jour, il insère dans son journal la lettre d'un spectateur qui s'insurge contre certaines disparates tolérées au théâtre. Cet amateur judicieux s'indigne surtout de voir tous les personnages de pièces anciennes vêtus à la mode du jour, tandis que Sganarelle conserve seul les vêtements d'il y a cent cinquante ans ; il se plaint encore d'avoir vu représenter le *Démocrite* de Regnard en costumes

---

(1) *Le Censeur dramatique*, brumaire an VI.

mélangés de grec et de français : Démocrite, Strabon, Thalès, vêtus à la grecque ou à peu près, et le roi habillé à la française avec toute sa cour. De même pour *l'Andrienne*, qu'il a vu jouer en habits français à l'exception de Dave, qui s'était costumé comme le Scapin de la Comédie Italienne. « Je ne parle pas, dit l'amateur pour finir, de *La vie est un songe*, comédie héroïque de Boissy, que l'on a représentée en habits français, à la dernière remise qui en a été faite au Théâtre Italien. J'y ai vu Courcelles jouer le rôle du roi de Pologne avec un habit de velours à parements brodés en or sur toutes les tailles, et décoré du cordon bleu de France. Il y a à peu près dix ou douze ans que cette représentation a été donnée. O siècle ! ô barbarie. » Et Grimod de la Reynière de faire chorus, comme si lui-même n'avait pas regretté la disparition des paniers et crié au sacrilège à la première apparition d'une barbe dans une pièce tragique.

C'est surtout quand il s'agit de protester contre l'intrusion des modes républicaines et du bonnet rouge au théâtre que Grimod de la Reynière montre une ardeur infatigable. Qu'un jour, la charmante Mézeray ait l'idée de jouer le rôle de Floridor, dans la jolie comédie de *Minuit*, avec une perruque à la Brutus, et la Reynière la traitera de la belle façon : « Cette perruque noire l'enlaidit, la vieillit au point de la rendre méconnaissable ; et elle a singulièrement révolté les spectateurs et nui à l'agrément qu'elle a toujours eu dans ce rôle (1). » Ce n'est pas seulement le censeur,

(1) *Le Censeur dramatique*, 20 fructidor an VI.

c'est aussi le soupirant éconduit qui parle ici, l'amoureux évincé qui avait espéré par deux fois faire agréer ses hommages à la jolie Joséphine, qui avait usé de tous les subterfuges pour entrer dans la place, qui avait même essayé de faire accepter l'amant sous les dehors de l'ami, et qui, repoussé chaque fois avec perte, vivement froissé du congé qu'on lui signifiait en termes assez secs, exhalait son chagrin avec un laconisme de bon goût et envoyait pour toute réponse à la belle inhumaine le distique bien connu de *la Coquette corrigée*, de Lanoue :

> Le bruit est pour le fat, la plainte est pour le sot;
> L'honnête homme trompé s'éloigne et ne dit mot (1).

(1) M. Desnoiresterres a raconté tout au long d'après des lettres inédites ce caprice amoureux de la Reynière et les déclarations brûlantes dont il poursuivit mademoiselle Mézeray, leur rupture et leur raccommodement tardif. (*Grimod de la Reynière et son groupe.* Paris, Didier, 1877.)

CHAPITRE XIII

TALMA

Le 21 novembre 1787, l'affiche du Théâtre-Français annonçait le début d'un nouvel acteur dans le rôle de Séide, de *Mahomet*. Il s'appelait Talma et avait vingt-quatre ans (1). A peine âgé de seize ans, il avait fait preuve d'une sensibilité précoce en jouant, les larmes aux yeux, certain petit rôle d'une tragédie de *Tamerlan*, représentée dans la pension où il était. Peu après, il allait retrouver son père, à Londres, où il se fit remarquer encore en jouant de petites comédies avec des Français amateurs. On voulait décider son père à le consacrer au théâtre anglais; celui-ci résista, renvoya son fils en France

(1) *Extrait du registre de la paroisse Saint-Nicolas-des-Champs* : « Le samedi 15 janvier 1763 a été baptisé François-Joseph Talma, né le même jour, fils de Michel-François-Joseph Talma et d'Anne Mignelot, son épouse, demeurant rue des Ménestriers. »

et l'établit chez un oncle, qui avait un cabinet de dentiste rue Mauconseil. Cependant la vocation de Talma pour le théâtre l'emporta ; il suivit assidûment les cours professés au Conservatoire par Molé, Fleury et Dugazon, dont il devint l'élève favori, puis débuta à la Comédie Française.

Il réussit : on trouva chez lui ce qu'on cherche trop souvent sans le rencontrer, du naturel sans manières. Voici ce qu'imprimait sur son compte le *Journal de Paris* : « Le jeune homme qui a débuté hier, par le rôle de Séide, annonce les plus heureuses dispositions ; il a d'ailleurs tous les avantages naturels qu'il est possible de désirer pour l'emploi des jeunes premiers : taille, figure, organe ; et c'est avec justice que le public l'a applaudi... Nous croyons qu'avec du travail cet acteur peut espérer de brillants succès. » Après avoir joué différents rôles, entre autres Valère, de *l'École des maris*, pour son début dans la comédie, il parut, vers la fin de décembre, dans *Iphigénie en Tauride*; il ne représentait pas Oreste, qui est un *premier rôle*, mais bien Pylade, qui est un *jeune premier*. C'est que, placé entre Larive et Saint-Prix, qui tenaient alors les premiers emplois, il s'était vu forcé de se rabattre sur les seconds.

Deux années se passèrent avant sa réception ; encore ne fût-il admis au rang des sociétaires (1er avril 1789) que pour les troisièmes rôles. Jouant rarement, il sut au moins utiliser les loisirs forcés que lui faisait la Comédie en étudiant la réforme du costume et en acquérant, par un travail soutenu, les connaissances nécessaires pour l'amener presque à la perfection. Ses entretiens avec son ami, le peintre David, l'étude de l'histoire et des monuments, ses propres réflexions, lui avaient démontré le ridicule et les inconvénients de ces habits. Il restait à mener à bonne fin l'œuvre de ses prédécesseurs. Ce fut au commencement de 1789 qu'il tenta une réforme radicale, il parut dans le rôle du tribun Proculus, de *Brutus*, vêtu d'un costume fidèlement calqué sur les habits romains.

Le rôle n'avait pas quinze vers; mais cette heureuse innovation qui, d'abord, étonna et laissa quelques minutes le public en suspens, finit par être applaudie. Un jeune étudiant, transporté de retrouver sur la scène un des héros de Tite-Live, crayonna quelques vers latins qui furent lancés du parterre à la tête de Proculus. Talma prenait plaisir à les montrer longtemps après. Toutefois, cette tentative scandalisa fort l'aréopage tragique, et le novateur avait enduré maints quolibets au moment où, incertain encore de l'effet qu'il produirait, il était entré au foyer, vêtu de son costume antique. Un de ses camarades lui demanda « s'il avait mis des draps mouillés sur ses épaules? » tandis que la charmante Louise Contat, lui adressant sans le vouloir l'éloge le plus flatteur, s'écriait : « Voyez donc Talma, qu'il est laid! Il a l'air d'une statue antique. » Pour toute réponse, le tragédien déroula aux yeux des persifleurs le modèle même que David lui avait dessiné pour son costume. Ce fut bien autre chose à son entrée en scène : quand il parut drapé dans ses habits de laine, chaussé du cothurne exact, les jambes et les bras nus, madame Vestris le regarda des pieds à la tête, et, tandis que Brutus lui adressait son couplet :

> Madame, il faut partir.
> Dans les premiers éclats des tempêtes publiques,
> Rome n'a pu vous rendre à vos dieux domestiques, etc.

elle échangeait à voix basse avec Talma-Proculus ce rapide dialogue : « — Mais vous avez les bras nus, Talma ! — Je les ai comme les avaient les Romains. — Mais, Talma, vous n'avez pas de culotte ! — Les Romains n'en portaient pas. — *Cochon!...* — » et prenant la main que lui offrait Brutus, elle sortit de scène étouffant de colère (1).

La Révolution allait éclater. Le jeune tragédien en connut les principaux héros; il les admirait et les aimait, croyant retrouver en eux les hommes des temps passés qui

(1) Regnault-Warin déclare madame Vestris une actrice de trop d'esprit « pour avoir ainsi repoussé l'heureuse innovation de Talma ». Il rappelle à ce propos qu'elle a établi avec succès une longue suite de rôles, notamment Catherine de Médicis, sous le double rapport du talent et du costume. Tous les témoignages sont contraires à cette assertion et Millin dit, dans son *Dictionnaire des Beaux-Arts*, que madame Vestris conserva ces modes ridicules jusqu'après la Révolution. Elle montra, il est vrai, dans son rôle de Catherine de Médicis, un grand respect de la vérité historique, mais *Charles IX* ne parut qu'en décembre 1789 : en un an, madame Vestris avait pu apprécier de quel côté était, sinon la raison, du moins la faveur du public.

avaient figuré dans les convulsions des empires, les personnages mêmes qu'il était appelé à faire revivre sur la scène. La politique alors était partout, et le Théâtre-Français en ressentit les agitations, comme tout le royaume. Alors parut (4 novembre 1789) la tragédie de Marie-Joseph Chénier, *Charles IX* ou *la Saint-Barthélemy*. On sait quel succès obtint cette pièce, un véritable succès révolutionnaire. Ce rôle éleva Talma au premier rang, et il n'avait dû de le jouer qu'au refus de Saint-Fal, qui, s'appuyant sur son droit d'ancienneté, avait réclamé celui d'Henri de Navarre. Pour représenter le personnage si difficile du fils de Catherine de Médicis, Talma était allé à la recherche de tous les portraits de ce prince, il avait étudié son caractère dans l'histoire; il l'imita jusque dans les traits de son visage : la ressemblance était effrayante (1).

La cour et le clergé voyaient cette pièce de mauvais œil. Des évêques, effrayés de l'influence qu'elle pouvait avoir, en sollicitèrent l'interdiction auprès du roi. Louis XVI y consentit, et les Comédiens reçurent secrètement l'invitation de ne plus jouer ce dangereux ouvrage. Ils cessèrent donc de le porter sur l'affiche, mais le public protesta contre cette interruption en plein succès. Devant ces éner-

---

(1) Millin déclare que *Charles IX* offrit le premier exemple de costume exactement suivi dans toutes ses parties, ainsi que la *Virginie*, de La Harpe, et *les Gracques*, de Chénier, pour les pièces tirées de l'antique. Il reconnaît encore que dans le *Henri VIII*, de Chénier, *Macbeth* et l'*Othello*, de Ducis, l'*Agamemnon*, de Lemercier, le costume a été suivi avec une sévérité digne d'éloges. (*Dictionnaire des Beaux-Arts*, art. Costume).

giques réclamations, les Comédiens avaient décidé qu'on reprendrait l'œuvre de Chénier dès que le permettrait la maladie très réelle de deux artistes, quand, le 21 juillet 1790, les fédérés de la Provence, à l'instigation avouée et sous la conduite de Mirabeau, se réunirent au parterre de la Comédie et réclamèrent à grands cris une représentation de la tragédie incriminée. En ce moment, se trouvait sur la scène un acteur justement considéré du public et de ses camarades, Naudet. Tout en protestant du désir des Comédiens de se rendre au vœu du public, il déclara qu'il leur serait impossible de jouer *Charles IX* pendant plusieurs jours, par suite de la double maladie de madame Vestris et de Saint-Prix. Le bruit redouble à cette réponse. Alors Talma s'avance : « Messieurs, dit-il, on peut vous satisfaire. Je vous réponds de madame Vestris. Elle jouera, elle vous donnera cette dernière preuve de son zèle et de son patriotisme; on lira le rôle du cardinal et vous aurez *Charles IX*. » On applaudit Talma avec transport, on couvre Naudet de huées. Un duel s'ensuivit entre les deux acteurs : aucun ne fut blessé et la paix parut se rétablir, mais elle n'était qu'apparente, et Talma, dans son for intérieur, avait trop de reproches à s'adresser pour ne pas se sentir désormais mal à l'aise au sein d'une société que ses procédés avaient outragée (1). Quelques-uns de

---

(1) Trois factums furent échangés à ce sujet, intitulés, l'un : *Exposé de la conduite et des torts du sieur Talma envers les Comédiens français* (Paris. 1790, in-8°); les deux autres : *Réponse de Fr. Talma au mémoire de la Comédie Française*

ses camarades, il est vrai, avaient pris fait et cause en sa faveur, mais la majorité était contre lui.

Une scission fut la conséquence de cet état des choses : elle était inévitable entre des gens, les uns attachés au parti de la cour et du régime ancien, les autres, dont Talma, hommes nouveaux et amis des choses nouvelles. L'édifice de la vieille Comédie Française se détraqua : le 1er avril 1791, Talma renonçant volontairement (1) à tous ses droits de sociétaire, passe avec Dugazon, Grandménil, mesdames Vestris, Desgarcins et Lange, au théâtre de la rue de Richelieu, qui venait d'ouvrir, sous la direction de Gaillard et Dorfeuil, et auquel Chénier, Ducis, Lemercier, Fabre d'Églantine, Legouvé, Arnault, avaient accordé leur patronage. Ils retrouvèrent au Palais-Royal leur ancien camarade, Monvel, qui revenait de Suède, mais que les règlements défendaient de rengager à la Comédie Française; ils se réunirent à lui pour fonder un second Théâtre-Français, appelé d'abord Théâtre de la rue de Richelieu et dénommé, en 1792, Théâtre de la République. Les comédiens ordinaires du roi, demeurés dans leur salle de la rue des Fossés-Saint-Germain, avaient pris,

---

(Paris 1790, in-8°), et *Réflexions de M. Talma et pièces justificatives sur un fait qui concerne le Théâtre de la Nation* (Paris, 1790, in-8°).

(1) Un arrêté des Comédiens français, pris dans le sein de leurs délibérations, avait suspendu pendant trois mois Talma de l'exercice de ses fonctions. Pour faire retirer cet arrêté, il n'avait fallu rien moins que l'intervention, bien compromettante pour l'artiste, de la municipalité de Paris. — Voir sur toute cette affaire les documents, lettres et arrêts publiés par Ch. Maurice dans son livre *Le Théâtre-Français*, 1860.

en juillet 1789, le nom de Théâtre de la Nation, qu'ils gardèrent jusqu'au 3 septembre 93, jour de leur incarcération. Après avoir échappé à la mort, grâce au dévouement du courageux Charles de Labussière, qui détruisit tous leurs dossiers, ils adoptèrent le nom de Théâtre de l'Égalité ; enfin, en 1798, cédant aux conseils de mademoiselle Contat et de Fleury, qui, durant la Terreur, s'était vu garanti d'une délation par la générosité de Talma (1), ils allèrent rejoindre les dissidents et ne formèrent plus, de nouveau, qu'une seule Comédie Française.

Durant le temps de leur scission, le Théâtre de la rue de Richelieu eut toujours sur le théâtre de la Nation une supériorité marquée sous le rapport des décors et des costumes, grâce à la présence de Boucher, à la fois peintre et acteur, et surtout de Talma, dont l'exemple était devenu une loi pour tous ses camarades.

Le lundi 30 mai 1791, jour anniversaire de la mort de Voltaire, les deux théâtres rivaux donnèrent une représentation de *Brutus*. De plus, les comédiens de la rue de Richelieu rendirent un éclatant hommage au poète et aux

---

(1) Voici, d'après les *Mémoires de Fleury*, le récit de cette bonne action de Talma. Fleury avait copié de sa main une pièce généalogique établissant la parenté de Charlotte Corday avec le grand Corneille. Cette pièce fort compromettante, était tombée entre les mains d'un délateur. Talma, informé de cette affaire, racheta l'autographe au prix de 600 livres et le remit à Fleury, qui devint dès lors son ami et le réconcilia avec mademoiselle Contat. Cette réconciliation particulière amena la réunion des deux théâtres.

TALMA DANS LE RÔLE DE TITUS, DE LA TRAGÉDIE DE BRUTUS, MAI 1791
D'APRÈS UN DESSIN DE*** GRAVÉ PAR ADRIEN GODEFROY.

idées qu'il avait chaudement défendues. Monvel jouait Brutus; Talma, Titus : tous deux apportèrent dans leur costume une extrême vérité. Ce dernier se fit couper les cheveux sur le modèle d'un buste romain. Lorsqu'il parut, le public, dont il avait enfin fait l'éducation, l'accueillit par plusieurs salves d'applaudissements. Huit jours après, tous les jeunes gens de Paris avaient les cheveux coupés court, et de cette soirée data la mode de se coiffer *à la Titus*.

En 1794, les deux théâtres reprirent de concert le *Guillaume Tell*, de Lemierre, qui n'avait pas fait grande fortune dans sa nouveauté (1766), et qui avait inspiré à Sophie Arnould ce joli mot : « C'est ici le contraire du proverbe : Point d'argent, point de Suisse; il y a beaucoup de Suisses et point d'argent. » Cette fois encore, le Théâtre de la République eut l'avantage.

Le *Journal des Théâtres*, qui se montrait alors des plus exigeants sur la question du costume, juge en ces termes cette double reprise : « Les artistes des théâtres ne sauraient mettre une trop sévère exactitude dans les costumes. Elle doit avoir et elle a (plus que quelques-uns ne paraissent le croire) une influence directe sur l'art même. Il ne peut arriver à son but que par la vraisemblance, et c'est aux costumes à la compléter... L'on vient de donner aux théâtres de la République et de l'Égalité *Guillaume Tell*. Les costumes des artistes de ce dernier théâtre sont faux et pitoyables. Outre qu'il sont entièrement d'imagination, ils sont encore ridiculement imaginés. Des

Suisses, des montagnards ne pouvaient probablement pas être, au commencement du XIII⁰ siècle, habillés comme les Collins de nos opéras modernes. Le seul costume de Gessler, sans être exact, a au moins un caractère gothique. Il est à peu près du XV⁰ siècle, et peut rigoureusement passer. Quant à ceux du théâtre de la République, ils sont généralement mieux exécutés, surtout ceux de Monvel et Talma, qui ont été calqués avec fidélité sur une médaille frappée quelques années après la mort de Guillaume Tell. Leur caractère sévère, simple, sans être pourtant grossier, est le signe certain de leur vérité. »

Ce fut sur ce nouveau théâtre que Talma établit les rôles d'Abdelazis, dans *Abdelazis et Zuléma*, d'Othello dans le *Maure de Venise*, de Néron dans *Épicharis et Néron*, de Pharan dans *Abufar*, d'Égisthe dans *Agamemnon*; ce fut là qu'il aborda le théâtre de Ducis, dans lequel il retrouvait, quoique bien affadies, les puissantes inspirations du drame anglais qui allaient lui valoir ses plus grands triomphes.

Les succès qu'il avait obtenus depuis sa rupture avec la Comédie Française ne lui avaient pas seulement suscité des envieux, mais des ennemis. Après le 9 Thermidor, il fut accusé de s'être montré un des persécuteurs les plus ardents de son ancienne société. Émilie Contat, dont on avait fait intervenir le nom dans ces perfides imputations, crut devoir publier une lettre, par laquelle elle protestait contre cette odieuse calomnie, et Larive attesta que c'était grâce à ses soins et à son activité qu'il avait pu échapper aux poursuites des aides de camp d'Henriot. Rien n'y fit; la haine veillait, et un soir qu'il jouait dans *Épicharis et Néron* (c'était le 21 mars 95), ayant été violemment interpellé par une portion du public, qui voulait le contraindre à faire amende honorable : « Citoyens, s'écria-t-il, j'avoue que j'ai aimé et que j'aime encore la liberté; mais j'ai toujours détesté les crimes et les assassins. Le règne de la Terreur m'a coûté bien des larmes; la plupart de mes amis sont morts sur l'échafaud. » Cette courte allocution apaisa le tumulte, mais il ne put se soustraire à l'obligation de chanter le *Réveil du peuple*. Toutefois, à partir de ce moment, l'opinion publique cessa de réagir contre lui.

Une circonstance de sa vie, étrangère à son talent, vint encore augmenter sa popularité. On sait que Talma possédait les sympathies de Napoléon. L'origine de cette bienveillance du souverain pour le tragédien remontait aux premières années de la Révolution. Une véritable intimité était née de leurs rapports, et dans la suite Napoléon empereur se souvint de Talma, qu'il reçut fréquemment en particulier, aimant à l'entendre disserter sur son art et s'essayant à en discuter avec lui. « L'empereur, disait Talma à Népomucène Lemercier, m'a toujours témoigné beaucoup de bienveillance, parce que j'ai toujours su régler ma conduite sur les progrès de sa fortune. Je ne pouvais pas traiter d'égal à égal avec le premier magistrat de la République ou avec l'empereur, ainsi que je l'avais fait jadis avec l'officier d'artillerie. »

Novateur, Talma s'occupa avec un soin scrupuleux de la partie historique de son art. Il remonta aux sources, s'éclaira par les avis des antiquaires, des peintres, des statuaires. Lié de bonne heure avec les principaux artistes du temps, il demanda leurs conseils, étudia leurs tableaux, fouilla dans leurs portefeuilles. On le vit, assidu dans les bibliothèques, interroger les monuments des divers âges, et reporter ensuite sur le théâtre le résultat de ses études. Les amateurs, les propriétaires de riches collections se faisaient un plaisir de lui ouvrir leurs cabinets, de dérouler à ses yeux leurs trésors, qu'il devait reproduire à la scène dans une copie animée, en quelque sorte, par une seconde création.

S'agissait-il d'adopter un costume pour un rôle nouveau, Talma s'enquérait partout de renseignements historiques, descendait aux plus petits détails pour le compléter et ne se décidait à le prendre qu'après mûr examen. Quand il dut créer Néron dans l'*Épicharis et Néron* de Legouvé, il se livra aux recherches les plus minutieuses, consultant tour à tour l'histoire, la statuaire et la peinture. Il croyait enfin tout connaître quand il entendit parler d'une gravure faite d'après un tableau apporté d'Italie en France, à l'époque de la conquête, et dans lequel le peintre, en représentant cet empereur romain, lui avait jeté autour du cou une espèce de cravate rouge, dont la vivacité éclairait les yeux du personnage et lui donnait un air terrible. Il adopta bien vite cet ajustement, et produisit ainsi dans ce rôle un effet surprenant (1).

On comprend aisément de quel secours un tel artiste pouvait être aux auteurs. Talma, comme plus tard Nourrit, fut moins un tragédien qu'un apôtre de l'art, épris jusqu'à l'ivresse des nobles sentiments du cœur, des belles choses de la pensée, et ne vivant que pour l'œuvre à laquelle il s'était consacré dès les premiers jours. Ducis consultait avec empressement Monvel et Talma, tout comme Rossini et Meyerbeer consultèrent Nourrit. Les lettres de Ducis à Talma montrent combien il prisait ses conseils et comme il s'empressait de souscrire aux changements que lui indiquait le grand artiste; parfois même il lui confiait la haute direction de ses ouvrages. La lettre suivante en fait foi.

A Paris, le 29 thermidor, an II de la République française (16 août 1794).

Vous trouverez sur la feuille suivante, mon cher Farham, le programme de la décoration dont nous avons besoin pour notre fa-

---

(1) Cette anecdote, racontée par un des biographes de Talma, a semblé apocryphe à M. De Manne, ou du moins lui a paru attribuer indûment ce tableau au Titien. Il a consulté sur ce point M. Delaborde, le savant conservateur du cabinet des estampes à la Bibliothèque nationale, et celui-ci lui a répondu : « Je ne crois pas qu'il existe de tableau peint par Titien, dans lequel Néron figure avec le détail du costume en question. En revanche, une des peintures à fresque (le sujet de la fresque est *la Condamnation de saint Pierre*) de Masaccio, dans la chapelle des *Brancacci* (église del Carmine, à Florence), représente Néron les épaules et le cou entourés d'une sorte d'écharpe (Voir la planche gravée par Lasinio.)

mille arabe. Songez que d'hier vous êtes un Arabe *Bedouin*, c'est-à-dire enfant du désert. Il vous faut une nature libre et sauvage. Pressez, je vous prie, notre décoration, afin que nous ne soyons pas arrêtés quand mon tour sera venu. J'ai à cœur de voir l'effet de mon *Abufar* sur la scène. Je serai toujours prêt à me concerter avec vous sur les choses que vous pourriez souhaiter dans votre rôle qui est assorti à vos organes et à votre taille, et à votre teint, et à votre physionomie, et à votre marche, et à votre geste ! Songez aussi à votre costume et à celui de nos autres personnages. N'oubliez pas surtout votre chère sœur *Bedouine*. Il est important aussi que mademoiselle Simon et le citoyen Baptiste l'aîné soient bien arrangés.

Mille choses à la citoyenne Talma, votre chère compagne. Bonjour, mon ami. Le soleil d'Arabie est encore sur ma tête.

DUCIS.

La première femme de Talma, la charmante Julie Carreau, est demeurée célèbre par son esprit, ses qualités et la société qu'elle réunissait chez elle. « Connue dans le monde sous le nom de Julie, la femme qu'il épousait, plus remarquable encore par le charme de son caractère et de son esprit que par celui de sa figure, tout agréable qu'elle fût, alliait à un physique presque grêle une âme des plus énergiques. Également passionnée pour les arts, les lettres, la philosophie et la politique, après avoir réuni chez elle, sous l'ancien régime, ce que la cour et la ville avaient de plus aimable, elle y réunissait, depuis la Révolution, aux littérateurs et aux artistes les plus célèbres, les plus célèbres membres de la législature (1). » C'est dans le

---

(1) Arnault, *Souvenirs d'un sexagénaire*, t. II, p. 132. — Talma se maria deux fois. Il épousa le 19 avril 1791 Louise-Julie Carreau, à laquelle une liaison anté-

salon de Julie, dans son hôtel de la rue Chantereine, vendu depuis au général Bonaparte, que Talma se lia avec Riouffe, Condorcet, Gensonné, Guadet, Vergniaud et la plupart des Girondins. « C'est au milieu d'eux, disait-il, que j'ai puisé une lumière nouvelle, que j'ai entrevu la régénération de mon art. Je travaillai à montrer sur la scène, non plus un mannequin monté sur des échasses, mais un Romain réel, un *César homme*, s'entretenant de sa ville avec ce naturel qu'on met à parler de ses propres affaires; car à tout prendre, les affaires de Rome étaient un peu celles de César. » Là se réunissaient encore Millin, Lenoir, que l'on nommait alors le *beau Lenoir*; le poète Lebrun, Ducis, Legouvé, Bitaudé, M.-J. Chénier, Lemercier, Giry-Dupré, Saint-Albin, Souque, Champfort, David, Garat et bien d'autres. Talma trouva dans cette société d'élite de précieux encouragements aux réformes qu'il méditait. Mais ce fut dans la personne de sa femme qu'il rencontra le plus actif auxiliaire. Julie avait une belle fortune et ne croyait pas en pouvoir faire un meilleur usage qu'en secondant son mari dans tout ce qui devait le faire paraître à son avantage. Grâce à ses propres recherches sur les Grecs,

---

rieure l'unissait déjà. Il avait vingt-huit ans, et sa femme quelques années de plus. Il divorça le 6 février 1801. Le 26 juin 1802, il convolait à un nouveau mariage et épousait une actrice qu'il aimait et qui jouissait déjà d'une réputation méritée, la charmante Charlotte Vanhove. Elle-même venait de divorcer avec son premier mari, un musicien de l'orchestre du nom de Petit. Si jamais union, fondée sur un amour réciproque et sur une conformité de talent et de jeunesse, dut être heureuse, ce fut celle qui unissait mademoiselle Vanhove et Talma. Et cependant ce bonheur ne se réalisa pas.

les Romains et les monuments du moyen âge, celui-ci avait pu se créer une garde-robe remarquable par son exactitude. Ses cuirasses, ses casques, ses armes, étaient du plus haut prix. La grande galerie de sa maison n'était remplie que de meubles dessinés d'après l'antique, de yatagans turcs, de flèches indiennes, de casques gaulois, de poignards grecs, le tout suspendu aux murs en trophées.

Parfois Talma devait user d'adresse pour faire admettre par le public ses innovations. Parmi les papiers qu'il a laissés on a trouvé cette note, destinée sans doute aux journaux, pour préparer le public parisien à voir reparaître Othello sous un costume plus vrai, en un sens, que le costume traditionnel du Maure.

« Lorsque Talma joua pour la première fois le rôle d'Othello, il aurait dû donner à ce personnage le costume vénitien du XVIe siècle, époque où est placé l'événement qui fait le sujet de la pièce, et non l'habit barbaresque qu'il choisit alors. En effet, est-il probable qu'un Maure élevé au grade de général par la République de Venise ait conservé l'habit de son pays, surtout n'ayant point à commander un corps composé de ses compatriotes? L'esprit religieux de cette époque eût-il même permis qu'on mît un général en turban à la tête de soldats chrétiens pour aller combattre les Musulmans? D'ailleurs, Othello a abjuré sa religion, car il se rend à l'église pour épouser Hédelmone, et certes, s'il fût resté mahométan, il n'eût trouvé aucun prêtre catholique qui voulût consacrer son union avec Hédelmone. Il est donc très présumable qu'Othello, devenu chrétien et nommé général des Vénitiens, avait pris l'habit du pays qu'il avait adopté. Mais Talma était fort jeune alors; le costume des villes maritimes de l'Afrique, qui n'est pas même le véritable costume maure, ne lui parut pas dénué d'élégance; il crut que son étrangeté frapperait le public; il l'adopta et sacrifia ainsi la vérité à l'effet; il eut tort. Aujourd'hui que cet habit est devenu vulgaire, et qu'il court depuis vingt ans les rues de Paris dans le temps des mascarades, il l'a jugé trop peu digne de la tragédie. Ce motif, ainsi que les raisons alléguées déjà, l'ont déterminé à prendre dans ce rôle le costume vénitien, qui, d'ailleurs, effaçant en quelque sorte la distance que la couleur du teint met entre Othello et Hédelmone, ôte à la passion de celle-ci un certain air de bizarrerie, peu convenable à sa jeunesse et à la douceur de son caractère. Il a fait dernièrement, à Bruxelles, l'essai de ce changement, et il a eu l'approbation du public et de notre premier peintre. Au reste, c'est au public de Paris qu'il appartient de juger en dernier ressort s'il a eu tort ou raison. »

Pour cette fois, Talma se trompait, mais cette erreur avait une louable origine : c'était chez lui excès de zèle et d'ambition. Garrick avait eu un jour l'heureuse idée de jouer Othello en costume mauresque; une plaisanterie de son rival Quin le fit renoncer à ce projet, parce que ce n'était chez lui que simple caprice et qu'il n'avait aucun désir de faire mieux sur ce point que ses prédécesseurs. Le grand comédien anglais avait rencontré le vrai par hasard, et le dédaigna ; Talma, l'acteur le plus passionné qu'on pût voir pour l'antiquité, l'histoire et la vérité, se trompa par excès d'étude et s'efforça de donner à son erreur les apparences de la raison. Mais pourquoi se trompait-il? M. Deschanel le dit en fort bons termes dans son intéressant livre, *la Vie des Comédiens*, et voici les réflexions dont il fait suivre cette curieuse pièce : « J'ignore si cette note parut, ou resta inédite. La discussion qu'elle contient est bien conduite, serrée, spécieuse; toutefois, peut-on dire qu'il y ait et qu'il doive y avoir au théâtre une vérité absolue? La tradition et la légende, même invraisemblables, n'ont-elles pas aussi leur valeur, leur prestige, leur fascination, ne fût-ce que par le merveilleux, et, si vous le voulez, par l'absurde? Ce n'est pas tout : le costume vénitien d'Othello n'a-t-il pas aussi son inconvénient? Comment comprendre, sous ce costume, la fureur aveugle du Maure au dénouement? De tels transports, avec un tel costume, paraissent tout à la fois moins terribles et moins admissibles. Si je n'ai plus devant les yeux un Maure, une sorte de nègre, encore à demi sauvage, inculte jusqu'en ses vêtements, comment comprendre ces cris de rage et cet amour de tigre? Comment les comprendre de la part d'un seigneur, vêtu comme les autres, de la part d'un noble Vénitien, qui a seulement l'air d'un général un peu bruni par ses campagnes? Il y a apparence que Talma, après avoir encore réfléchi, médité, considéra cet autre point de vue; car il laissa l'habit vénitien et revint au costume mauresque. C'est qu'en effet l'invraisemblance historique du costume mauresque fait la vraisemblance dramatique du dénoûment (1). »

Le trait suivant peut faire voir à quel point Talma se montrait soucieux de l'exactitude. Un jour, en 1825, Charles Maurice lui reprocha de se montrer dans *Philoctète* avec le pied enveloppé d'un linge tout blanc, et disposé comme un appareil appliqué par le plus adroit chirurgien; ce qui était au moins invraisemblable en l'état où se trouve le compagnon d'Hercule, qui n'a dans l'île de Lemnos que des lambeaux de voile pour sécher sa blessure; il lui conseillait encore de se servir d'un simple morceau de toile grise, arrangée avec cette négligence réfléchie, ce désordre calculé où il excellait. Et le tragédien suivit sans retard ce sage conseil (2).

Comme Lekain, Talma ne put résister au désir de ramener ses camarades à des idées plus justes, et les quolibets auxquels il était en butte ne le détournèrent pas de tenter mainte conversion. Il rencontra naturellement des esprits mieux disposés à accueillir cette réforme qu'au temps de Lekain; quelques acteurs toutefois ne se mon-

(1) Talma a laissé dans ses papiers de précieuses remarques sur l'art théâtral, objet constant des études de toute sa vie, mais il n'a jamais écrit qu'un morceau de longue haleine : ce sont les réflexions sur Lekain et sur l'art qu'il plaça en tête des *Mémoires* de son illustre prédécesseur.

(2) Ch. Maurice, *Histoire anecdotique du théâtre*, t. I, p. 350.

trèrent pas très empressés à le seconder. Quand on fit quitter au brave Vanhove, le plus paterne des rois et des tyrans, les lambrequins et la culotte de soie cramoisie du costume d'Agamemnon, en cherchant à lui démontrer les avantages d'un vêtement historique : « Le beau progrès, dit-il, ils ne font pas seulement une poche pour mettre la clef de sa loge (1). » Talma tint bon et peu à peu, par ses succès encore plus que par ses conseils, il convertit à son opinion la plupart des comédiens. L'un d'eux pourtant resta rebelle à ses discours : c'était son rival Lafon.

Ce célèbre artiste, dont le début dans l'Achille d'*Iphigénie en Aulide* avait eu beaucoup de retentissement, persista longtemps, en dépit de la critique et des railleries, à jouer le rôle d'Agamemnon avec une riche cuirasse dorée et des brodequins de satin rouge à franges d'or. A toutes les observations qu'on lui faisait, il répondait familièrement : « Voulez-vous pas que je joue le roi des rois comme un c..! » Jamais il n'arriva à Lafon de prononcer le nom de Talma, il ne l'appelait que *l'autre*. Dans *Cinna*, Lafon jouait d'habitude Cinna, et Talma Auguste. Un jour, après la mort de ce dernier, Lafon remplissait pour la première fois le rôle de l'empereur. Comme il sortait de scène, un ami l'aborde et lui fait forcé compliments en le plaçant bien au-dessus de son devancier. « Tu me flattes, mon bon, répondit modestement le tragédien, et cependant,

---

(1) Ch. Maurice, *Histoire anecdotique du théâtre*, t. I, p. 14.

l'autre avait un grand avantage sur moi, il avait un Cinna (1)! » Cependant le bonheur d'occuper le premier rang après la mort de Talma modifia singulièrement les opinions de Lafon, et ce ne fut pas un spectacle peu curieux que de le voir, lui qui avait toujours blâmé les réformes de Talma, les vanter chaudement dans le discours qu'il prononça sur sa tombe, et s'écrier avec transport : « C'est grâce à une innovation qui est son ouvrage, que la scène est devenue une immense galerie, où sont étalées successivement, avec toute la sévérité d'une imitation savante, les habitudes extérieures des peuples et des personnages de trente siècles. »

C'est le propre des acteurs hors ligne, surtout des tragédiens, d'arracher d'unanimes acclamations à toutes les classes de la société, d'inspirer une égale admiration aux esprits les plus opposés de principes, de goût, de tendances. Il en fut ainsi pour Talma. Madame de Staël, Châteaubriand et Gœthe ont tracé son portrait en des pages qui défient les atteintes du temps et qui resteront pour témoigner de sa gloire et de son génie. Nous ne citerons que le dernier, tout le monde ayant lu les chapitres de *l'Allemagne* et des *Mémoires d'outre-tombe* que madame de Staël et Châteaubriand consacrèrent au grand tragédien.

Lorsque Napoléon réunit un congrès de souverains à

---

(1) Jouslin de Lasalle, *Souvenirs dramatiques* (*Revue française*, XI).

Erfurt, en septembre 1808, Gœthe y accompagna le grand-duc de Weimar, et siégea dans ce parterre de rois devant lequel l'empereur faisait représenter les chefs-d'œuvre de la scène française. Il vit alors Talma dans *Britannicus* et dans *Andromaque*. Puis, au mois d'octobre, Napoléon ayant manifesté l'intention de visiter Weimar et d'y faire jouer les acteurs de la Comédie Française en l'honneur de la duchesse, Gœthe revint bien vite à son poste, et, le 6, on donna une représentation de *la Mort de César*. Talma jouait Brutus. « Si l'on analyse le talent de Talma, dit Gœthe, on y trouvera l'âme moderne tout entière : tous ses efforts tendaient à exprimer ce qu'il y a de plus intime dans l'homme. Quand il jouait cette tragédie hypocondriaque qui se passe dans le désert (*Abufar*), avec quelle passion le voyait-on chercher à rendre sensibles aux yeux tous les sentiments, toutes les idées qui doivent naître dans les solitudes de l'Arabie? Nous-même, nous avons été témoin de l'art si heureux avec lequel il s'efforçait de s'enfoncer dans l'âme d'un tyran; son triomphe était la peinture du despotisme, d'un méchant hypocrite. Néron, cependant, ne lui suffisait pas encore; qu'on lise comme il travaillait à s'identifier avec un Tibère (de Chénier), et on reconnaîtra dans son âme cette recherche de la douleur et des émotions pénibles qui caractérise le romantisme. On vit ainsi disparaître peu à peu de la scène l'héroïsme vigoureux, tel qu'il se montre dans les luttes républicaines que peint Corneille, dans les douleurs royales que peint Racine, dans les grands événements historiques que peint Voltaire ; à la place de cet héroïsme, se glissèrent peu à peu les émotions du sentiment intime; on désira dès lors voir sur le théâtre un jeu plus libre, et l'intérêt fut cherché dans le sujet même des pièces. »

Talma dépassa-t-il Lekain ou ne fit-il que l'égaler? Question qu'on pose bien souvent et qu'il est fort difficile, sinon impossible, de résoudre. Combien de parallèles n'a-t-on pas tenté d'établir entre ces deux grands acteurs sans pouvoir jamais formuler un arrêt de tous points équitable! Le mieux est encore de renvoyer les parties dos à dos. Le poète Lebrun portait sur eux le jugement que voici, le plus juste que nous connaissions : « Talma, moins robuste qu'agile, a les passions d'un tigre; Lekain, aussi heureusement articulé que Mirabeau, avait celles d'un lion. » Qu'en conclure? Qu'on ne saurait appliquer à personne mieux qu'à ces deux grands tragédiens le vers si connu par lequel Molé termina, sans se prononcer sur leur supériorité respective, un éloge comparé de mesdemoiselles Dumesnil et Clairon :

Devine si tu peux, et choisis si tu l'oses.

De la dernière période de la vie de Talma datent ses plus belles créations. Ce furent Marigny, des *Templiers*; Leicester, de *Marie Stuart*, et le *Sylla*, de Jouy, où le tragédien reproduisit, à s'y méprendre, la physionomie et l'aspect de Napoléon, qui était alors à Sainte-Hélène. Le succès fut immense : rien ne semblait plus naturel alors que de voir, dans l'abdication du dictateur romain, celle de l'empereur à Fontainebleau. Puis, vinrent Oreste, dans la *Clytemnestre* de Soumet, le *Léonidas* de Pichaldt, et enfin, en 1826, son incomparable création du roi dans la pauvre tragédie de Delaville : *la Démence de Charles VI*. La santé de l'infatigable artiste était déjà profondément atteinte, que son génie croissait toujours. Le 13 juin 1826, après trente-neuf ans non interrompus de succès, il parut pour la dernière fois en public dans ce rôle de Charles VI. « Je me souviens, dit un contemporain, de cette dernière représentation. La scène pathétique du dénouement me causa une émotion pénible. Ce vieux roi, épuisé par les souffrances et le malheur, qui recouvrait un instant la raison avant de perdre la vie; cette voix, qui jetait un éclat si terrible et s'éteignait; cet œil enflammé, qui se fermait tout à coup ; cette main, qui ressaisissait le sceptre et retombait ; cette scène, si belle et si courte, m'attrista profondément, non sur le personnage, mais sur l'acteur. Je songeai à son âge, au mal dont il éprouvait déjà de violentes attaques. Je crus assister au dernier combat d'un vigoureux athlète. »

Bien que d'une constitution robuste, Talma portait en lui le germe d'une affection d'entrailles qui, depuis quelque temps, lui causait de vives souffrances. Après une

TALMA DANS HAMLET, D'APRÈS PICOT, 1822.

rompeuse convalescence, le mal reparut avec plus de violence et fit bientôt de rapides progrès. Tout le monde était déjà en proie à une vive anxiété que lui seul, sans soupçon sur la gravité de son état, s'occupait des rôles par lesquels il voulait reparaître sur la scène, entretenait ses amis, ses camarades admis auprès de lui, de ses idées sur la vérité théâtrale. Déjà frappé mortellement, il songeait à de nouvelles créations; il comptait jouer bientôt le *Tibère* de Joseph Chénier. Alexandre Dumas raconte qu'il le vit dans un bain, huit jours avant sa mort. Talma, qui espérait guérir, prit entre ses deux mains ses joues amaigries et pendantes, et dit : « Ce sera un peu beau, ces joues-là, pour jouer Tibère. »

Talma mourut le 19 octobre, en son petit hôtel de la rue de la Tour des Dames. Le docteur Amédée Talma a tenu un journal exact et fort émouvant dans sa simplicité des derniers moments de son oncle. En voici la fin. Arnault et Jouy viennent de se retirer après avoir embrassé le moribond : « On amène ses enfants; il leur donne la main, qu'ils embrassent. Un peu plus tard, il prononce ces mots très distinctement : *Voltaire!...* (il lève les yeux vers le ciel, puis continue) *comme Voltaire... toujours comme Voltaire*. Il était onze heures passées (du matin); il dit encore ces dernières paroles : *Le plus cruel de tout cela est de n'y pas voir*. Un instant après, un meuble ayant fait entendre un bruit assez fort, mon oncle tourna un peu la tête de notre côté. Une dame qui venait d'arriver lui prit la main, et lui ayant dit : « Talma, c'est moi, mademoiselle Hénocq », il fit un petit signe des yeux et lui serra la main. Onze heures et demie sonnèrent; mon oncle prit son mouchoir avec ses deux mains, le porta lentement à sa bouche, qu'il essuya, puis derrière la tête, en le tenant toujours avec les deux mains; celles-ci retombèrent bientôt. J'en saisis une, il serra légèrement la mienne, puis ne fit plus aucun mouvement; la respiration devint presque imperceptible... » Une minute après, le grand artiste rendait le dernier soupir.

CHAPITRE XIV

DEPUIS TALMA JUSQU'A NOS JOURS

Avec Talma, le costume est arrivé au degré de vérité désirable et il s'y maintiendra après la mort du grand acteur, le costume tragique du moins; car il y avait bien encore quelques améliorations à apporter aux habits de comédie, et si le mauvais goût ne s'était jamais fait sentir d'une façon aussi frappante dans le genre comique, il ne s'y était produit par cela même que de molles tentatives de réforme et jamais la puissante initiative d'un Lekain ou d'une Clairon, d'un Larive ou d'un Talma ne s'y était fait sentir. Mais, s'il se trouvait encore quelques points à corriger dans les vêtements de comédie, il n'y avait plus de contre-sens par trop choquants, et au rebours du temps passé où le mal était la règle générale et le mieux l'exception, on n'avait plus guère à signaler que de légères taches au milieu d'un progrès général. Ce qu'on pouvait reprocher de plus grave aux comédiennes était de persister à jouer Elvire et Célimène en toilettes contemporaines, soit en manches à gigot, à côté de leurs camarades masculins correctement vêtus au goût des siècles passés.

« J'assistais à une représentation du *Misanthrope* où jouait l'élite de la Comédie (1), écrit un ancien directeur du Théâtre-Français, et pour la première fois je fus frappé de ce mélange grotesque, de cette bigarrure d'habits les plus ridicules. En effet, Alceste, Oronte, Acaste, Philinte, Clitandre, portaient des habits du temps de Louis XV et de Louis XVI; et Éliante, Célimène, portaient naïvement sur la scène des robes, châles, ajustements d'après le *Journal des Modes* publié dans la semaine. Ces costumes d'une autre époque exigeaient des changements dans le texte de l'auteur. C'était faire perdre à nos anciennes pièces ce qu'elles ont d'historique et de monumental, et priver ainsi le public du charme des souvenirs. La comédie est la véritable image de la société, des mœurs, des usages, du costume d'un siècle déjà loin de nous. On observe le costume avec une rigoureuse exactitude quand il s'agit d'une pièce nouvelle, pourquoi n'en pas faire autant pour les anciens ouvrages? J'en parlais au père Guiaud, sociétaire, qui se mêlait beaucoup du magasin : Guiaud avait fait une étude spéciale du costume des dix-septième et dix-huitième siècles. Je le priai de s'occuper activement

---

(1) Le jour du début de Volnys dans le rôle d'Alceste.

de cette partie importante de la mise en scène ; et bientôt après, par ses soins intelligents, *le Misanthrope, Tartufe, l'Avare, les Précieuses,* revêtaient les habits de leur époque, fidèlement taillés sur les modèles de l'ancien temps. Ces diadèmes de toile et de dentelle, ces coiffes appelées *commodes*, reparurent sur la tête de Madelon, de Marianne. La *commode* était ainsi nommée à cause d'un tour de cheveux peignés et frisés dont elle était garnie ; elle servait de perruque aux femmes, et, en la posant sur leur tête, elles étaient coiffées à l'instant et complètement. Les seigneurs portèrent de nouveau le *jupon*, reprirent les rubans, les canons, les dentelles, et les vers de Molière frappèrent juste alors :

> Vous pourriez bien ici sur votre noir jupon,
> Monsieur l'huissier à verge, attirer le bâton. »

Jouslin de Lasalle se trompe sciemment quand il attribue à ses remarques et à ses efforts cette heureuse amélioration ; car elle eut lieu en 1829, et lui-même n'est devenu administrateur de la Comédie qu'en 1833. L'honneur de cette réforme doit revenir à la plus charmante artiste qu'ait vue notre siècle, à cette actrice à la voix enchanteresse, au regard séducteur, la grâce faite femme, à mademoiselle Mars. « Ceux qui ne l'ont pas vue, qui ne l'ont pas entendue, dit un biographe, ne sauraient se faire une idée de l'ingénuité et de l'élégance de cette comédienne, du timbre harmonieux de sa voix, de la grâce exquise, de son sourire.

Ingénue ou *coquette*, elle donnait toujours l'exemple d'un jeu plein de bon goût, d'esprit, de politesse, toujours simple et naturel. A une figure agréable, elle joignait l'avantage d'une taille et d'une démarche remplies de grâce et de noblesse, mais surtout l'art, bien plus rare qu'on ne pense, de savoir se mettre avec élégance et distinction. »

Afin de donner plus d'éclat à cette réforme dernière, la direction du théâtre et la comédienne attendirent de concert l'époque où la Comédie Française devait célébrer la naissance de notre grand comique. Cette représentation solennelle eut lieu le 15 janvier 1829. La veille, on avait pu lire dans les journaux un avis ainsi conçu : « C'est demain l'anniversaire de la naissance de Molière ; la Comédie Française a voulu, samedi 15, acquitter, autant qu'elle le peut, sa dette envers le premier des auteurs comiques. Elle jouera le *Tartuffe* avec les costumes du siècle de Louis XIV. On désirait depuis longtemps que cette disparate d'habit, cette manière fausse qui confondait les époques dans leur forme extérieure, cessât de choquer à la fois la raison et les yeux. Cette heureuse innovation est due, nous a-t-on dit, à l'actrice qu'eût applaudie Molière, à mademoiselle Mars. Quoiqu'il en soit, se conformer à la vérité même de costume, c'était la meilleure façon de fêter Molière. Le *Tartuffe* sera suivi du *Malade imaginaire*; tous les acteurs paraîtront dans la cérémonie : c'était un devoir pour eux, ils s'en font un plaisir. » Cette éloquente réclame produisit l'effet voulu : ces cérémonies attirent grand monde d'habitude ; cette année-là, l'affluence fut encore plus considérable en raison du nouveau promis.

Et voici comment la critique appréciait cette innovation inattendue : « On avait annoncé que pour la première fois on reverrait *Tartuffe* sous les mêmes costumes qui l'avaient montré dans l'origine à Chantilly et à Versailles. L'idée était heureuse, puisqu'elle devait ajouter à l'illusion ; en effet, quoique l'hypocrisie soit malheureusement de tous les temps, elle emprunte néanmoins à chaque siècle des formes particulières et un extérieur qui lui est propre ; alors son costume même fait partie de ses attributs ; de son côté la forme de l'habillement influe sur le langage et le modifie. Telle expression, à laquelle sous Louis XIV on aurait reconnu l'homme pieux et sincère, employée au temps de la Régence ou dans les dernières années de Louis XV, aurait à l'instant même trahi l'hypocrite. Cette première donnée une fois établie, il faut bien que tout ce qui entoure le principal personnage ne forme point disparate avec lui. A côté de l'habit lugubre de l'imposteur et du large manteau qui semble envelopper ses fourberies, pourquoi cet habit d'Orgon, qui rappelle moins un bon bourgeois de Paris qu'un tabellion de village ? Le costume de Cléante, de Valère et de Damis me reportait aux années du duc de Choiseul et de la jeunesse de M. de Maurepas. Autre contraste, autre contre-sens, autre absurdité. Rien donc de mieux conçu que l'innovation; ou, si l'on veut, le rappel à l'ancien costume, dont l'essai, tenté hier pour la première fois, a obtenu l'assentiment général. Les dames, comme de raison, se sont mises à l'unisson de leur père, de leur mari, de leur amant; c'est une quatrième unité à laquelle, par esprit de contradiction apparemment, attachaient un très grand prix les adversaires des trois autres. Elmire et Marianne paraissaient encore plus piquantes avec la chevelure, le collier de perles, le tour de gorge de madame de Sévigné et de mademoiselle de Fontanges; Dorine, elle-même, avec l'habit modeste des soubrettes de Molière, n'avait rien perdu de sa vivacité : la seule mademoiselle Pernelle avait conservé son antique toilette, elle avait pris de longue main ses précautions. On assure que c'est à mademoiselle Mars que l'on est redevable de cette amélioration scénique; et, en effet, cette grande actrice doit être jalouse d'attacher son nom aux moindres détails qui peuvent perfectionner, s'il est permis de s'exprimer ainsi, la perfection même. L'administration supérieure a secondé, avec une bienveillance que l'on ne peut trop louer, la proposition de mademoiselle Mars. Tous les rôles secondaires ont été mis à la mode de Louis XIV. Ce n'était plus un avoué de la cour royale, mais bien un véritable exempt qui est venu arrêter M. Tartufe (1). »

(1) *Journal des Débats* du 17 janvier 1829. Article signé C.

Cette réforme fut donc accueillie avec faveur, mais on regretta qu'elle ne s'étendît pas au *Malade imaginaire.* « Le bien ne se fait jamais que par degrés, ajoute philosophiquement le critique, et une sage lenteur est un moyen infaillible de le bien faire. » Le moyen n'est pas infaillible, bien qu'il plaise au rédacteur de le dire, mais enfin il réussit cette fois-là, et la mode s'imposa peu à peu de représenter la comédie avec une exactitude de mise en scène aussi grande que pour la tragédie. Cette dernière innovation reçut même une consécration éclatante au bout de peu de temps. Le 10 juin 1837, le théâtre du château de Versailles s'ouvrait pour une représentation solennelle donnée à propos de l'inauguration du musée établi dans le palais et le roi devait nécessairement y assister avec la cour. Le programme comprenait l'ouverture d'*Iphigénie en Aulide* exécutée par l'orchestre de l'Opéra sous la direction d'Habeneck, *le Misanthrope*, des fragments de *Robert le Diable* (partie du 3° acte et le 5° en entier) chantés par mademoiselle Falcon, Duprez et Levasseur, puis un intermède de chant et de danse, *les Fêtes de Versailles*, composé tout exprès pour la cérémonie. *Le Misanthrope*, qui formait le principal attrait de la soirée, était joué par mesdemoiselles Mars, Mante, Plessis, par Firmin et Monrose. Pour que le tableau fût digne du cadre, on avait choisi des costumes se rapportant à la minorité de Louis XIV, qui réunissaient la couleur historique la plus vraie et la plus grande magnificence. Ainsi parées, mademoiselle Mars, une Célimène incomparable, mademoiselle Mante, éblouissante dans sa grande robe de cour, et mademoiselle Plessis, une Éliante d'une jeunesse et d'une beauté rares, auraient obtenu un véritable succès à la cour du grand Roi. Alceste, Philinte, Oronte, Acaste, avaient revêtu de brillants costumes ornés de rubans et de canons de dentelles : bref, tous les personnages de Molière étaient en harmonie avec les peintures qu'on avait admirées dans les galeries du palais, avec les tableaux de Mignard et de Rigaud, de Largillière et de Lebrun (1).

Cette soirée fut un véritable triomphe pour mademoiselle Mars, pour son jeu, pour sa diction, mais aussi pour son costume et pour les habits qu'elle avait persuadé ses camarades d'endosser : l'habilleuse fut en quelque sorte plus applaudie ce soir-là que la comédienne. C'est qu'aussi les spectateurs avaient pu juger récemment du ridicule des modes théâtrales des siècles passés et

(1) Le lundi 14 janvier 1878, veille de l'anniversaire de la naissance de Molière, M. Émile Perrin voulut, à cette occasion, rompre avec l'habitude qu'on avait de jouer le *Misanthrope* en habit carré, datant de la fin du règne du grand roi. Il fit sortir des magasins les somptueux costumes donnés à la Comédie par le roi Louis-Philippe après cette soirée sans seconde de 1837, et en revêtit les nouveaux interprètes du chef-d'œuvre : MM. Delaunay (Alceste), Coquelin (Oronte), Thiron (Philinte), Prudhon (Clitandre), Boucher (Acaste), Mmes Croizette (Célimène), Favart (Arsinoé) et Broisat (Éliante). Les yeux furent éblouis, mais la splendeur des vêtements ne donna pas le change sur les faiblesses d'une interprétation trop fantaisiste, trop en dehors des traditions. A ce propos, presque tous les journaux dirent que cette représentation du *Misanthrope* à Versailles avait été donnée pour célébrer le mariage du duc d'Orléans; c'est une erreur, ce fut bien pour l'inauguration du musée qui suivit seulement de douze jours les noces du prince royal (30 mai-10 juin 1837).

qu'une exhumation spirituelle était venue à propos, pour leur faire sentir tout le prix de ces changements. Le 30 mars 1833, l'Opéra avait ouvert ses portes à la grande tragédienne Marie Dorval pour qu'elle y organisât une représentation à son bénéfice ; or, Alfred de Vigny avait bien composé, exprès pour elle, un proverbe intitulé *Quitte pour la peur*, qui ne devait être joué qu'une seule fois (1), mais le principal attrait du spectacle était dans le rapprochement des quatrièmes actes de la *Phèdre* de Racine et de celle de Pradon, joués l'un par mademoiselle Duchesnois, l'autre par la bénéficiaire. Madame Dorval avait modestement laissé à sa rivale le beau rôle, la vraie tragédie ; mais elle sut sauver, à force d'intelligence, ce que le Phèdre de Pradon avait d'insignifiant, de monotone, de rude. Et il lui avait fallu une rare persévérance pour en arriver là ; car elle-même écrivait au journaliste Ch. Maurice, qui lui avait suggéré cette piquante exhumation : «... Quels vers que ceux de M. Pradon ! Pour les retenir, je suis obligée de les mettre sur l'air : *Vive ! vive à jamais M. de Catinat !* » Pour que la résurrection de ce rôle tant décrié fût plus saisissante, elle voulut faire revivre une heure durant la tragédie du siècle dernier avec ses parures somptueuses : l'héroïne de Pradon parut vêtue à la mode du dix-huitième siècle. « Madame Dorval, avec cet esprit qui la caractérise, ne s'était pas costumée à la grecque ;

---

(1) Il fut repris plus tard, en 1850, au Gymnase par Berton et madame Rose Chéri.

elle avait une belle jupe de damas vert-pomme, ramagée d'argent, un corsage à pointe, une coiffure haute, un superbe habit qui eût fait bonne figure sur l'escalier de l'orangerie de Versailles ; et en effet c'est là le costume qui convient pour jouer la tragédie de cette époque, thème antique brodé d'ornements tout modernes, et qu'on ne doit pas habiller de draperies trop exactes. Le rigide pli étrusque, le péplum éginétique, tombent mal sur le vers Louis XIV. Madame Dorval joua son rôle avec une passion demi-moqueuse d'un charme extrême, et fut très aplaudie, — bien plus que mademoiselle Duchesnois, qui représentait la véritable Phèdre avec les cris, les hoquets et les grands bras, d'après toutes les traditions classiques (1)...»

C'était là une des thèses favorites des romantiques et ils la défendaient de leur mieux à la fois par dédain de Racine et par amour du pittoresque, de la couleur. Gautier n'essaie pas de discuter une théorie indiscutable à ses yeux, il l'affirme gaiement, lance quelques traits moqueurs à la vieille tragédie et se tient pour content. La question est pourtant plus importante qu'il ne veut bien le croire et nous l'avons déjà effleurée à sa date. Il importe de savoir non pas si Racine et les tragiques contemporains ont subi inconsciemment l'influence de la cour du grand roi et s'ils en ont porté à la scène les mœurs policées, le ton cérémonieux et les sentiments

(1) Th. Gautier, *Histoire de l'Art dramatique*, t. II, p. 283.

raffinés ; mais bien ce qu'ils ont voulu faire et s'ils l'ont fait. Or, Racine a certainement voulu traduire les mœurs et la passion antiques, et si ses héros expriment parfois des sentiments plus modernes en un langage d'hommes de cour, ils ont aussi des élans de passion et de fureur tout à fait inconnus à Versailles ou à Marly; personne, pas même Théophile le Chevelu, n'oserait plus soutenir le contraire aujourd'hui que la grande fièvre romantique est apaisée et que Racine a reconquis une certaine faveur. Il faut donc costumer ses personnages comme ils devaient l'être dans la pensée du poète qui croyait et voulait créer de véritables héros de l'antiquité, il les faut habiller de la façon de la plus sévère, afin que cette vérité du costume renforce les passages où Racine s'est véritablement élevé au ton de la tragédie antique, dût-elle jurer un peu avec les tirades où le poète de cour reprend le dessus. De cette façon, le spectateur éprouvera, au moins par instant, une satisfaction artistique complète, tandis que dans le système prôné par Théophile Gautier, le costume burlesque semble être une parodie constante de la tragédie antique et empêche d'en prendre un seul passage au sérieux : c'est là précisément ce que voulaient les romantiques et Gautier ne défendait si bien ce paradoxe que pour mieux ruiner la tragédie classique.

L'idée de madame Dorval, qu'elle fût d'elle ou de Charles Maurice, offrait un attrait indiscutable, et la tentative était trop curieuse pour n'être pas renouvelée tôt ou tard. Elle le fut au bout de trente et quelques années, lorsque M. Ballande organisa à la Gaîté cette représentation d'*Andromaque* dont il est parlé à la première page de ce volume ; seulement, mademoiselle Duguéret, qui jouait Hermione, ne tint pas son rôle avec « cette passion demi-moqueuse » qui plaisait tant à Gautier chez madame Dorval ; elle le rendit, au contraire, avec toute la conviction que mademoiselle Desœillets, la créatrice, avait dû y mettre et avec les furieux éclats de voix dont les tragédiennes passées étaient si prodigues. L'effet produit par cette exhumation fut à peu près le même en 1867 qu'en 1833 : c'est que l'état des costumes historiques sur la scène française n'a pas sensiblement varié depuis madame Dorval ; il était parvenu dès ce temps à un degré de vérité très satisfaisant et qu'il sera difficile, croyons-nous, de jamais dépasser. Bien des petits détails clochent encore, mais ils disparaissent le plus souvent dans l'ensemble et échappent à l'œil du spectateur peu attentif ; aussi a-t-on renoncé depuis longtemps à les corriger d'autant plus qu'il faudrait, pour cela, faire une guerre incessante aux tragédiennes ou comédiennes sur des points délicats où la coquetterie féminine n'entend pas raillerie. Il n'est plus ici question, bien entendu, des théâtres d'ordre inférieur ou même secondaire, où les actrices n'en font qu'à leur tête, où elles jouent des rôles travestis avec des bracelets et des gants montant jusqu'au coude, parent de simples chambrières, de grosses villageoises de plus de bijoux et de brillants que n'en ont leurs maîtresses ; mais même dans nos premiers théâtres, à l'Opéra, à la Comédie Française, à l'Opéra-Comique, à l'Odéon, il est deux détails de leur toilette sur lesquels les femmes entendent n'être jamais régentées : la coiffure et les bijoux. Aussi voit-on journellement les héroïnes de tragédies ou de comédies historiques, revêtues d'ailleurs d'habits très bien appropriés à leur rôle, arranger leurs cheveux sur le front ou sur la nuque à la dernière mode du jour.

Les contre-sens de mise en scène d'il y a cent ans prêtent à rire assurément, le commencement du siècle offre même encore de singuliers agencements (1), mais avons-nous si bien secoué le joug de la convention qu'on ne puisse pas rire un peu de nous plus tard? Qu'une actrice tant soit peu jolie porte un tablier de soie noire pour figurer une domestique, qu'elle chausse des sabots avec quelques brins de paille pour jouer une paysanne : on ne lui demande rien de plus. Elle pourra même, si bon lui semble, mettre des bas de soie bleue ou rouge, se décolleter comme au bal, se suspendre des diamants

(1) « Le goût pour le costume ne se soutient pas avec la même ferveur, et les comédiens français représentent souvent des chefs-d'œuvre d'une manière révoltante ; on peut citer dans ce genre *Sémiramis*, jouée dans un palais d'architecture corinthienne, dont les jardins sont remplis de plantes d'Amérique, et dont le trône est placé sous un baldaquin à la polonaise. Les divers personnages sont habillés à la turque, et un écuyer vêtu comme nos anciens chevaliers français, donne la main à la reine. » Millin, *Dictionnaire des Beaux-Arts*, 1806 (art. *Costume*).

aux oreilles, se coiffer d'une cornette en point d'Angleterre; peu importe, et celles un peu plus consciencieuses qui porteraient une chemise de toile, une jupe grossière, un fichu de cotonnade et des cheveux emmêlés avec un simple bonnet de linge par dessus effaroucheraient presque le public par le réalisme de leur mise. Voilà pour la convention, et quant à la fidélité historique, elle reçoit encore de nombreux accrocs, surtout dans certaines pièces consacrées par le succès et dont les costumes fautifs, adoptés à l'origine, ne pourraient être changés sans arrêter la vogue de la pièce ou de la musique. *La Dame blanche*, par exemple, telle qu'on la représente, offre le plus singulier amalgame de modes et de coiffures des temps les plus divers. Miss Anna, avec sa robe traînante, son col large, ses longues manchettes et les manches bouffantes à crevés de satin, est habillée à la mode de Louis XIII et ne porte pas de poudre; Gaveston, avec sa pelisse et son pourpoint à taille, ses larges chausses, ses bottes fortes et ses longs cheveux bouclés, se rapproche de l'époque de Henri IV, tandis que Georges se rattache à deux ou trois époques par son chapeau arrondi en pointe du temps de la Ligue, par sa tunique bleu de ciel avec brandebourgs d'argent qu'on croirait empruntés à un cuirassier de l'ancienne garde impériale, par son épée à la poignée en croix, son maillot blanc tricoté et ses bottes molles à revers qui le font ressembler par le bas à un troubadour du quatorzième siècle. *La Dame blanche* est-elle donc une féerie pour qu'on s'y permette de pareilles extravagances, et Scribe n'a-t-il pas suffisamment marqué le temps où se passe l'action en parlant plusieurs fois de la bataille de Culloden ? Or, cette bataille, gagnée par les partisans de Georges II sur ceux de Charles Édouard, s'est livrée en plein dix-huitième siècle, en 1746, alors que la France donnait le ton et faisait la mode par toute l'Europe civilisée : il faudrait donc représenter *la Dame blanche* en costumes du temps de Louis XV et avec la poudre; or nul directeur n'osera jamais le faire, comme nul n'a encore osé.

Il se produit de nos jours un vif mouvement de curiosité pour tout ce qui se rapporte à la vie extérieure des peuples étrangers, et lorsque les directeurs des théâtres parisiens doivent jouer quelque pièce dont l'action se déroule sous d'autres latitudes, ils ne manquent pas de flatter le goût du public pour ces lointains voyages d'une soirée et ils se piquent d'honneur à qui tracera le tableau le plus complet et le plus exact de la vie inconnue qu'ils nous prétendent révéler. Ils combinent alors leur mise en scène avec une minutie extrême, ils rougiraient de commettre la faute la plus légère et font appel, pour les seconder, à tout le savoir ethnologique des peintres, des costumiers, des voyageurs; mais ce beau zèle diminue sensiblement lorsque la pièce ne se passe plus en Russie, aux Indes, en Chine, au Japon. Et s'ils se donnent déjà moins de peine quand il s'agit de représenter quelque ouvrage de mœurs et de modes françaises (peut-être parce qu'elles nous sont trop familières), ils en prennent moins encore pour les ouvrages courants du répertoire dans lesquels on laisse régner la sainte tradition jusqu'au jour où l'occasion se présente d'en donner une reprise solennelle, et encore ne fait-on souvent que suivre les errements passés, comme pour *la Dame blanche* (1).

Même en dehors de ces contre-sens accumulés qui transportent le spectateur dans le domaine de la féerie, il se produit parfois sur les scènes les plus élevées de curieuses contradictions entre la façon dont deux acteurs se costument pour remplir le même rôle. Il n'y a pas encore bien longtemps, par exemple, que Leroux et Delaunay jouaient alternativement Dorante, du *Menteur*. Le premier portait un costume Louis XIII très exact : haut chapeau gris à plume bleue tombant sur l'épaule, manteau assez long, haut-de-chausses brun s'arrêtant au dessus du genou, bottes à entonnoir laissant voir le haut du mollet, courte perruque brune collée au front et longue épée. Le second, au contraire, s'habillait à la mode de Louis XIV, en Clitandre du *Misanthrope* : chapeau plat tout

(1) Dans *la Muette de Portici*, par exemple, pendant combien de temps Fenella n'a-t-elle pas été vêtue en danseuse pour ne pas danser : poitrine au vent, jupes de gaze en ballon et chaussons de danse aux pieds ! Elle circulait, ainsi dévêtue, au milieu des autres personnages et prenait part à l'action sans que personne criât à l'absurde. C'est seulement au bout de trente-cinq ans, pour la reprise de 1863, que M. Perrin, choqué d'une pareille mascarade, fit endosser à mademoiselle Vernon le costume des paysannes de Procida : oserait-on jamais en porter un autre à présent?

entouré de plumes blanches et rouges, court manteau de velours galonné d'or, joli pourpoint laissant voir la chemise blanche, haut-de-chausses couvert de nœuds de rubans et terminé en canons de dentelles, bas de soie rouge à coins dorés, grande perruque blonde couvrant les épaules et petite épée. Or, de ces deux costumes, l'un condamne forcément l'autre, et il n'est pas besoin de longuement disserter pour prouver que le vrai est celui qu'on ne voit plus, celui de Leroux, puisque *le Menteur* date de 1642.

Le bon sens, en effet, veut qu'à moins d'une époque historique déterminée on représente chaque comédie en costumes du temps où l'auteur l'a écrite, ne fût-ce que parce qu'il se trouve presque toujours dans le discours ou dans les accessoires de mise en scène quelque détail qui jurerait avec des habits d'un goût plus moderne (1). On tend d'ailleurs à observer de plus en plus cet accord complet des costumes et des objets même pour des pièces qui, sans être très anciennes, sont déjà d'un autre âge, — et l'on fait bien. Lorsque l'Odéon rejoua dernièrement certaines comédies de Wafflard et Fulgence, de Scribe et Mélesville, *le Célibataire et l'homme marié, le Diplomate, la Demoiselle à marier*, en habillant les personnages au goût

---

(1) Il faut observer à ce propos que la Comédie Française est toujours assez coulante sur ce point. Molière est presque le seul auteur comique du grand siècle qu'on joue en costumes pouvant se rapporter à la date de la création ; presque toutes les autres pièces du temps de Louis XIV, à commencer par *le Joueur* et *Turcaret*, sont représentées en habits du milieu du dix-huitième siècle. Toujours la sacro-sainte tradition.

de la Restauration, le public ne vit dans cette innovation qu'une occasion de rire; mais le directeur avait eu bien raison de revenir aux anciennes modes, car elles expliquaient, elles justifiaient telles expressions ou tels incidents qui ne pourraient plus se produire avec les coutumes, partant avec les costumes modernes. Le nocturne à deux voix, par exemple, que mademoiselle Barretta soupirait avec M. Valbel en pinçant de la harpe, n'est-il pas utile pour amener le dénouement et n'aurait-il pas paru ridicule chanté par deux amoureux habillés à la mode de 1874?

Voilà pour les pièces déjà anciennes; parlons des nouvelles. Qu'on prenne au hasard tel ouvrage qu'on voudra, lyrique ou dramatique, et qu'on y examine attentivement costumes et décors ; même dans ceux qui auront le plus de prétentions à l'exactitude, on trouvera bien quelque faute ou quelque erreur, le plus souvent par le fait d'une actrice trop empressée à changer de toilette, à faire valoir les talents de sa couturière. Qu'on se rappelle, par exemple, quel costume de voyage absurdement luxueux s'était fait faire mademoiselle Antonine dans *Samuel Brohl* pour courir la poste dans les plaines dénudées de Hongrie, sous des tourbillons de neige. Expliquez donc aussi comment, dans *le Roi de Lahore*, Alim trouve le temps de changer de costume entre son trépas sur le champ de bataille et son entrée au paradis d'Indra; ingéniez-vous encore à trouver comment, dans *Yedda*, l'héroïne peut se dévêtir et revêtir dans le temps qu'elle traverse le lac sur une feuille de lotus pour gagner le pays des fées. Passe encore si elle en revenait, mais avait-elle donc des habits de rechange sur sa feuille de lotus et le roi de Lahore avait-il emporté une malle de voyage au travers des airs? C'est encore plus bête, assurément, que le simple fait de voir Cornélie s'habiller de noir en pleine mer, et pourtant cette faute de la Lecouvreur, si bien relevée par Clairon, remonte à cent cinquante ans : de ce côté, c'est l'absurde qui a sensiblement progressé.

L'exemple, alors qu'il devrait venir d'en haut, vient d'en bas ; et tandis que les grands commettent d'aussi lourdes bévues, l'Ambigu nous offre avec *l'Assommoir* le spectacle le plus saisissant qu'on puisse imaginer. Il est fort douteux qu'un tel exemple fasse école au théâtre, parce que les artistes, hommes et femmes, répugneront toujours à se vêtir d'une façon aussi réaliste, aussi sordide en quelques scènes ; mais il n'en faut que plus louer les acteurs d'avoir mis bas toute espèce de coquetterie ou de respect humain pour mieux entrer, comme on dit, dans la peau de leurs personnages. Ce spectacle peut être répugnant à certains endroits, mais il faut qu'il le soit, car la raison d'être d'un tel ouvrage est dans sa complète vérité. La gamme des costumes de Gervaise et des habits de Coupeau est ménagée avec un art infini depuis les vêtements simples des premiers tableaux jusqu'aux haillons des derniers ; et comme la pièce embrasse une période de vingt années, on a poussé l'exactitude jusqu'à vêtir les personnages, pour chaque tableau, d'habits de fête ou de travail absolument copiés sur les modes du temps. Avec cette Gervaise-là, au moins, on ne découvre pas des bas de couleur bien tirés et de jolis souliers bien cirés sous une robe en loques, comme il arrive avec les actrices vouées d'habitude aux rôles de femmes du peuple et qui, dans leurs costumes les plus misérables, exceptent toujours les extrémités, la tête et les pieds, la coiffure et la chaussure : une autre aurait peut-être joué Gervaise avec des porte-bonheur au bras. Madame Favart, avec des sabots, ne fut pas plus audacieuse en son temps que madame Petit ne l'est aujourd'hui avec ses souliers d'homme éculés, et jamais acteur n'a compris mieux que M. Gil-Naza combien un costume exact contribue à l'illusion absolue, et donne une vie plus intense au personnage, que celui-ci s'appelle Philippe II, roi d'Espagne, ou Coupeau.

Actuellement, il y a comme un double courant en sens contraire sur ce sujet : l'un, celui de l'exactitude et de la correction, qui prévaut dans les théâtres de comédie ou de drame ; l'autre, celui de la fantaisie et des compromis, beaucoup moins fort heureusement, qui découle des scènes italiennes et qui pourrait, si on ne l'arrête, envahir peu à peu nos théâtres de musique, à mesure que des virtuoses nous reviendront d'Italie, de Londres, de Russie ou du Nouveau-Monde, de partout enfin où l'on joue l'opéra en langue et à la mode italiennes. Il n'est déjà plus de théâtre de musique à Paris où les chanteurs ne coupent le fil de l'action pour saluer avec effusion les claqueurs, et cet usage anti-dramatique au premier chef, qui détruit toute illusion théâtrale, est aujourd'hui toléré par des spectateurs indulgents qui se seraient élevés contre il n'y a pas encore longtemps. De saluer à chanter comme on ferait dans un concert, la distance est mince, et plus d'une cantatrice, même élevée à bonne école, l'a franchie à la suite des virtuoses italiens : n'a-t-on pas vu, il y a trois ou quatre ans, certaine cantatrice italienne égarée à l'Opéra français, chanter *les Huguenots* avec un joli mouchoir brodé dans la main droite, sans qu'elle le quittât d'une minute? Et le pis est que cette artiste sans talent a fait école à l'Académie de musique auprès des Valentine françaises. Qu'on dise si ce mouchoir de Valentine n'est pas aussi ridicule que l'était, il y a cent cinquante ans, le mouchoir de Télaïre ou l'éventail d'Iphigénie?

Il convient de surveiller ces négligences de détail, afin d'y couper court au fur et à mesure, car l'une entraîne l'autre et la coquetterie féminine aurait bientôt fait, si on la laissait aller, de jeter la confusion dans l'art théâtral et de nous faire perdre les bénéfices des efforts tentés pendant plus d'un siècle par tant d'artistes de courage et de goût. Les femmes surtout sont sujettes à caution et c'est d'elles qu'il faut se défier sans relâche. Au lieu de rester en place, il vaudrait certainement mieux pousser ces conquêtes du goût jusqu'aux extrêmes limites de l'exactitude historique et de la vérité; mais à chaque jour suffit sa tâche, et c'est bien assez, pour le moment, de défendre les progrès réalisés contre les atteintes d'une fantaisie toujours renaissante et de maintenir l'art scénique au point très satisfaisant où il est si lentement arrivé. C'est qu'il existe une corrélation intime entre les divers éléments de toute représentation théâtrale. Au point où les choses en sont venues, et par la cohésion qui s'est formée entre ces divers facteurs, aucune des parties intégrantes ne saurait être compromise sans porter atteinte aux autres et, par une conséquence directe, sans amener un déclin général dans tout le spectacle et dans l'art théâtral. Or, il est déjà bien assez regrettable qu'on ne veuille pas faire un suprême effort pour arriver à la vérité parfaite, au respect absolu des conditions essentielles du beau, sans qu'on se laisse dégénérer et rétrograder par irréflexion ou insouciance. A moins que la perfection ne soit décidément pas de ce monde et que ce dicton décourageant ne soit nulle part plus exact qu'au théâtre.

FIN

TABLE DES GRAVURES ET DESSINS

Madame Dugazon dans *Azémia* (1787), d'après une pièce en couleur. Frontispice.
Homme-Lumière, habit de ballet-mascarade, d'après un dessin au crayon. 7
La Nuit et l'Hiver, *Ballet royal de la nuit* (1653), d'après un dessin au bistre 13
Dieu marin, *Ballet royal des Noces de Pélée et de Thétis*? (1654) Entrée des pêcheurs de perles, d'après un dessin au bistre. 17
Géant a cinq faces, habit de ballet-mascarade, d'après un dessin à l'aquarelle. 21
Savetier dansant, d'après un dessin de Bérain, gravé par Lepautre, vers 1670. 25
Hermione, dans *Cadmus et Hermione*, d'après un dessin de Bérain, gravé par Lepautre (1673) 30
Masque en habit dansant a l'opéra, d'après une gravure d'Engelbrecht, vers 1680. 37
Indienne, dans *le Triomphe de l'Amour*, d'après un dessin de Bérain, gravé par Lepautre (1681). 47
Andymion, dans *le Triomphe de l'Amour*, d'après un dessin de Bérain, gravé par Lepautre (1681) 49
Sultan et Sultane, d'après un dessin à la sanguine, vers 1720. . . . 57
L'Hymen, d'après un dessin à l'aquarelle, vers 1740. 65
Grecs en habits sérieux, d'après un dessin à l'aquarelle, vers 1750. . 73
Hippolyte de la Tude Clairon dans *Médée*, d'après Saint-Aubin. . . . 100
Henri-Louis Lekain, dans *l'Orphelin de la Chine* (1755), d'après un dessin de Huquier fils, gravé par Michel. 134

MADAME FAVART dans *Ninette à la cour* (1756), d'après une gravure de Lebas, de 1759. 166

M. ET MADEMOISELLE LIONOIS, d'après un dessin à la sanguine, de Boquet (1765) 184

HIPPOMÈNE ET ATALANTE, août 1769. Pas de deux, dansé par M. Gardel et mademoiselle Asselin. Dessin à la plume de Boquet. 193

LA PROVENÇALE, août 1769. Pas de deux, dansé par M. Malter et madame Pitrot. Dessin à la plume de Boquet. 201

GEORGE-ANNE BELLAMY, actrice du théâtre de Covent-Garden, d'après un dessin de madame Benoist, gravé par Maradan. 215

MADAME DE SAINT-HUBERTI, d'après un dessin gravé de Lemoine. . . . 236

LARIVE ET MADEMOISELLE RAUCOURT, dans le *Pygmalion* de Rousseau, d'après une gravure de 1775. 264

TALMA, dans le rôle de Titus de la tragédie de *Brutus* (mai 1791), d'après un dessin de ***, gravé par Adrien Godefroy. 307

TALMA, dans Hamlet, d'après Picot, 1822. 322

FIN DE LA TABLE DES GRAVURES ET DESSINS.

TABLE DES MATIÈRES

AVANT-PROPOS.

Une matinée de M. Ballande en 1867. *Andromaque* en costumes Louis XIV. Curiosité du public. Un livre à faire sur le costume au théâtre. Pourquoi et comment le composer. Courts écrits existant déjà sur ce sujet. Redites et répétitions. Différents aspects de la question. Marche lente des idées de progrès sur la scène et ailleurs.

I. — DES COMMENCEMENTS DU THÉATRE AU MILIEU DU XVIIe SIÈCLE.

Origine du théâtre, les *mystères*, misères et splendeurs, 2. — Décors appropriés à chaque pièce, 2. — *Le Balet comyque de la Royne*, 3. — Baltazarini-Beaujoyeulx jugeant son ballet de *Circé*, 4. — Descriptions de costumes, 5. — Hommage au roi de France, 6. — Nicolas de Montreux et son ballet d'*Arimène*, 7. — *Masques* anglais, 9. — Fêtes et pièces italiennes introduites par Mazarin, 10. — L'*Andromède* de Corneille, 11. — Vie errante des comédiens, 12. — *Le Roman comique*, 13. — Mondori et la perruque, 14. — Un Hercule en boucher, 15. — Un roi de tragédie en Espagne, 16. — Messire Enée et madame Didon, 16.

II. — LA COMÉDIE FRANÇAISE DE 1650 A 1700.

Garde-robe ordinaire des comédiens : grande dépense et peu d'habits, 19. — Libéralité cardinalesque, 20. — Bellerose et madame Petit de Beauchamp, 20. — Deux mantes offertes par le roi, 21. — Un comédien solliciteur, un grand seigneur généreux, 21. — Un habit pour le baron de la Crasse, 22. —

Cléopâtre en reine espagnole, 23. — Les héros anciens travestis en courtisans français, 23. — Corrélation entre le costume et la déclamation des acteurs, 24. — Abraham Bosse et Corneille, 24. — Jacques Callot et Rotrou, 25. — Le Carrousel de 1662; costume d'empereur romain, 26. — Auguste coiffé en matamore, 26. — Les Turcs à la mode de Racine, 27. — Oreste et Pylade en scène, 28. — Un Néron aux belles manières, 28. — Un passage du *Temple du goût,* 29. — Les costumes d'*Esther,* 29. — Un roi de tragédie au collège. 30. — Beau zèle et grande colère de Baron, 31. — Ses idées sur le costume, 32. — Baron en Cinna, en Misaël, en Amour, 33. — Mademoiselle Molière dans *Tartufe,* 34. — Du Croisy et le chapeau de Rohaut, 35. — Masques de médecins connus dans l'*Amour médecin,* 36. — Les rôles de pères et de vieillards ridicules en masque, 36.

III. — L'OPÉRA DE 1650 A 1700.

Les tablettes d'une reine des Scythes, 39. — Jeunes garçons en femmes, hommes en divinités malfaisantes, 40. — *Moralités* peu morales, 41. — Conditions des femmes de théâtre au seizième siècle, 41. — Alison, 43. — Une femme en masque dans *la Galerie du Palais,* 43. — Vieilles et servantes dans les pièces de Molière; Marotte Beaupré et la Godefroy, 44. — Les garçons en femmes sur la scène anglaise, 44. — Les comédiens d'*Hamlet* et ceux du *Songe d'une nuit d'été,* 45. — La première actrice anglaise, 45. — Plus grande licence des spectacles, 46. — Les danseuses à l'Opéra de Paris, 46. — Benserade et ses couplets malicieux, 47. — *Le Triomphe de l'Amour,* 48. — Un petit corps de ballet, 49. — Cravates à la Steinkerque et manches à l'*Amadis,* 49. — Addison à Paris, John Styx il y a cent cinquante ans, 50.

IV. — LA COMÉDIE FRANÇAISE ET L'OPÉRA DE 1700 A 1750.

Apathie générale, efforts d'artistes isolés, 53. — Mademoiselle de Maupin sans mouchoir ni éventail, 54. — Madame Dancourt et les robes à l'*Andrienne,* 56. — Reprise de *Tiridate* et changement d'habits en 1727, 57. — Habits mélangés d'antique et de moderne, 57. — Critiques de Crébillon, 58. — Caprices d'acteurs et fantaisies de chanteuses, 59. — Mademoiselle Pélissier et les costumes d'Adrienne Lecouvreur, 59 — Pauvre Lamotte, 60. — Chassé : petite réforme et grand élan, 61. — Jéliotte en Apollon, 62. — Reines et suivantes, une nymphe en deuil, 63. — Mademoiselle Sallé réformatrice : son échec à Paris, ses succès à Londres, 64.

— Libéralités de grands seigneurs à comédiens, 67. — Contraste par trop brutal en scène : l'Avare et Géronte, du *Dissipateur*, 68. — Cadeaux royaux et seigneuriaux aux comédiennes, 70. — Mademoiselle Doligny en homme, 71. — Mademoiselle Raucourt à ses débuts, 71. — Opinions des gens de goût : la prose de Rémond de Sainte-Albine et de Marmontel, la poésie de Dorat, une maxime de d'Hannetaire, 72.

V. — LEKAIN ET MADEMOISELLE CLAIRON AU THÉATRE FRANÇAIS. L'ORPHELIN DE LA CHINE EN 1755.

Une vocation décidée, une actrice pour tout faire, 79. — Débuts de mademoiselle Clairon à l'Opéra, 80. — Audacieuse entrée à la Comédie Française, 81. — Études réfléchies et progrès, 82. — Froissements d'amour-propre et humiliations, 83. — Révolte contre un préjugé barbare, alliance conclue avec Voltaire, 84. — La journée du *Siège de Calais*, 85. — Cinq jours de prison et résolution prise de se retirer, 86. — Voyage à Ferney, 87. — Retraite définitive, 88. — Dix-sept ans en Allemagne, 89. — Vieillesse et solitude à Paris, 90. — Ses idées de réforme approuvées par Noverre et Voltaire, 90. — Mademoiselle Clairon dans Émilie, dans l'Électre de Voltaire et dans celle de Crébillon, 92. — Conseils de Marmontel : corrections apportées au costume et à la diction, 94. — Trop d'audace novatrice en Didon, 96. — Études écrites de mademoiselle Clairon sur ses rôles, 97. — Comparaison de la scène française à trente ans d'intervalle, 98. — Maximes et réflexions morales, 99. — Des vêtements et du danger des traditions, 101. — Louanges ininterrompues de Voltaire, belle promesse et complète omission, 103. — La comédie de société après 1748, 104. — Lekain présenté à Voltaire, 105. — Deux visites du jeune homme à son protecteur, 106. — Lekain logé chez Voltaire et jouant la tragédie avec lui, 107. — *Rome sauvée* chez la duchesse du Maine, à Sceaux, 107. — Débuts difficiles à la Comédie Française, jugement de Préville sur Lekain, 108. — Réception définitive, opinion de Molé, 110. — Grande ardeur de Lekain au travail, études et corrections incessantes, enthousiasme de Laharpe, 111. — Rancune persistante de Marmontel, attaques grossières de Collé, 113. — Fêtes pour le mariage du dauphin, Lekain relégué au dernier plan, 115. — Recours à son influence pour obtenir l'*Olympie* de Voltaire, 116. — Voyage infructueux, représentations glorieuses à Ferney, 117. — Deuxième visite à Voltaire et nouveaux spectacles, 118. — Grave maladie, convalescence bien employée, 119. — Rentrée triomphale, éloges de Grimm, 119. — Maladie mortelle, consternation du public, 120. — Obsèques de Lekain, rentrée de Voltaire à Paris, 121. — Lekain écrivain, propositions et rapports, 122. — Une réforme proposée à Paris et adoptée..... à Manheim, 122. — Lekain avocat éloquent, mais peu persuasif, 124. — Réforme apportée dans la déclamation du temps, 125. — Lekain jugé pour sa diction par Talma, 126. — Désaccord de Talma avec Diderot au sujet des qualités essentielles chez l'acteur tragique et discussion développée à ce sujet, 127. — Conseils de Diderot à mademoiselle Jodin, 128. — Talma se jugeant lui-même sous le couvert de Lekain, 130. — Réforme de Lekain touchant le costume, 133. — Il prêche dans le désert : un habit grec pour une pièce romaine, 134. — Audaces réalistes dans *Sémiramis*, craintes de Voltaire, approbation complète après le succès assuré, 135. — *L'Orphelin de la Chine*, alliance entre Lekain et mademoiselle Clairon, 136. — Recommandations et craintes paternelles de Voltaire, 137. — Faux détachement du théâtre et feinte modestie de poète, 138. — Grandes dépenses de costumes ; abandon des droits d'auteur aux comédiens, 139. — Médiocre succès de la pièce, grand succès des acteurs, 140. — Désintéressement excessif de Voltaire, 140. — Moment d'humeur et requête ironique à mademoiselle Clairon, 141. — Justice rendue à la tragédienne, 142. — Un article de Collé, consécration définitive de leurs efforts, accordée à mademoiselle Clairon par Diderot, à Lekain par Talma, 144. — Satisfaction des contemporains, approbation de la postérité, enthousiasme intéressé de Voltaire, 148.

VI. — MADAME FAVART A LA COMÉDIE ITALIENNE.
LES TROIS SULTANES, 1761.

Les spectacles de Paris au commencement du siècle dernier, le théâtre de la Foire en révolte constante contre les deux Comédies et l'Opéra, 151. — Petite guerre de ruses, pièces *à la muette*, 152. — Solide établissement et rapides progrès de l'Opéra-Comique, 153. — Efforts de la Comédie Italienne pour soutenir la concurrence, 153. — Fusion des deux scènes rivales, 154. — La souveraine de ce petit royaume : madame Favart, 155. — Sa vie racontée par son mari, rectifications et additions, 156. — La femme et la comédienne, 162. — Hostilité extrême de Bachaumont et de Collé, 163. — Enthousiasme général, 164. — Les costumes à la Comédie Italienne, 165. — Favart, conseiller du comte Durazzo, 166. — Chinoiseries à l'Opéra-Comique, 167. — Deux époux pensant de même, 168. — Les sabots de Bastienne, 169. — Madame Favart entre Clairon et Saint-Huberty, 170.

VII. — CLAIRVAL. — MADAME DUGAZON.

Les continuateurs de madame Favart, 171. — Débuts de Clairval, 172. — Vers satiriques contre lui, 173. — Ses succès d'acteur, ses qualités d'homme privé, 173. — Le rôle et le costume d'Azor, 174. — Le baryton Caillot, 175. — Débuts de madame Dugazon, 177. — Un ménage mal assorti, 178. — Madame Dugazon dans *Blaise et Babet*, dans *Camille* et dans *Nina*, 179. — Une reine et une comédienne, 180. — Les musiciens obligés à madame Dugazon, 181. — Opinions de Grétry et de Boieldieu, 181. — La jeune sauvage Azémia, 182. — Deux gentils ramoneurs, 182. — Les réformateurs du costume à la Comédie Italienne, 183.

VIII. — NOVERRE ET LE BALLET.

Calme plat à l'Opéra, 185. — Mademoiselle Lemierre, 186. — Une reprise d'*Armide* assez mal conçue, 186. — Fâcheux errements : la poudre des héros et la traîne des princesses, 187. — Legros en Achille, Larrivée en Hercule, 188. — Heureuse initiative de Laincz, 190. — Le ballet d'action, 191. — Le masque rejeté par Gardel, 192. — Commencements de Noverre, 193. — Guerre au novateur, 194. — Alliance de tous les arts dans le ballet, 195. — Théorie du ballet, 195. — Sortie contre le masque, 196. — Les costumes pour la danse, 197. — Heureuse juxtaposition et juste dégradation des tons et des couleurs, 198. — Gœthe d'accord avec Noverre, 199. — Belle entente artistique à Lyon, 200. — Fautes grossières à Paris, 201. — Un chorégraphe inégal, mais méritant, 202.

IX. — LA RÉFORME DU COSTUME SUR LA SCÈNE ANGLAISE. MISTRESS BELLAMY, MACKLIN, KEMBLE.

Le théâtre anglais avant le siècle dernier, 203. — La mise en scène d'après Chappuzeau, 204. — Une réclame bien entendue, 205. — La comédienne Bellamy, 205. — Son début à Covent-Garden, 206. — La générosité d'un directeur, 206. — Défroques princières, 207. — Rivalités d'actrices, 207. — Octavie-Furnival et Cléopâtre-Bellamy, 208. — La Woffington contre la Bellamy, 210. — Sir Harry Wildair : une ville séparée en deux camps, 211. — Cadeaux de grandes dames à comédiennes, 212. — Lady Macbeth en satin blanc, 212. — Abandon des paniers, 213. — Un mauvais conseil et un bon tour, 214. — Débuts de Garrick, 215. — Le théâtre et la déclamation à cette époque, 216. — Garrick à Paris, 216. — Othello en costume mauresque : un méchant bon mot, 217. — Absolutisme et rancune de Garrick directeur, 218. — Le chapeau du roi, 218. — Commencements de Macklin, 219. — La reconnaissance filiale d'un lord, 219. — Un Macbeth de quatre-vingts ans, 220. — Inimitié de Garrick, rancune à propos d'un costume, 221. — Une famille prédestinée : origine et début de Kemble, 222. — Un Hamlet sans égal, 223. — Kemble acteur et directeur, 223. — Mêmes efforts et mêmes résistances des deux côtés de la Manche, 224.

X. — MADAME SAINT-HUBERTY A L'OPÉRA.
DIDON, 1783.

Une répétition à l'Opéra, 225. — Madame la Ressource, 226. — Enfance misérable et déplorable union, 227. — Un début non avenu, 228. — Grand cœur au travail, 228. — Premiers succès, 229. — Sacchini sauvé de la déroute, 230. — Gluck et Piccinni, 231. — Piccinni découragé et réconforté, 232. — Origines de *Didon*, 232. — Une chanteuse réformatrice, 233. — Nudités artistiques, scrupules administratifs, 234. — Requête du peintre Moreau, 235. — Retour offensif de la Saint-Huberty, succès complet, 236. — Nouveaux costumes et nouveaux frais, 237. — *Didon* à Fontainebleau ; une reine de théâtre dans la coulisse, 238. — Une lettre de la Saint-Huberty, 239. — *Didon* à Paris : Bachaumont et Guinguené, 240. — Une couronne aujourd'hui, des pommes cuites demain, 242. — Chefs-d'œuvre oubliés, une partition de premier ordre, 243. — Échec de *Pénélope*, 244. — Les mea culpa de Marmontel, 244. — Un ouvrage lentement apprécié, 245. — Reconnaissance d'élève à maître : Lemoine et Sacchini, 246. — Un ami dans la police, 247. — Tournée triomphale en province, 247. — Un amour sérieux sur le tard, 248. — Le bonheur entrevu : double assassinat, 249. — Ce qui reste d'une grande artiste, 250.

XI. — LARIVE ET MADEMOISELLE RAUCOURT AU THÉATRE FRANÇAIS.

Oublis et négligences de l'histoire, 251. — Un interrègne au Théâtre-Français, 252. — Efforts isolés et indépendants, 253. — Réveil du public, 254. — Novatrices anonymes, 254. — Les ressources de Sarrazin, 255. — Le débutant Dufresnoy, 256. — Marche à reculons, 256. — Brizard, 257. — Réflexions et conseils de Préville, 259. — Deux élèves de Clairon, 260. — Débuts de Larive, 260. — Origine de mademoiselle Raucourt, ses premiers triomphes, 261. — Une vertu qui succombe, un prestige qui s'éteint, 262. — Haines de tragédiennes, déchaînement d'injures, 263. — *Pygmalion*, mademoiselle Raucourt en statue antique, 265. — Retour de Larive, il remplace Lekain, 265. — Une épigramme à son adresse, 266. — Sa belle période, ses meil-

TABLE DES MATIÈRES. 355

leurs rôles, 266. — Mademoiselle Raucourt, madame Vestris et le duc de Duras, 268. — Didon et Phèdre huées, 268. — La tragédienne-auteur dans sa comédie d'*Henriette*, 269. — Mademoiselle Raucourt en officier, 270. — Regain de faveur, 270. — Mademoiselle Clairon jugeant son élève, 271. — Départ de Larive offensé et son glorieux retour, 271. — Sa retraite définitive, son cours de déclamation professé et rédigé, 273. — Conseils et exemples qu'il donne à ses élèves, 275. — Un valet trop bien peigné, 276. — La Comédie séparée en deux camps, 276. — Madame Bellecour, 277. — Dugazon et Dazincourt, 278. — Marche régulière en avant, 279. — Sainte colère de Diderot, 279.

XII. — LA COMÉDIE FRANÇAISE ET L'OPÉRA A LA FIN DU SIÈCLE DERNIER.

Après Lekain et Clairon : réformes obtenues et réformes à obtenir, 281. — L'*Alcidonis* de Lonvay de le Saussaye ; déclaration de guerre d'auteurs à comédiens, 283. — La critique et le public convertis avant les acteurs, 285. — L'abbé Desfontaines et Lefuel de Méricourt ; leurs études sur les costumes grecs, 285. — Les Polonais et les Tartares de *Lodoïska*, 287. — Levacher de Charnois, sa vie et ses ouvrages, 287. — Un programme excellent, 288. — Madame Petit-Vanhove tragédienne et comédienne, 290. — Adrien dans un rôle d'un vers, 291. — Le même en OEdipe : un coiffeur et un tailleur outragés, 292. — Les modes de la Révolution sur la scène, 293. — Grimod de la Reynière, bons articles et grosses bévues, 294. — Un don Juan trop soigneux ; disparates inexplicables, 295. — Des Polonais de Paris, 296. — Grimod de la Reynière et mademoiselle Mézeray, un adieu de bon ton, 296.

XIII. — TALMA.

Premiers essais dans une pension parisienne et sur un théâtre anglais, 299. — Un dentiste sans vocation, un débutant bien accueilli, 300. — Loisirs forcés, études volontaires, 301. — Talma-Proculus et ses camarades, 301. — Apostrophe de madame Vestris, 302. — Talma dans *Charles IX*, 303. — Suspension de la pièce, réclamations du public, intervention de Talma, 304. — Scission de la Comédie en deux partis et deux théâtres distincts, 305. — Concurrence artistique, *Brutus* en deux endroits, Talma dans Titus, 306. — Reprises simultanées de *Guillaume Tell*, un mot de Sophie Arnould, 307. — Costumes comparés, 307. — Réaction politique contre Talma, accusations et humiliations, 308. — Sa liaison avec Napoléon, 309. — Ses études artistiques, ses scrupules pour costumer Néron, 310. — Ducis et Talma, 311. — Julie Carreau, sa première femme, 312. — Le salon de madame Talma, 313.

— Divorce et second mariage, 313. — Précautions du novateur à l'endroit du public, une note manuscrite, 314. — Garrick et Talma dans Othello, discussion des idées de Talma, 315. — Talma dans *Philoctète*, 317. — Conversions tentées, Vanhove et sa poche à la clef, 317. — Un rival mal embouché, Lafon et *l'autre*, un panégyrique inattendu, 318. — Gœthe et Talma à Erfurt et à Weimar, 320. — Talma comparé à Lekain, 321. — Fin de sa carrière, dernière représentation, 322. — Illusions suprêmes, sa mort, 323.

XIV. — DEPUIS TALMA JUSQU'A NOS JOURS.

Différence de costumes entre la tragédie et la comédie, 325. — *Le Misanthrope* avant 1829, 326. — Mademoiselle Mars, 327. — Une remise solennelle de *Tartufe*, 328. — Opinion de la critique, 329. — Représentation officielle à Versailles, *le Misanthrope*, 331. — Une seconde représentation quarante ans après, 332. — Deux *Phèdre* mises en parallèle, 333. — Théophile Gautier sur madame Dorval, 333. — Attaques des romantiques contre la tragédie classique et les héros de Racine, 334. — *Andromaque* et mademoiselle Duguéret, 336. — État actuel du costume au théâtre, 336. — Soubrettes et paysannes, 337. — *La Dame blanche* transformée en féerie, 338. — Émulation des directeurs, retours de mollesse, 339. — Deux Dorante dissemblables à la Comédie Française, 340. — Fenella, de *la Muette*, à l'Opéra, 340. — Accord nécessaire entre le style, la mise en scène et les habits, 341. — Caprices luxueux, absurdités de mise en scène, 342. — Réalisme bien entendu, 343. — Influence des virtuoses italiens, le mouchoir de Valentine, 344. — Les femmes à surveiller de préférence, 345. — Progrès à faire, en conservant le bien acquis, 346.

FIN DE LA TABLE DES MATIÈRES.

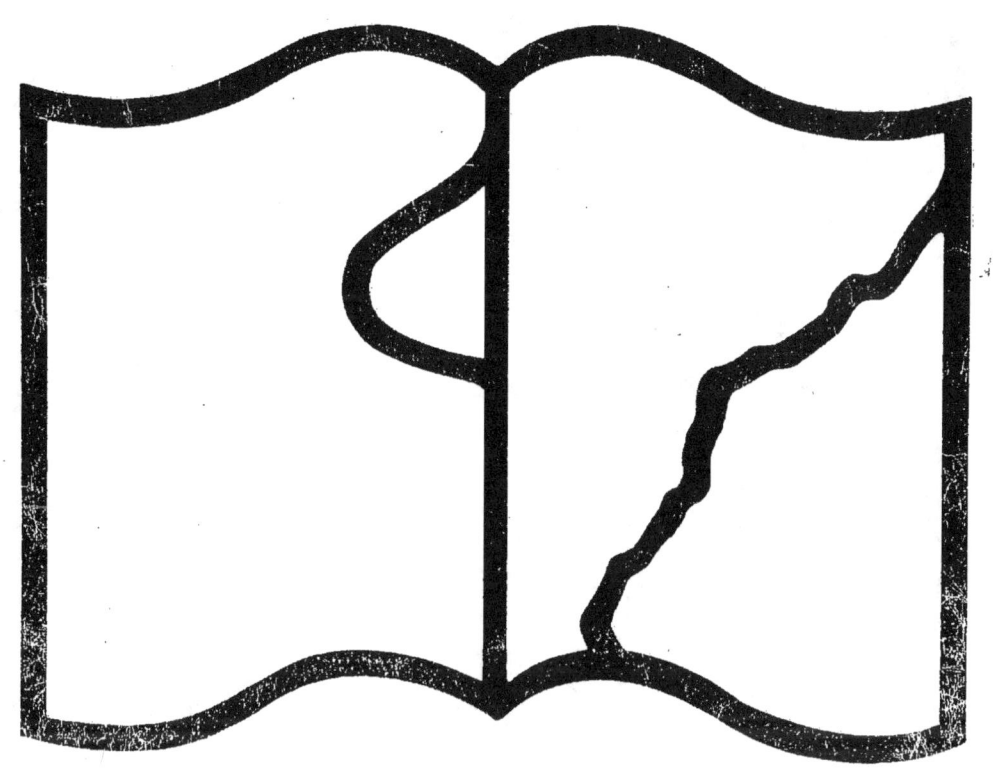

Texte détérioré — reliure défectueuse

NF Z 43-120-11

Contraste insuffisant

NF Z **43**-120-14

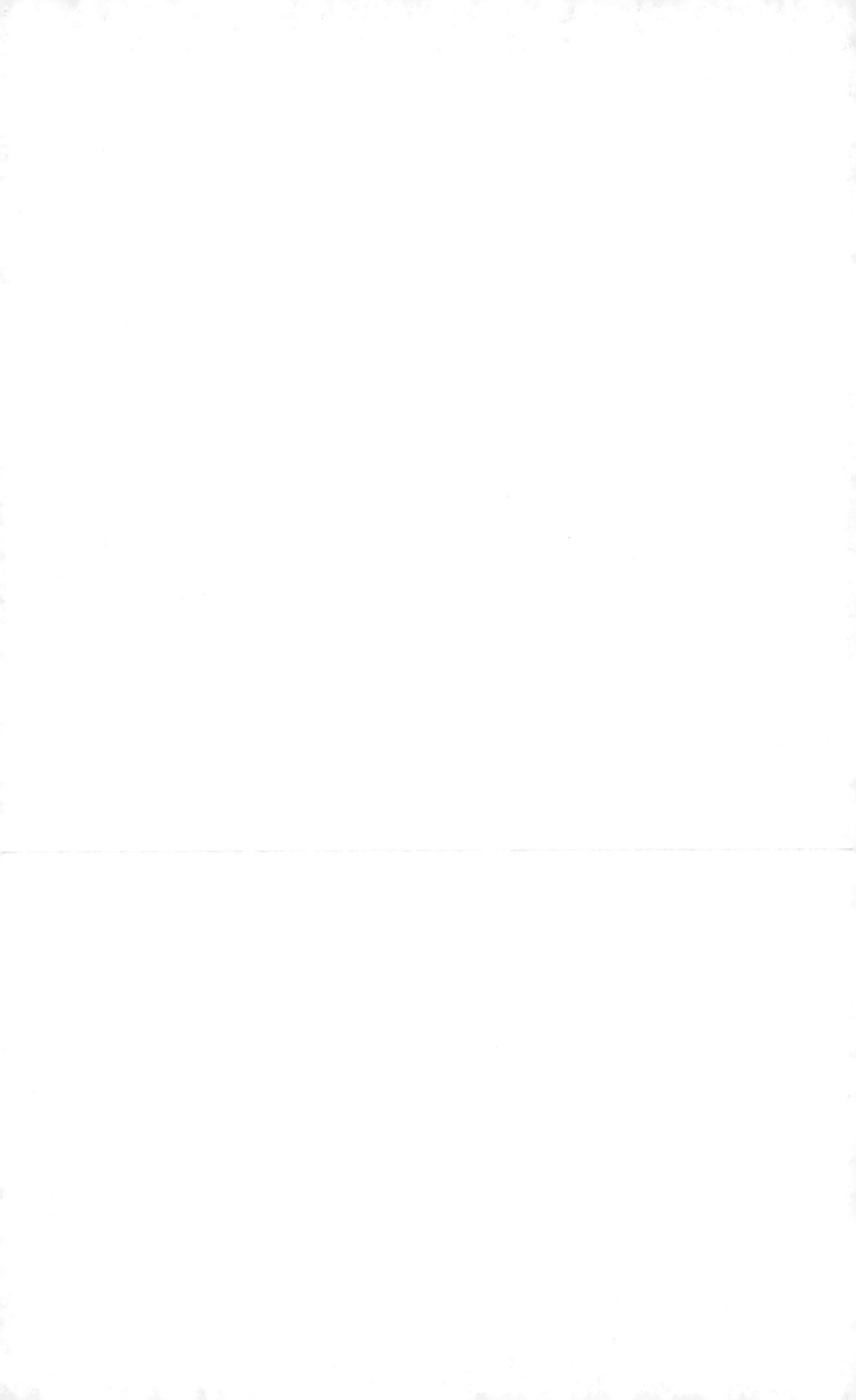

www.ingramcontent.com/pod-product-compliance
Lightning Source LLC
Chambersburg PA
CBHW050908230426
43666CB00010B/2073